U0868841

大数据与情报分析

孙盛智　孙少超　赵雪洋　刘素菊　编著

哈尔滨工程大学出版社
Harbin Engineering University Press

内容简介

本书是“十三五”军队重点院校和重点学科专业建设项目的理论研究成果。全书共分8章，主要介绍了大数据及其分析技术，以及如何将二者有机融合，从而实现从大数据中提取有价值的情报并用以辅助决策。具体内容包括大数据发展综述、大数据应用的总体架构和关键技术、大数据高级分析技术、大数据可视化分析综述、云计算与大数据、大数据背景下的情报分析、大数据分析(BDA)及其在情报领域的应用，同时还介绍了大数据安全与隐私保护。

本书可作为高等学校各专业数据分析类课程的教材和参考资料，也可作为有关工程技术人员学习的参考资料。

图书在版编目(CIP)数据

大数据与情报分析/孙盛智等编著. —哈尔滨：哈尔滨工程大学出版社，2022.6(2023.10 重印)
ISBN 978-7-5661-3473-8

Ⅰ. ①大… Ⅱ. ①孙… Ⅲ. ①情报分析 Ⅳ. ①G252.8

中国版本图书馆 CIP 数据核字(2022)第 064267 号

大数据与情报分析
DASHUJU YU QINGBAO FENXI

选题策划 史大伟 薛 力
责任编辑 王俊一 关 鑫
封面设计 李海波

出版发行 哈尔滨工程大学出版社
社　　址 哈尔滨市南岗区南通大街 145 号
邮政编码 150001
发行电话 0451-82519328
传　　真 0451-82519699
经　　销 新华书店
印　　刷 哈尔滨午阳印刷有限公司
开　　本 787 mm×1 092 mm 1/16
印　　张 14.75
字　　数 351 千字
版　　次 2022 年 6 月第 1 版
印　　次 2023 年 10 月第 2 次印刷
定　　价 98.00 元
http://www.hrbeupress.com
E-mail:heupress@hrbeu.edu.cn

前　言

大数据是一种规模大到在获取、存储、管理、分析方面大大超出传统数据库软件工具能力范围的数据集合，具有数据规模海量、数据流转快速、数据类型多样和价值密度低四大特征。大数据是推动情报分析技术发展的原动力。情报分析技术是实用科学技术，推动了人工智能技术的飞速发展，而人工智能技术对人类社会的发展进步具有跨时代的意义。

近年来，大数据技术被广泛应用于各个领域，我们的生活、工作中都在产生着大数据，也无时无刻不在享用大数据带来的红利，可以说人类已经从互联网时代走向了大数据时代。以物联网、云计算、移动互联网和大数据为代表的新一轮信息技术革命，正在深刻地影响和改变人类的认知，颠覆人类的生活，重塑人类社会。人们需要从海量数据中挖掘所需的数据价值，让数据价值支持决策，从而推动各个领域的快速发展。

本书共分 8 章。第 1 章为大数据发展综述，包括大数据的发展背景、概念、系统架构，大数据分析方法分类和大数据的应用领域等。第 2 章主要介绍了大数据应用的总体架构和关键技术，包括总体架构、存储和处理技术、分布式计算框架 MapReduce 及 NoSQL（非关系型数据库）数据库技术。第 3 章主要阐述了大数据高级分析技术，包括分类与预测、聚类分析、关联规则和协同过滤。大数据的展示离不开数据可视化，数据分析结果的价值可以通过可视化分析技术更好地展现出来。第 4 章为大数据可视化分析综述，包括数据可视化的基本特征、流程、方法和面向大数据主流应用的信息可视化技术。大数据与云计算就像一枚硬币的正反面一样密不可分。大数据必须采用分布式架构，依托云计算的分布式处理、分布式数据库和云存储、虚拟化技术。第 5 章主要阐述了云计算与大数据的关系，包括云计算的体系结构及云平台、云计算的关键技术等。第 6 章主要介绍了大数据背景下的情报分析，包括大数据背景下情报分析面临的新环境、发展趋势及大数据背景下情报分析需要注意的问题等。第 7 章主要阐述了大数据分析（BDA）及其在情报领域的应用，包括大数据分析、BDA 在情报领域中的应用研究、BDA 用于关系分析和基于内容的海量监控视频检索系统等。第 8 章主要介绍了大数据安全与隐私保护，包括大数据带来的安全挑战、大数据安全与隐私保护关键技术、大数据服务与信息安全等。

本书在编著过程中，参考了大量文献资料，在此向这些文献资料的作者表示感谢。本书由武警海警学院孙盛智负责总体架构，并对全书的纲目进行编制和确定，编写了第 1 章和第 2 章的相关内容；宁波海关孙少超负责编写第 3 章和第 7 章的相关内容；武警海警学院赵雪洋负责编写第 5 章和第 8 章的相关内容；哈尔滨理工大学刘素菊负责全书的统稿工作，并编写了第 4 章和第 6 章的相关内容。

由于编著者水平有限，书中难免有不足之处，敬请读者批评指正。

编著者

2022 年 4 月

目　　录

第1章　大数据发展综述

1.1　大数据的发展背景

20 世纪 90 年代后期,“大数据”的概念被首先提出来。在获取、存储科学数据和进行图谱分析的过程中,由于数据量巨大,传统的计算技术已不能胜任这些任务。面对在搜索、共享和分析等研究过程中遇到的技术难题,一些新的分布式计算技术陆续被研究和开发出来。

2008 年,随着互联网和电子商务的快速发展,当雅虎(Yahoo)、谷歌(Google)等大型互联网和电子商务公司不能用传统手段解决他们的业务问题时,大数据的理念和技术开始被实际应用。他们遇到的共性问题是处理的数据量通常很大[那时是 PB(拍字节)级,1 PB = 2^{50} B,1 PB 的数据相当于50%的全美学术研究图书馆的藏书和资讯的内容],数据的种类很多(文档、日志、博客、视频等),数据的流动速度很快(包括流文件数据、传感器数据和移动设备数据的快速流动)。而且,这些数据经常是不完备甚至是不可理解的(需要从预测分析中推演出来)。大数据的新技术和新架构正是在这种背景下被不断开发出来的,以有效地解决这些现实的互联网数据处理问题。

2010 年,全球进入 Web 2.0 时代,推特(Twitter)、脸书(Facebook)、博客、微博、微信等社交网络将人类带入自媒体时代,互联网数据量激增。随着智能手机的普及,移动互联网时代也已经到来,移动设备所产生的数据海量地涌入网络。为了实现更加智能的应用,物联网技术也逐步被推广,随之而来的是更多实时获取的视频、音频、电子标签(RFID tag)、传感器等的数据也被联入互联网,互联网数据量激增。人类真正进入了一个数据的世界,大数据技术有了用武之地,大数据技术及其应用空前繁荣起来。

2011 年,全球著名战略咨询公司麦肯锡的全球研究院(MGI)发布《大数据:创新、竞争和生产力的下一个新领域》研究报告。这份报告分析了数字数据和文档爆发式增长的状态,阐述了处理这些数据能够释放出的潜在价值,分析了大数据相关的经济活动和业务价值链。这份报告在商业界引起极大的关注,为大数据从技术领域进入商业领域吹响了号角。

2012 年 3 月 29 日,奥巴马政府以“大数据是一个大生意(Big Data is a Big Deal)”为题发布新闻,宣布投资 2 亿美元启动“大数据研究和发展计划”,涉及美国国家科学基金会和美国国防部等 6 个联邦政府部门,大力推动和改善与大数据相关的收集、组织和分析工具及技术,以推进从大量的、复杂的数据集合中获取知识和洞见的能力。美国政府认为大数据技术事关美国国家安全、科学和研究的步伐。

2012 年 5 月,联合国发布了一份大数据白皮书,总结了各国政府如何利用大数据更好地服务公民,指出大数据对于联合国和各国政府来说是一个历史性的机遇,联合国还探讨了如何利用包括社交网络在内的大数据资源造福人类。

2012 年 12 月,世界经济论坛发布《大数据,大影响》报告,阐述了大数据为国际发展带来的新的商业机会,建议各国与工业界、学术界、非营利性机构及其管理者一起利用大数据所创造的机会。

2012 年以来,大数据成为全球投资界青睐的领域之一,IBM 公司通过并购数据仓库厂商 Netezza、软件厂商 InfoSphere Big Insights 和 Streams 等来增强自己在大数据处理方面的实力;EMC 公司陆续收购了 Greenplum(Pivotal)、VMware、Isilo 等公司,展开了大数据和云计算产业的战略布局;惠普公司通过并购 3PAR、Autonomy、Vertica 等公司实现了大数据产业链的全覆盖。业界主要的信息技术巨头都纷纷推出大数据产品和服务,力图抢占市场先机。

近年来,国内互联网企业和运营商率先启动大数据技术的研发和应用,如淘宝网、百度、腾讯网、中国移动、中国联通、京东商城等企业纷纷启动了大数据试点应用项目,推进大数据应用。

2013 年,第 4 期《求是》杂志刊登了中国工程院邬贺铨院士的《大数据时代的机遇与挑战》一文,阐述了中国科技界对大数据的重视。郭华东、李国杰、倪光南、怀进鹏等院士也纷纷撰文阐述大数据的战略意义。清华大学、北京大学等高校纷纷设立了大数据方面的学院和专业,推进大数据技术的研发。

2015 年,《促进大数据发展行动纲要》正式颁布,提出大数据已成为国家基础性战略资源,成为推动经济转型发展的新动力,成为重塑国家竞争优势的新机遇,成为提升政府治理能力的新途径。中国正式启动和实施国家大数据战略。

1.2 大数据的概念

1.2.1 大数据的定义

大数据(big data),又称海量资料,是由数量巨大、结构复杂、类型众多的数据构成的数据集合。其所涉及的资料量规模巨大到无法通过目前主流软件工具在合理时间内撷取、管理、处理并整理成能帮助政府机构和企业进行管理、决策的资讯[1]。

有关大数据的定义有多种,其中一个狭义的定义:大数据是指不能装载进计算机内存的数据。尽管这是一个非正式的定义,但易于理解,因为每台计算机都有一个大到不能装载进内存的数据集。李国杰等对大数据的定义:一般意义上,大数据是指无法在可容忍的时间内用传统 IT 技术(信息技术)和软硬件工具对其进行感知、获取、管理、处理和服务的数据集合。

此外,不少文献也对大数据进行了定义,其中如下 3 种定义较为主要。

1. 属性定义(attributive definition)

国际数据中心(IDC)是研究大数据及其影响的先驱,在 2011 年的报告中定义了大数据:大数据技术描述了一个技术和体系的新时代,被设计用于从大规模多样化的数据中通过高速捕获、发现和分析技术提取数据的价值。这个定义说明了大数据的 4 个显著特点("4Vs"),即容量(volume)、多样性(variety)、速度(velocity)和价值(value),而"4Vs"定义的使用也较为广泛。类似的定义("3Vs",即容量、多样性和速度)也出现在 2001 年 IT 分析公司 META 集团(现已被 Gartner 并购)分析师 Doug Laney 的研究报告中。他注意到数据的增长是三维的,即容量、多样性和速度的增长。尽管"3Vs"定义没有完整地描述大数据,但 Gartner 和多数产业界巨头如 IBM 和微软(Microsoft)的研究者仍继续使用"3Vs"定义描述大数据。

2. 比较定义(comparative definition)

2011 年,Mc Kinsey 公司的研究报告将大数据定义为"超过了典型数据库软件工具捕获、存储、管理和分析数据能力的数据集"。这种定义是一种主观定义,没有描述与大数据相关的任何度量机制,但是在定义中包含了一种演化的观点(从时间和跨领域的角度),说明了什么样的数据集才能被认为是大数据。

3. 体系定义(architectural definition)

美国国家标准和技术研究院(NIST)认为"大数据是指数据的容量、数据的获取速度或者数据的表示限制了使用传统关系方法对数据的分析处理能力,需要使用水平扩展的机制以提高处理效率"。此外,大数据可进一步细分为大数据科学(big data science)和大数据框架(big data frameworks)。大数据科学是涵盖大数据获取、调节和评估技术的研究;大数据框架则是在计算单元集群(cluster)间解决大数据问题的分布式处理和分析的软件库及算法。一个或多个大数据框架的实例化即为大数据基础设施[2]。

此外,还有不少产业界和学术界关于大数据定义的讨论。然而对于大数据的定义,要达成共识非常困难。

大数据和传统数据比较如表 1-1 所示。

表 1-1　大数据和传统数据比较

比较内容	传统数据	大数据
容量	GB 级	一直在提升,当前在 TB 级[1 TB(太字节) = 2^{40} B],甚至 PB 级
产生速度	每时、每天	海量
结构	结构化	结构化、半结构化或无结构化
数据来源	集中	完全分散
数据集成	简单	复杂
获取	交互式	批量或要求实时

第一,数据集的容量是区分大数据和传统数据的关键因素。

第二,大数据有 3 种形式:结构化、半结构化和无结构化。传统数据通常是结构化的,易于标注和存储。而现在 Facebook、Twitter、You Tube 及其他用户产生的绝大多数数据都是非结构化的。

第三,大数据的速度意味着数据集的分析处理速率要匹配数据的产生速率。对于时间敏感的应用,如欺诈检测和射频识别技术(RFID)数据管理,大数据以流的形式进入企业,需要尽可能快地处理数据并最大化其价值。

第四,利用大量数据挖掘的方法分析大数据集,可以从低价值密度的巨量数据中提取重要的价值,获取关键情报。

1.2.2 大数据处理方式

大数据分析是在强大的支撑平台上运行分析算法并发现隐藏在大数据中的潜在价值的过程,如隐藏的模式(pattern)和未知的相关性。根据对处理时间的需求不同,对大数据的分析处理可以分为两类。

1. 流式处理

流式处理(也称"流处理")假设数据的潜在价值是数据的新鲜度(freshness),因此流式处理方式应尽可能快地处理数据并得到结果。在这种方式下,数据以流的方式到达。在数据连续到达的过程中,由于流携带了大量数据,只有小部分的流数据被保存在有限的内存中。人们对流处理的理论和技术已研究多年,代表性的开源系统包括 Storm、S4 和 Kafka。流处理方式用于在线应用,通常工作时间在秒或毫秒级别。

2. 批处理

在批处理方式中,数据先被存储,随后被分析。MapReduce 是非常重要的批处理模型。MapReduce 的核心思想是:数据先被分为若干小数据块(chunks),随后这些数据块被并行处理并以分布的方式产生中间结果,最后这些中间结果被合并产生最终结果[3]。MapReduce 分配与数据存储位置距离较近的计算资源,以避免数据传输的通信开销。由于简单高效,MapReduce 被广泛应用于生物信息、Web 挖掘和机器学习中。

两种处理方式的比较如表 1-2 所示。

表 1-2 流处理和批处理比较

比较内容	流处理	批处理
输入	新数据或者更新数据的流	数据库
存储	无限或者事先未知	有限且已知
硬件	通常为单独有限大小的内存	多中央处理器(CPU)和内存
处理	对数据进行单独一次或者几次处理	多轮处理
时间	几秒甚至几毫秒	时间更长
应用	网络数据挖掘、传感器网络、交通流量监测	在各个领域广泛应用

通常情况下,流处理适用于数据以流的方式产生且数据需要得到快速处理并获得大致结果的情况,因此流处理的应用相对较少,大部分情况下都采用批处理方式。一些研究也试图集成两种处理方式的优点。大数据平台可以选择不同的处理方式,但是两种处理方式的不同将给相关的平台带来体系结构上的不同。例如,基于批处理的平台通常能够实现复

杂的数据存储和管理，而基于流处理的平台则不能。在实际应用中，可以根据数据特性和应用需求的不同定制大数据平台。

1.2.3　大数据系统

1. 价值链观点

大数据系统是一个复杂的、提供数据生命周期（从数据的产生到消亡）不同阶段的数据处理功能的系统。同时，对于不同的应用，大数据系统通常也涉及多个不同的阶段。按照产业界广为接受的系统工程方法，典型的大数据系统可分解为 4 个连续的阶段，包括数据生成、数据获取、数据存储和数据分析，如图 1－1 所示。

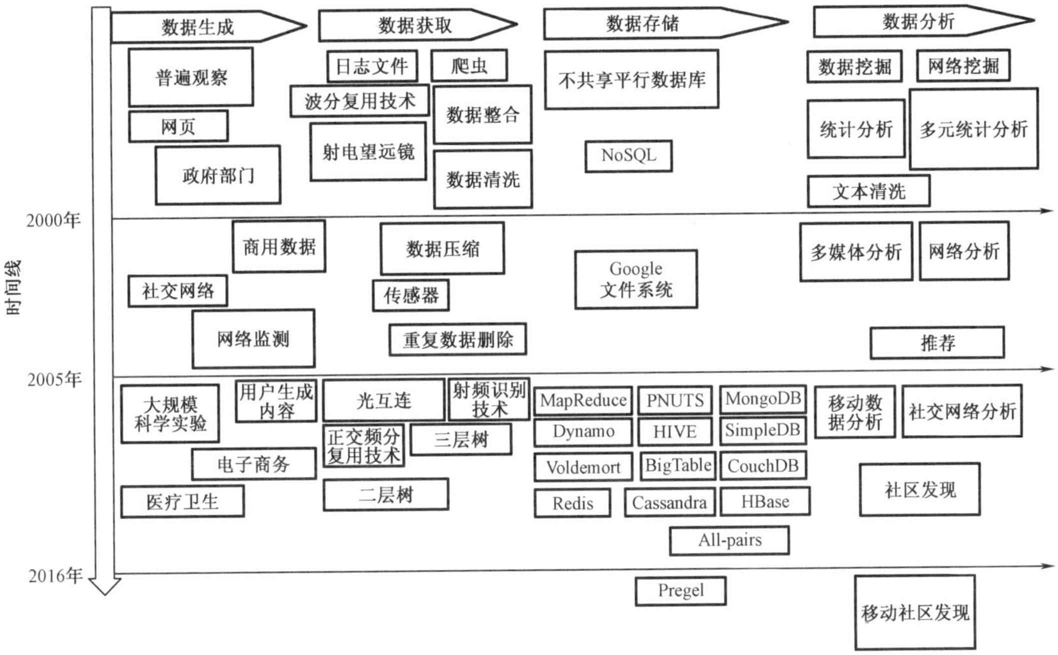

图 1－1　人数据系统及其技术地图

数据生成阶段关心的是数据如何产生。此时“大数据”意味着从多样的纵向或分布式的数据源（传感器、视频、点击流和其他数字源）产生的大量的、多样的和复杂的数据集。通常，这些数据集和领域相关的不同级别的价值联系在一起。

数据获取指获取信息的过程，可分为数据采集、数据传输和数据预处理。首先，数据来自不同的数据源，如包含格式文本、图像和视频的网站数据。数据采集是指从特定数据生产环境中获得原始数据的专用数据采集技术。其次，数据采集完成后，需要高速的数据传输机制将数据传输到合适的存储系统，供不同类型的分析应用使用。最后，数据集中可能存在一些无意义的数据，会增加数据存储空间并影响后续的数据分析。例如，从监控环境的传感器中获得的数据集通常存在冗余，可以使用数据压缩技术减少数据传输量。因此，必须对数据进行预处理，以实现数据的高效存储和挖掘。

数据存储解决的是大规模数据的持久存储和管理问题。数据存储系统可以分为两部分:硬件基础设施和数据管理软件。硬件基础设施由共享的信息通信技术(ICT)资源池组成,资源池根据不同应用的即时需求,以弹性的方式组织而成。硬件基础设施应能够向上和向外扩展,并能进行动态重配置以适应不同类型的应用环境。数据管理软件则部署在硬件基础设施之上,用于维护大规模数据集[4]。此外,为了分析存储的数据及其数据交互,存储系统应提供功能接口、快速查询和其他编程模型。

数据分析利用分析方法或工具对数据进行检查、变换和建模并从中提取价值。许多应用领域利用领域相关的数据分析方法获得预期的结果。尽管不同的领域具有不同的需求和数据特性,但是它们可以使用一些相似的底层技术。当前,数据分析技术的研究可以分为6个重要方向:结构化数据分析、文本数据分析、多媒体数据分析、Web 数据分析、网络数据分析和移动数据分析[5]。

关于大数据的研究涉及许多学科技术,图 1-1 展示了大数据系统及其技术地图,图中将大数据价值链的不同阶段和相应的开源或专有技术联系在一起。在数据生成阶段,大数据的结构逐渐复杂,从结构化或无结构化的数据到不同类型的混合数据。在数据获取阶段,对于数据采集、数据预处理和数据传输的研究出现在不同的时期。从图 1-1 中能够看出,可以在不同阶段选择合适的技术和方法定制大数据系统。

2. 层次观点

从层次观点出发,可以将大数据系统分解为 3 层:基础设施层、计算层和应用层,如图 1-2 所示。这种层次观点仅提供概念上的层次以强调大数据系统的复杂性。

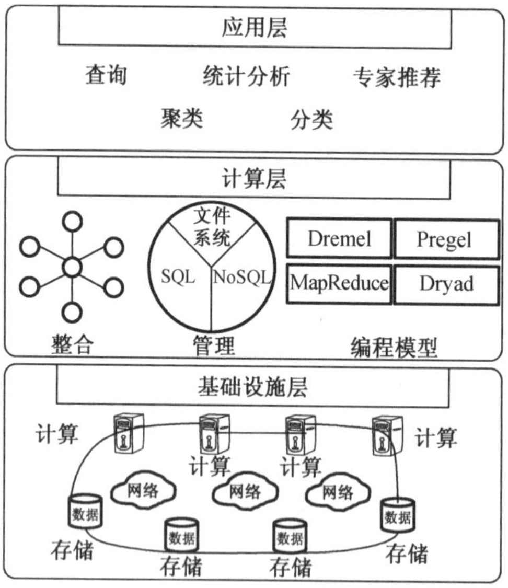

图 1-2 大数据系统的层次架构

(1)基础设施层。基础设施层由 ICT 资源池构成,可利用虚拟技术组织作为云计算基础设施。这些资源通过特定的服务级别协定(service-level agreement,SLA),以细粒度的方式提供给上层子系统,资源的分配需要满足大数据需求,同时通过最大化系统利用率、能量感知和操作简化等方式实现资源使用的有效性。

(2)计算层。计算层将多种数据工具封装于运行在原始ICT硬件资源上的中间件中，典型的工具包括数据集成、数据管理和编程模型等。数据集成是指从独立的数据源中获取数据，并通过必要的预处理技术将数据集合成统一形式。数据管理是指提供数据的持久存储和高效管理的机制和工具，如分布式的文件系统和SQL(关系型数据库)、NoSQL数据存储。编程模型实现应用逻辑抽象并为数据分析应用提供便利。MapReduce、Dryad、Pregel和Dremel是几个典型的编程模型。

(3)应用层。应用层利用编程模型提供的接口实现不同的数据分析功能，包括查询、统计分析、数据的聚类和分类等，同时通过组合基本分析方法开发不同领域的相关应用。Mc Kinsey公司提出了5个潜在的大数据应用领域：医疗看护、公众部门管理、零售、全球制造和个人位置信息。

1.3　大数据系统架构

大数据价值链由4个阶段构成：数据生成、数据获取、数据存储、数据分析和处理。

1.3.1　阶段1：数据生成

1.数据源

(1)大数据生成的发展趋势可用数据产生速率来描述。随着技术的发展，数据的产生速率也在不断增长。事实上，IBM认为现在世界上90%的数据是近两年产生的。数据爆炸的原因被广泛争论。Cisco认为数据的增长来自视频、互联网和摄像头。由于数据实际上是能被计算机读取的信息抽象，ICT是使得信息可读并产生或捕获数据的主要驱动力。因此本节先从ICT的发展开始，以历史的观点解释数据爆炸的发展趋势。

数据生成的模式可分为3个顺序的阶段。

①第一阶段始于20世纪90年代。随着数字技术和数据库系统的广泛使用，许多企业组织的管理系统存储了大量的数据，如银行交易事务、购物中心记录和政府部门归档等。这些数据集是结构化的，并能通过基于数据库的存储管理系统进行分析。

②第二阶段始于Web系统的日益流行。以搜索引擎和电子商务为代表的Web 1.0系统在20世纪90年代末期产生了大量的半结构化和无结构的数据，包括网页数据和事务日志等。而自2000年初期以来，许多Web 2.0应用从在线社交网络(如论坛、博客、社交网站和社交媒体网站等)中产生了大量的用户创造内容。

③第三阶段因移动设备(如智能手机、平板电脑、传感器和基于传感器的互联网设备)的普及而被引发。在不久的将来，以移动为中心的网络将产生高度移动、位置感知和以个人为中心、上下文相关的数据。

可以发现，数据生成模式是从第一阶段的被动记录到第二阶段的数据主动生成，再到第三阶段的自动生成的。

(2)除了用数据产生速率描述，大数据源还与数据产生领域相关。本节主要对商业、网络和科学研究这3个领域进行大数据相关技术的调研。首先,大数据和商业活动联系紧密,许多大数据工具已经被开发并广泛使用;其次,大部分的数据是由互联网、移动网络和物联网产生的;最后,科学研究会产生大量的数据,高效的数据分析将帮助科学家们发现基本原理,促进科学发展。这3个领域在对大数据的处理方面有不同的技术需求。

①商业数据。过去几十年中,信息技术和数字数据的使用对商业领域的繁荣发展起到了重要的推动作用。全球所有公司的商业数据量每一两年会翻番。互联网上的商业事务,包括B2B和B2C事务,每天有4 500亿条。日益增长的商业数据需要使用高效的实时分析工具挖掘其价值。例如,亚马逊(Amazon)每天要处理几百万个后端操作和来自第三方销售的超过50万条的查询请求。沃尔玛(WalMart)每小时要处理上百万件客户事务,这些事务被导入数据库后,数据量超过2.5 PB。阿卡迈(Akamai)每天则需要分析7 500万个事件以更好地实现广告定位。

②网络数据。网络(互联网、移动网络和物联网)已经和人们的生活紧密联系在一起。网络应用如搜索、社交网络服务(SNS)、网站和点击流是典型的大数据源。这些数据源高速产生数据,因此需要先进的处理技术对其进行处理。例如,搜索引擎Google有超过200个Google文件系统(GFS)集群在运行。而每个集群有1 000~5 000台机器。GFS存储着高达5 PB的数据,成千上万台机器需要的数据都从GFS集群中检索,这些集群中数据读(read)写(write)的吞吐量高达40 GB/s。社交网络应用Facebook每天需存储、访问和分析超过30 PB的用户创造数据。Twitter每月会处理超过3 200亿的搜索。在移动网络领域,2020年全球70%的人口使用智能手机,智能手机用户达61亿。而在物联网领域,有超过3 000万的联网传感器工作在运输、汽车、工业、公用事业和零售部门并产生数据,并且这些传感器的数量每年以超过30%的速率增长。

③科学研究数据。越来越多的科学应用产生海量的数据集,若干学科的发展极度依赖于对这些海量数据的分析,这些学科主要包括以下几类。

a. 光学观测和监控。在光学遥感和对地观测领域、基于光学等设备的视频监控领域等,往往需要获取连续、大量的数据。这些几乎造成管理和处理灾难的数据有一定的周期性,而用户关心的往往只是其中的差异和异常的部分。考虑到对这类数据的分析和学习过程往往同获取这些数据的装置及其参数密切相关,再加上视觉信息对人类的重要性及用户与系统的必要交互,对光学观测和监控数据的管理和处理已经被提到重要日程上。

b. 计算生物学。美国国家生物技术信息中心(NCBI)维护了Gen Bank的核苷酸序列数据库,该数据库每10个月翻倍。

c. 天文学。如欧洲的空间望远镜项目“欧几里得”,预计将观察100亿个星系,数据量达到几十拍字节;再如正在智利建设的维拉鲁宾天文台一旦运行,每晚将产生多达20 TB的原始数据,差不多是斯隆数字巡天(SDSS)项目十年的数据规模,预计总共处理的数据量将达到几百拍字节。

d. 高能物理。欧洲粒子物理实验室中的大型强子对撞机实验,自2008年初起以2 PB/s的速率产生数据,每年存储约10 PB经过处理的数据。

这些领域不但产生海量的数据,还需要分布在世界各地的科学家们协作分析数据。表1-3中列举了这3个领域中具有代表性的典型大数据源及其应用属性和数据分析的需求。

可以看出，大部分的数据源产生 PB 级的无结构化数据，并且需要得到快速准确的分析。

表 1-3　典型大数据源

数据源	应用	数据规模	类型	反应时间	用户数	准确率
Walmart	零售	PB	结构化	非常快	巨大	非常高
Amazon	电商	PB	半结构化	非常快	巨大	非常高
Google 搜索	因特网	PB	半结构化	快	十分巨大	高
Facebook	社交网络	PB	结构化/半结构化	快	十分巨大	高
AT&T	移动网络	TB	结构化	快	十分巨大	高
Health care	物联网	TB	结构化/半结构化	快	巨大	高
SDSS	科学研究	TB	半结构化	慢	少	非常高

2. 数据属性

普适感知和计算产生前所未有的复杂的异构数据，这些数据集在规模、时间维度、数据类型的多样性等方面有着不同的特性。例如，移动数据和位置、运动、距离、通信、多媒体及声音环境等相关。NIST 提出了大数据的 5 种属性。

(1)容量：数据集的大小。

(2)速度：数据生成速率和实时需求。

(3)多样性：结构化、半结构化和无结构化的数据形式。

(4)水平扩展性：合并多数据集的能力。

(5)相关限制：包含特定的数据形式和查询。特定的数据形式包括时间数据和空间数据；查询则可以是递归或其他方式。

通常，科学研究领域的数据源在 5 种属性中具有最小的属性值；商业领域的数据源则具有较高的水平扩展性和相关限制的需求；而网络领域的数据源具有较高的容量、速度和多样性特征。

1.3.2　阶段 2：数据获取

在大数据价值链中，数据获取阶段的任务是以数字形式将信息聚合，以待存储和分析处理。数据获取过程如图 1-3 所示。数据传输和数据预处理没有严格的次序，预处理可以在数据传输之前或之后。

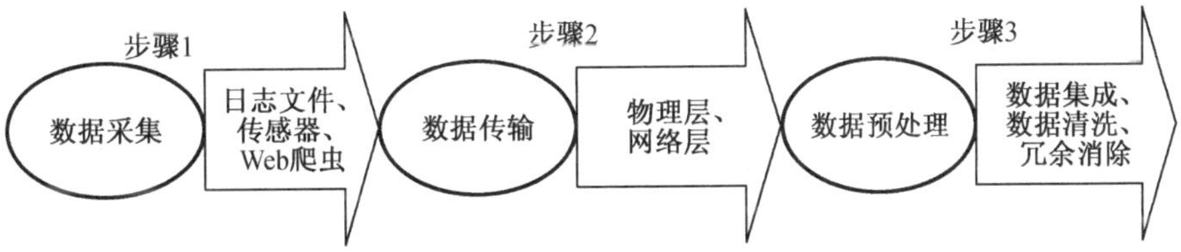

图 1-3　数据获取过程

1. 数据采集(data collection)

数据采集是指从真实世界的对象中获得原始数据的过程。不准确的数据采集将影响后续的数据处理并导致最终得到无效的结果。数据采集方法的选择不但要依赖于数据源的物理性质,还要考虑数据分析的目标。下面将介绍3种常用的数据采集方法:传感器、日志文件和Web爬虫。

(1)传感器(sensor)。传感器常用于测量物理环境变量并将其转化为可读的数字信号以待处理。传感器包括声音、振动、化学、电流、天气、压力、温度和距离等类型。通过有线或无线网络,信息被传送到数据采集点。

有线传感器网络通过网线收集传感器的信息,这种方式适用于传感器易于部署和管理的场景。例如,视频监控系统通常使用非屏蔽双绞线连接摄像头,将摄像头部署在公共场合以监控人们的行为,如偷盗和其他犯罪行为。而这仅仅是光学监控领域的一个很小的应用示例,在更广义的光学信息获取和处理系统中(如对地观测、深空探测等),情况往往更复杂。

无线传感器网络(wireless sensor network,WSN)利用无线网络作为信息传输的载体,适用于没有能量或通信的基础设施的场合。近年来,无线传感器网络得到了广泛的研究,被应用于多种场合,如水质监测、土木工程、野生动物监控等。WSN通常由大量微小传感器节点构成,微小传感器由电池供电,被部署在指定的地点收集感知数据。当节点部署完成后,基站将发布网络配置/管理或收集命令,来自不同节点的感知数据将被汇集并转发到基站以待处理。

基于传感器的数据采集系统被认为是一个信息物理系统(cyber - physical system)。实际上,在科学实验中,许多用于收集实验数据的专用仪器(如磁分光计、射电望远镜等)都可以看作是特殊的传感器。从这个角度看,实验数据采集系统同样是一个信息物理系统。

(2)日志文件(log file)。日志文件是广泛使用的数据采集方法之一,由数据源系统产生,以特殊的文件格式记录系统的活动。几乎所有在数字设备上运行的应用使用日志文件都非常有用,如Web服务器通常要在访问日志文件中记录网站用户的点击、键盘输入、访问行为及其他属性。用于捕获用户在网站上的活动的Web服务器日志文件格式有3种类型:通用日志文件格式(NCSA)、扩展日志文件格式(W3C)和IIS日志文件格式(Microsoft)。所有日志文件的格式都是ASCII文本格式。数据库也可以用来替代文本文件存储日志信息,以提高海量日志仓库的查询效率。其他基于日志文件的数据采集包括金融应用的股票记账和网络监控的性能测量及流量管理。

和物理传感器相比,日志文件可以看作是“软件传感器”,许多用户实现的数据采集软件都属于这类。

(3)Web爬虫(Web crawler)。爬虫是指为搜索引擎下载并存储网页的程序。爬虫顺序地访问初始队列中的一组统一资源定位符(URL),并为所有URL分配一个优先级。爬虫从队列中获得具有一定优先级的URL,下载该网页,随后解析网页中包含的所有URL并将这些新的URL添加到队列中。这个过程一直重复,直到爬虫程序停止为止。Web爬虫是网站应用如搜索引擎和Web缓存的主要数据采集方式。数据采集过程由选择策略、重访策略、礼貌策略及并行策略决定。选择策略决定哪个网页将被访问;重访策略决定何时检查网页是否更新;礼貌策略防止过度访问网站;并行策略用于协调分布的爬虫程序。传统的 Web 爬虫应用已较为成熟,对此人们已提出不少有效的方案。随着更丰富、更先进的 Web 应用的出现,一些新的爬虫机制已被用于获取互联网应用的数据。

除了上述方法,还有许多和各领域相关的数据采集方法和系统。例如,政府部门收集并存储指纹和签名等人体生物信息,用于身份认证或追踪罪犯。

根据数据采集方式的不同,数据采集方法又可以大致分为以下两类:一是基于拉(pull - based)的方法,数据由集中式或分布式的代理主动收集。二是基于推(push - based)的方法,数据由源或第三方推向数据汇聚点。

表 1 - 4 对上述 3 种数据采集方法进行了比较,日志文件是最简单的数据采集方法,但是只能收集一小部分结构化数据;Web 爬虫是最灵活的数据采集方法,可以获得巨量的结构复杂的数据。

表 1 - 4　3 种数据采集方法的比较

方法	模式	数据结构	数据规模	复杂性	应用领域
传感器	pull	结构化或无结构化	中等	复杂	视频监控,存货管理
日志文件	push	结构化或半结构化	少量	简单	网络日志,点击流量
Web 爬虫	pull	混合	大量	中等	搜索,社交网络分析

2. 数据传输(data transmission)

采集原始数据后必须将其传送到数据存储基础设施如数据中心等待进一步处理。大数据传输过程可以分为两个阶段:IP 骨干网传输和数据中心传输,如图 1 - 4 所示。

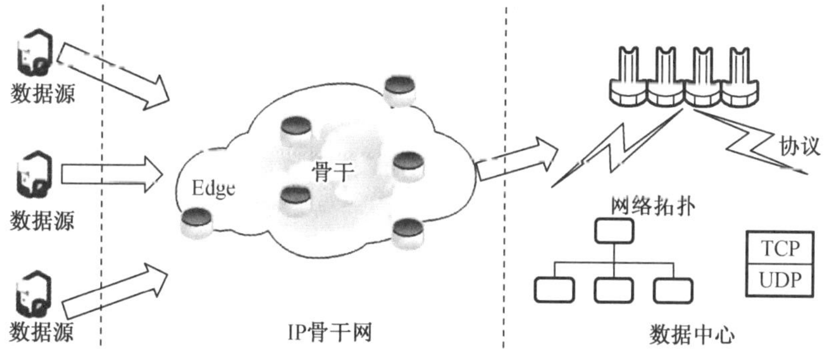

图 1 - 4　大数据传输过程

(1)IP 骨干网传输。IP 骨干网(IP backbone network)提供高容量主干线路将大数据从数据源(data source)传递到数据中心。传输速率和容量取决于物理媒体和链路管理方法。

①物理媒体。物理媒体通常由许多光缆合并在一起增加容量,并需要存在多条路径以确保路径失效时能进行重路由。

②链路管理。链路管理决定信号如何在物理媒体上传输。过去 20 年间,光因特网(IP

over WDM)技术得到了深入的研究。波分复用(WDM)技术是在单根光纤上复用多个不同波长的光载波信号。为了解决电信号带宽的瓶颈问题,正交频分复用(OFDM)被认为是未来的高速光传输技术的候选者。OFDM 允许单个子载波的频谱重叠,能够构建具有更灵活的数据率、资源有效使用的光网络。

在现有的互联网骨干网中增强网络协议功能较为困难,必须遵循现有的互联网协议来传输大数据。然而,对于区域或私有 IP 骨干网,以及特定的应用,一些专用的传输方法能够获得更好的性能。

(2)数据中心传输。数据传递到数据中心后,将在数据中心内部进行存储位置的调整和其他处理,这个过程称为数据中心传输,涉及数据中心体系架构和传输协议。

①数据中心体系架构。数据中心由多个装备了若干服务器的机架构成,服务器通过数据中心内部网络连接。许多数据中心基于权威的 2 层或 3 层 fat - tree 结构的商用交换机构建。一些其他的拓扑也用于构建更加高效的数据中心网络。由于电子交换机的固有缺陷,在增加通信带宽的同时减少能量消耗非常困难。数据中心网络中的光互联技术能够提供高吞吐率,具有低延迟,并且可以减少能量消耗,被认为是有前途的解决方案。数据中心的光互联(交换机以光的形式交换)能够提供 Tb/s 级别的带宽,并能提高能量效率。许多光互联机制已被应用于数据中心网络。一些方案建议增加光电路以升级现有数据中心网络,而另一些方案则认为需要完全替换现有交换机。

②传输协议。TCP 和 UDP 是数据传输中的两种协议,但是它们的性能在传输大量的数据时并不能令人满意。许多研究致力于提高这两种协议的性能,一些增强 TCP 功能的方法的目标是提高链路吞吐率并对长短不一的混合 TCP 流提供可预测的小延迟。例如,DCTCP 利用显示拥塞通知对端主机提供多比特反馈;Vamanan 等提出了用于数据中心网络的 deadline 感知的 TCP 协议,用于分配带宽,确保在软实时限制下完成网络传输。UDP 协议适用于传输大量数据,但是缺乏拥塞控制。因此高带宽的 UDP 应用必须自己实现拥塞控制机制,这是一个困难的任务并存在风险。Kholer 等在类 UDP 的基础协议上设计添加了一个可拥塞控制的不可靠传输协议,该协议类似于 TCP,但是没有可靠传输和累积确认机制。

3. 数据预处理(data pre - processing)

由于数据源的多样性,数据集因受干扰、冗余和一致性因素的影响而具有不同的质量。从需求的角度看,一些数据分析工具和应用对数据质量有着严格的要求。因此,在大数据系统中需要用数据预处理技术提高数据的质量。本书讨论其中 3 种主要的数据预处理技术[6]。

(1)数据集成(data integration)。数据集成技术在逻辑上和物理上对来自不同数据源的数据进行集中,为用户提供一个统一的视图。数据集成在传统的数据库研究中是一个成熟的研究领域,如数据仓库(data warehouse)和数据联合(data federation)方法。ETL[提取(extract)、转换(transform)、装载(load)]是建立数据仓库时最重要的处理过程,也是工作量最大的环节,一般会占整个数据仓库建立工作量的一半。ETL 由 3 个步骤构成:提取、转换和装载。

①提取:连接源系统并选择和收集必要的数据用于随后的分析处理。

②转换:通过一系列的规则将提取的数据转换为标准格式。

③装载:将提取并变换后的数据导入目标存储基础设施。

数据联合则创建一个虚拟的数据库,从分离的数据源中查询并合并数据。虚拟数据库并不包含数据本身,而是存储了真实数据及其存储位置的信息或元数据。

然而,这两种方法并不能满足流式和搜索应用对高性能的需求,因此这些应用的数据高度动态,并且需要实时处理。一般地,数据集成技术最好能与流处理引擎或搜索引擎集成在一起。

(2)数据清洗(data cleansing)。数据清洗是指在数据集中发现不准确、不完整或不合理的数据,并对这些数据进行修补或移除以提高数据质量的过程。通用的数据清洗框架由 5 个步骤构成:定义错误类型、搜索并标识错误实例、改正错误、文档记录错误实例和错误类型、修改数据录入程序以减少未来的错误。

此外,格式检查、完整性检查、合理性检查和极限检查也在数据清洗过程中完成。数据清洗对保持数据的一致和更新起着重要的作用,因此被用于银行、保险、零售、电信和交通等多个行业。

在电子商务领域,尽管大多数数据通过电子方式收集,但仍存在数据质量问题。影响数据质量的因素包括软件错误、定制错误和系统配置错误等。Kohavi 等讨论了通过检测爬虫和定期执行客户和账户的重复数据删除(de - duping),对电子商务数据进行清洗。

数据清洗对随后的数据分析非常重要,因为它能提高数据分析的准确性。但是数据清洗依赖于复杂的关系模型,会带来额外的计算和延迟开销,必须在数据清洗模型的复杂性和分析结果的准确性之间进行平衡。

(3)冗余消除(redundancy elimination)。数据冗余是指数据的重复或过剩,这是许多数据集的常见问题。数据冗余无疑会增加传输开销,浪费存储空间,导致数据不一致,降低可靠性。因此许多研究提出了数据冗余减少机制,如冗余检测和数据压缩。这些方法能够用于不同的数据集和应用环境,提升性能,但同时也会带来一定风险。例如,数据压缩方法在进行数据压缩和解压缩时带来了额外的计算负担,因此需要在冗余减少带来的好处和增加的负担之间进行折中。

由广泛部署的摄像头收集的图像和视频数据存在大量的数据冗余。在视频监控数据中,大量的图像和视频数据存在着时间、空间和统计上的冗余。视频压缩技术被用于减少视频数据的冗余,许多重要的标准(如 MPEG - 2、MPEG - 4、H. 263、H. 264/AVC)已被应用以减少存储和传输的负担。

对于普遍的数据传输和存储,数据去重(data reduplication)技术是专用的数据压缩技术,用于消除重复数据的副本。在存储去重的过程中,一个唯一的数据块或数据段将被分配一个标识并被存储起来,同时该标识也将被加入到一个标识列表中。当去重过程继续时,一个标识已存在于标识列表中的新数据块会被认为是冗余的块。该数据块将被一个指向已存储数据块指针的引用替代。通过这种方式,任何给定的数据块只有一个实例存在。去重技术能够显著地减少存储空间,对大数据存储系统具有非常重要的作用。

除了前面提到的数据预处理方法,还有一些对特定数据对象进行预处理的技术,如特征提取技术,在多媒体搜索和 DNS 分析中起着重要的作用。这些数据对象通常具有高维特征矢量。数据变形技术则通常用于处理分布式数据源产生的异构数据,对处理商业数据非常有用。然而,没有一个统一的数据预处理过程和单一的技术能够用于多样化的数据集,必须考虑数据集的特性、需要解决的问题、性能需求和其他因素以选择合适的数据预处理方案。

1.3.3 阶段3:数据存储

大数据系统中的数据存储子系统将收集的信息以适当的格式存放以待分析和价值提取。为了实现这个目标,数据存储子系统应该具有如下两个特征:一是存储基础设施应能持久和可靠地容纳信息;二是存储子系统应提供可伸缩的访问接口供用户查询和分析巨量数据。按功能划分,数据存储子系统可以分为存储基础设施和数据管理框架。

1. 存储基础设施

存储基础设施实现信息的物理存储,可以从不同的角度理解存储基础设施。

(1)存储设备可以根据存储技术分类。典型的存储技术有如下几种:

①随机存取存储器(random access memory,RAM)。RAM是计算机数据的一种存储形式,在断电时将丢失存储信息。现代RAM包括静态RAM、动态RAM和相变RAM。

②磁盘和磁盘阵列(RAID)。磁盘,如硬盘驱动器(HDD)是现代存储系统的主要部件。HDD由一个或多个快速旋转的碟片构成,通过移动驱动臂上的磁头,在碟片表面完成数据的读写。与RAM不同,断电后硬盘仍能保留数据信息,并且具有更低的单位容量成本,但是硬盘的读写速度比RAM要慢得多。由于单个高容量磁盘的成本较高,因此磁盘阵列将大量磁盘整合以获取高容量、高吞吐率和高可用性。SAS(serial attached SCSI)即串行连接SCSI(SCSI为小型计算机系统接口),SATA(serial advanced technology attachment)即串行高级技术附件,其中SAS是新一代的SCSI技术。SAS接口可向下兼容SATA,体现在对SATA在物理层和协议层实现兼容,实现SAS控制器直接操控SATA硬盘,但SAS不可用于SATA的环境中。SAS接口理论传输速率为12 Gb/s,SATA理论传输速率为6 Gb/s。SAS接口支持热插拔。

③存储级存储器。存储级存储器指非机械式存储媒体,如闪存。闪存通常用于构建固态驱动器(SSD)。SSD没有类似于HDD的机械部件,运行安静,并且具有更短的访问时间和延迟。但是SSD的单位存储成本要高于HDD。

这些存储设备具有不同的性能指标,可以用来构建可扩展的、高性能的大数据存储子系统。图1-5展示了一个典型的基于SSD的多层存储系统,该系统由3个部件构成,即I/O请求队列(I/O requests)、虚拟化层(virtualization layer)和阵列(array)。目前,IBM、EMC、3PAR等公司的基于SSD的商用多层存储系统已能获得较好的性能。

(2)可以从网络体系的观点理解存储基础设施,存储子系统可以通过不同的方式组织构建。

①直接附加存储(direct attached storage,DAS)。存储设备通过主机总线直接连接计算机,设备和计算机之间没有存储网络。DAS是对已有服务器存储的最简单的扩展。

②网络附接存储(network attached storage,NAS)。NAS是文件级别的存储技术,包含许多硬盘驱动器,这些硬盘驱动器组织为逻辑的冗余的存储容器。和存储区域网络(SAN)相比,NAS可以同时提供存储和文件系统,并能作为一个文件服务器使用。

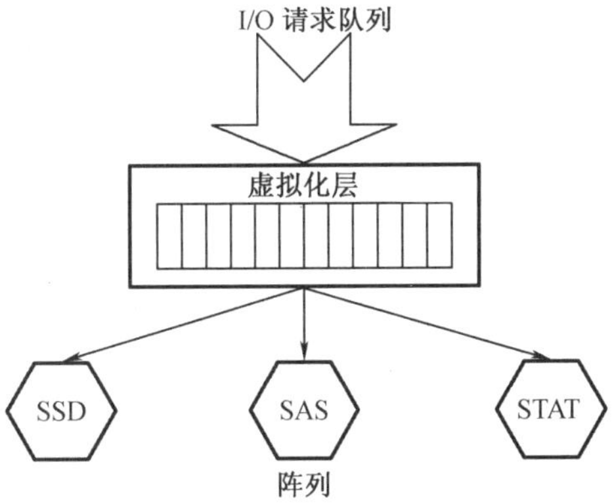

图 1-5 基于 SSD 的多层存储系统

③存储区域网络(storage area network,SAN)。SAN 通过专用的存储网络在一组计算机中提供文件块级别的数据存储。SAN 能够合并多个存储设备,如磁盘和磁盘阵列,使它们能够通过计算机被直接访问,就好像它们直接连接在计算机上一样。SAN 具有最复杂的网络架构,并依赖于特定的存储网络设备。存储系统网络架构如图 1-6 所示。

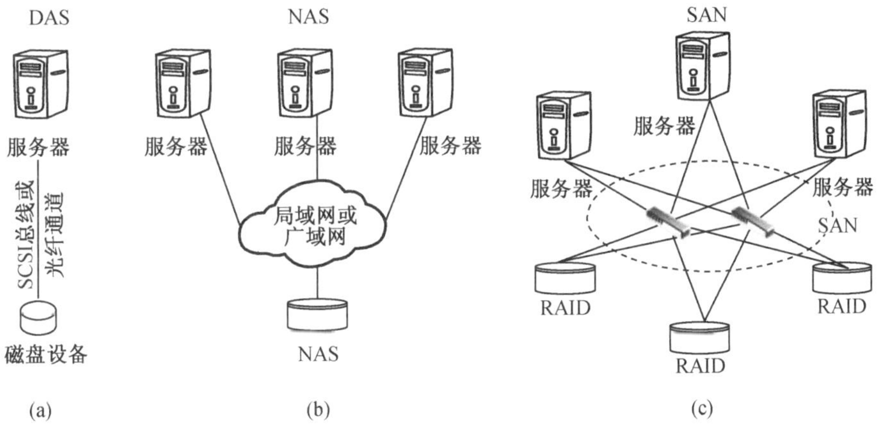

图 1-6 存储系统网络架构

(3)尽管已有的存储系统架构得到了深入的研究,但却无法直接应用于大数据系统中。为了适应大数据系统的"4Vs"特性,存储基础设施应该能够向上和向外扩展,以动态配置适应不同的应用。云计算领域提出的存储虚拟化技术可以满足这些需求。存储虚拟化将多个网络存储设备合并为单个存储设备。目前可以在 SAN 和 NAS 架构上实现存储虚拟化。基于 SAN 的存储虚拟化在可扩展性、可靠性和安全方面具有比基于 NAS 的存储虚拟化更高的性能。但是 SAN 需要专用的存储基础设施,从而带来较高的成本。

2. 数据管理框架

数据管理框架解决的是如何以适当的方式组织信息以待有效地处理。在大数据出现之前,数据管理框架就得到了较为广泛的研究。本节从层次的角度将数据管理框架划分为

3 层:文件系统、数据库技术和编程模型,如图 1－7 所示。

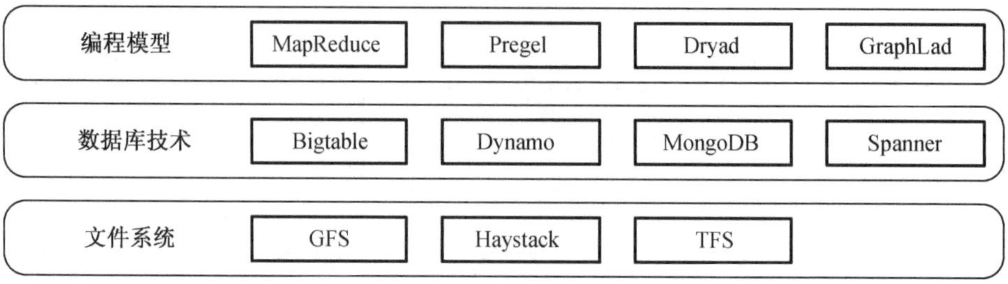

图 1－7　数据管理技术

(1)文件系统。由于文件系统是大数据系统的基础,因此得到了产业界和学术界的广泛关注。Google 为大型分布式数据密集型应用,设计和实现了一个可扩展的分布式文件系统 GFS。GFS 运行在廉价的商用服务器上,为大量用户提供容错和高性能服务。GFS 适用于大文件存储和读操作远多于写操作的应用,但是 GFS 具有单点失效和处理小文件效率低的缺点。企业和研究者开发了各自的文件存储解决方案以适应不同的大数据存储需求:HDFS 和 Kosmosfs 是 GFS 的开源产物;Microsoft 开发了 Cosmos 以支持其搜索和广告业务;Facebook 实现了 Haystack 以存储海量的小照片;淘宝设计了两种类似的小文件分布式文件系统,即 TFS 和 Fast FS。由于分布式文件系统已较为成熟,因此本节将重点介绍数据管理框架的其余两层。

(2)数据库技术。数据库技术是信息系统的核心技术之一,是一种计算机辅助管理数据的方法,它研究如何组织和存储数据,以及如何高效地获取和处理数据。不同的数据库系统被设计用于不同规模的数据集和应用。传统的关系型数据库系统难以解决大数据带来的对多样性和规模的需求。由于具有模式自由、易于复制、提供简单的应用程序接口(API)、最终一致性和支持海量数据的特性,NoSQL 数据库逐渐成为处理大数据的标准。下面将根据数据模型的不同,讨论 3 种主流的 NoSQL 数据库:键值(key－value,KV)存储数据库、列式存储数据库和文档数据库。

①键值存储数据库。键值存储数据库是一种简单的数据存储模型,数据以键值对的形式储存,键是唯一的。键值存储数据库是一种 NoSQL 模型,其数据按照键值对的形式进行组织、索引和存储。KV 存储非常适合不涉及过多数据关系、业务关系的业务数据,同时能有效减少读写磁盘的次数,比 SQL 数据库存储拥有更好的读写性能。

以下是 9 种用于大数据处理的免费键值存储数据库。

a. Aerospike 社区版。Aerospike 是一个以分布式为核心基础,可基于行随机存取内存中的索引、数据或 SSD 存储中的数据的数据库。Aerospike 主要用于广告业务,作为一个服务器端的 cookie 存储来使用,在这种场景下读取和写入性能是至关重要的。

b. LevelDB。LevelDB 是 Google 开发的一个非常高效的 KV 数据库,支持十亿级别的数据量。LevelDB 在这个数量级别下还有着非常高的性能,主要归功于它的良好设计,特别是 LSM 算法。LevelDB 已经作为存储引擎被 Riak 和 Kyoto Tycoon 支持,在国内淘宝网的 Tair 开源 KV 存储也已经将 LevelDB 作为其持久化存储引擎,并部署在线上使用。

c. Scalaris。Scalaris 是一个采用 Erlang 开发的分布式 key - value 存储系统，提供的 API 包括 Java、Python、Ruby 和 JSON。

d. Project Voldemort。Project Voldemort 为分布式键值存储系统，是 Amazon Dynamo 的一个开源克隆。其特性如下：

(a)支持自动复制数据到多个服务器上。

(b)支持数据自动分割，所以每个服务器只包含总数据的一个子集。

(c)提供服务器故障透明处理功能。

(d)支持可插拔的序化支持，以实现复杂的键值存储。它能够很好地集成常用的序化框架，如 Protocol Buffers、Thrift、Avro 和 Java Serialization。

(e)数据项都被标识版本，能够在发生故障时尽量保持数据的完整性而不会影响系统的可用性。

(f)每个节点相互独立，互不影响。

(g)支持可插拔的数据放置策略。

e. HyperDex。HyperDex 是一个分布式、可搜索的键值存储系统，特性如下：

(a)分布式 KV 存储，系统性能能够随节点数目增加而线性扩展。

(b)吞吐能力和延时都能远远优于 MongoDB，吞吐甚至强于 Redis。

(c)使用了 hyperspace hashing 技术，使得对存储的 KV 的任意属性进行查询成为可能。

f. BerkeleyDB。BerkeleyDB 是一个开源的文件数据库，介于关系型数据库与内存数据库之间，使用方式与内存数据库类似。它提供的是一系列直接访问数据库的函数，而不是像关系型数据库那样需要网络通信、SQL 解析等步骤。

g. Apache Accumulo。Apache Accumulo 是一个可靠的、可伸缩的、高性能的、排序分布式的 key - value 存储解决方案，基于单元访问控制及可定制的服务器端处理。Apache Accumulo使用 Google Bigtable 的设计思路，基于 Apache Hadoop、Zookeeper 和 Thrift 构建。

h. Redis。Redis 是一个高性能的 key - value 存储系统，和 memcached 类似。它支持存储的 value 类型相对更多，包括 string(字符串)、list(链表)、set(集合)和 zset(有序集合)。与 memcached 一样，为了保证效率，Redis 的数据缓存在内存中，区别是 Redis 会周期性地把更新的数据写入磁盘或者把修改操作写入追加的记录文件，并且在此基础上实现了主从同步。

Redis 的出现在很大程度上补偿了 memcached 这类 key - value 存储的不足，在部分场合可以对关系型数据库起到很好的补充作用。它提供了 Python、Ruby、Erlang、PHP 客户端，使用很方便。

i. Apache Cassandra。Apache Cassandra 最初由 Facebook 开发，用于储存特别大的数据。Apache Cassandra 的主要特点就是它不是一个数据库，而是由一堆数据库节点共同构成的一个分布式网络服务。对 Apache Cassandra 的写操作，会被复制到其他节点上去；对 Apache Cassandra 的读操作，也会被路由到某个节点上面去读取。对于一个 Apache Cassandra 群集来说，扩展性能是比较简单的事情，只需要在群集里面添加节点就可以了。

②列式存储数据库。列式存储数据库以列存储架构进行存储和处理数据，主要适用于批量数据处理和实时查询。下面介绍几种典型的列式存储系统。

a. Bigtable。Bigtable 是 Google 公司设计的一种列式存储系统。Bigtable 基本的数据结构是一个稀疏的、分布式的、持久化存储的多维度排序映射(Map),映射由行键、列键和时间戳构成。行按字典序排序并被划分为片(tablet),片是负载均衡单元。列根据键的前缀成组,称为列族(column family),是访问控制的基本单元。时间戳则是版本区分的依据。图 1－8为 Bigtable 数据模型,给出了一个在单个表中存储大量网页的示例,其中 URL 作为行键,网页的不同部分作为列名。网页的多个版本内容存储在单个列中。Bigtable 的实现包括 3 个组件:主服务器(Master)、tablet服务器和客户端库。Master 负责将 tablet 分配到 tablet 服务器、检测 tablet 服务器的添加和过期、平衡 tablet 服务器负载、GFS 文件的垃圾回收。另外,它还会处理模式(schema)的变化,如表和列族的创建。每个 tablet 服务器管理一系列的 tablet,处理对 tablet 的读取及对大的 tablet 进行分割。客户端库则提供应用与 Bigtable 实例交互。Bigtable 依赖于 Google 基础设施的许多技术,如 GFS、集群管理系统、SSTable 文件格式和 Chubby。

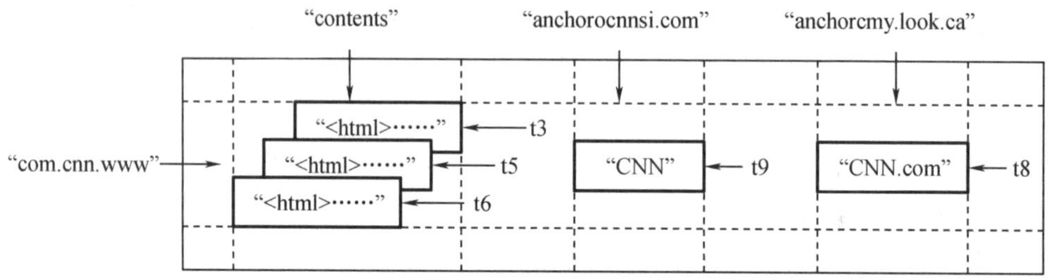

图 1－8　Bigtable 数据模型

b. Cassandra。Cassandra 是由 Facebook 开发并于2008 年开源,结合了 Dynamo 的分布式系统技术和 Bigtable 的数据模型。Cassandra 中的表是一个分布式多维结构,包括行、列族、列和超级列。此外,Cassandra 的分割和复制机制也和 Dynamo 类似,用于确保最终一致性。

c. Bigtable 改进。由于 Bigtable 不是开源的,因此开源项目 HBase 和 HyperTable 进行合并,同时吸收 Bigtable 的思想,实现的类似的系统列式存储数据库大部分是基于 Bigtable 的模式,只是在一致性机制和一些特性上有差异。例如,Cassandra 主要关注弱一致性,而 HBase 和 HyperTable 则关注强一致性。

③文档数据库。从 1989 年起,Lotus 通过其群件产品 Notes 提出了数据库技术的全新概念——文档数据库。文档数据库区别于其他传统的数据库,被用来管理文档。在传统的数据库中,信息被分割成离散的数据段;而在文档数据库中,文档是处理信息的基本单位。一个文档可以很长、很复杂,也可以无结构,与字处理文档类似。一个文档相当于关系型数据库中的一条记录。文档数据库能够支持比 KV 存储复杂得多的数据结构。MongoDB、SimpleDB 和 CouchDB 是主要的文档数据库,它们的数据模型和 JSON 对象类似。不同文档存储系统的区别在于数据复制和一致性机制方面。

a. 复制和分片(sharding)。MongoDB 的复制机制使用主节点的日志文件实现,日志文件保存了所有数据库中执行的高级操作。复制过程中,从节点向主节点请求自它们上一次同步之后的所有的写操作,并在它们的本地(local)数据库中执行日志中的操作。MongoDB

通过自动分片将数据分散到成千上万的节点上，自动实现负载平衡和失效回复，从而支持水平缩放。SimpleDB 将所有数据复制到不同数据中心的不同服务器上以确保安全和提高性能。CouchDB 没有采用分片机制，而是通过复制实现系统的扩展，任一 CouchDB 数据库可以和其他实例同步，因此可以构建任意类型的复制拓扑。

b. 一致性。MongoDB 和 SimpleDB 都没有版本一致性控制和事务管理机制，但是它们都提供最终一致性。CouchDB 的一致性取决于是使用 Master - Master 配置还是 Master - Slave 配置。前者能提供最终一致性，而后者只能提供强一致性。

④其他 NoSQL 和混合数据库。除了前面提到的数据存储系统，还有许多其他项目支持不同的数据存储系统，如 Neo4j、DEX、PNUTS 及 Dache。由于 SQL 数据库和 NoSOL 数据库有着各自的优缺点，结合两者的优势以获取较高的性能是一个较好的选择。基于这种思想，Google 开发了如下几种集成了 NoSQL 和 SQL 数据库优点的数据库系统。

Megastore 将 NoSQL 数据库数据存储的可伸缩性和 SQL 数据库的便利性结合在一起，能够获得强一致性和高可用性。其思想是先将数据分区，每个分区独立地复制，在分区内提供完整 ACID[atomic(原子性)、consistency(一致性)、isolation(隔离性)和 durability(持久性)]语义，但是在分区间仅保证有限一致性。Megastore 的数据模型介于关系型数据库管理系统(RDBMS)的三元组和 NoSQL 的行 - 列存储之间，其底层的数据存储依赖于 Bigtable。

Spanner是第一个将数据分布到全球规模的系统，并且在外部支持一致的分布式事务。不同于 Bigtable 中版本控制的键值存储模型，Spanner 演化为时间上的多维数据库。数据存储在半关系表中并创建版本，每个版本根据提交的时间自动生成。旧版本数据根据可配置的垃圾回收政策处理，应用可以读取具有旧时间戳的数据。某一粒度数据的复制可以由应用控制。此外，数据在服务器甚至数据中心上可以重新分片以均衡负载或应对失效。Spanner的显著特点是外部一致读写和在某一时间戳的全度跨数据库一致读取。

F1 是 Google 公司提出的用于广告业务的存储系统，建立在 Spanner 的基础上。F1 实现了丰富的关系型数据库的特点，包括严格遵从的 schema，强力的并行 SQL 查询引擎，通用事务、变更与通知的追踪和索引。其存储被动态分区，数据中心间的一致性复制能够处理由数据中心崩溃引起的数据丢失。

⑤NoSQL 数据库比较。尽管有很多不同类型的数据库，但没有一种数据库能够适用于任何场景，不同的数据库在多个性能之间进行不同的折中。Cooper 等考虑了基于云的数据管理系统中的性能折中问题，包括读和写、延迟和持续、同步和异步复制及数据分区。表 1 - 5为 NoSQL 存储系统设计，比较了一些系统的显著特点。

表 1 - 5　NoSQL 存储系统设计

数据模型	数据库	生产厂商	数据存储	并发控制	CAP 选项	连续性
键值存储	Dynamo	Amazon	Plug - in	MVCC	AP	最终一致
	Voldemort	LinkedIn	RAM	MVCC	AP	最终一致
	Redis	Salvatore Sanfilippo	RAM	Locks	AP	最终一致

表 1-5(续)

数据模型	数据库	生产厂商	数据存储	并发控制	CAP 选项	连续性
列式存储	Bigtable	Google	GFS	Locks + Stamps	CP	最终一致
	Cassandra	Facebook	Disk	MVCC	AP	最终一致
	HBase	Apache	HDFS	Locks	CP	最终一致
	HyperTable	HyperTable	Plug - in	Locks	AP	最终一致
文档存储	SimpleDB	Amazon	S3	无	AP	最终一致
	MongoDB	10gen	Disk	Locks	AP	最终一致
	CouchDB	Couchbase	Disk	MVCC	AP	最终一致
行式存储	PNUTS	Yahoo	Disk	MVCC	AP	时间线(timeline)一致

目前除了互联网企业外,数据处理领域还是以传统的 RDBMS 为主。RDBMS 的核心设计思想基本上是在 30 多年前形成的,其中最知名的是 Oracle 公司。但大数据时代需要处理的数据的量级从 GB 扩展到 TB,甚至现在的数据库经常面对 PB 级的数据,这必然对数据库的硬件架构、数据库系统结构和数据库应用产生重大的影响。RDBMS 也不再完全适用于所有环境。

随着大数据时代的到来,NoSQL 以其技术上的先进性、方便性得到了越来越多的认可,在处理大数据方面有着无可比拟的优势。

首先,NoSQL 改变了数据的定义范围,其数据类型可以是文本、图片、影像、网页,也可以是整个文件;其次,NoSQL 数据库是非关系型的,数据间的关系更加复杂和多样,类型和相互关系具有多种扩展可能,存储方式也多采用分布式结构。

经过十多年的发展,采用 NoSQL 技术的产品不断出现,NoSQL 网站(NoSQL - database.org)上已经收集了超百个相关产品,人们也把采用类似 NoSQL 结构和原理的数据库统称为 NoSQL 数据库,其中 HBase 数据库就是安全性比较完善的 NoSQL 数据库产品之一,被广泛应用。

尽管 NoSQL 数据库具有良好的扩展性和灵活性,但也有一些不足。例如,由于不使用 SQL,NoSQL 数据库系统不具备高度结构化查询等特性;NoSQL 也不能提供 ACID 的操作;不同的 NoSQL 数据库有各自的查询语言,使得很难规范应用程序接口。这些问题都会额外消耗系统资源。

在这样的背景下,NewSQL 应运而生。NewSQL 不仅考虑到关系型数据库的灵活性不足、数据库互锁机制效率低下等问题,同时也避免了像 NoSQL 那样因不支持 SQL 而存在的使用局限。它采用了一种近似折中的方案,既支持 SQL 并保证一定程度的数据一致性,同时也提供 NoSQL 数据库的非关系数据处理的扩展功能,因而从产生之初便受到人们的欢迎,相关产品不断涌现。图 1-9 为 NoSQL 和 NewSQL 常见产品及其分类情况。

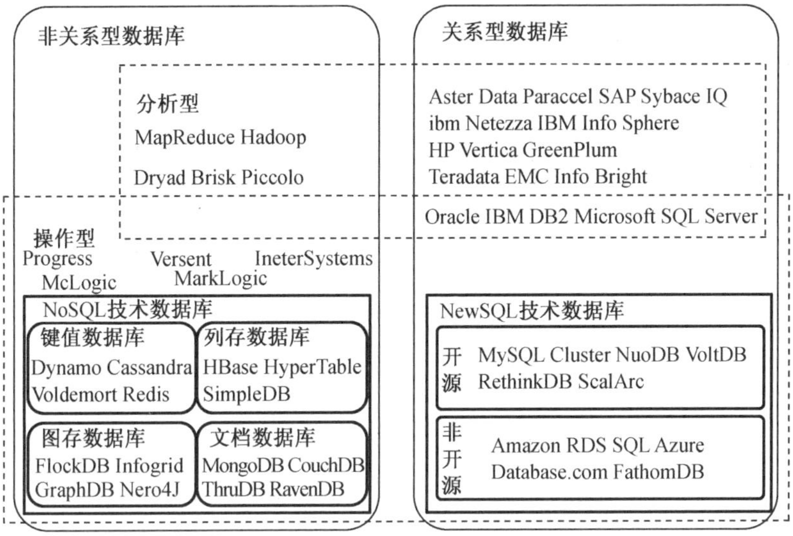

图 1－9　NoSQL 和 NewSQL 常见产品及其分类情况

可以肯定的是，无论是关系型数据库还是 NoSQL 及 NewSQL 等新型数据库，在大数据时代中的数据爆炸式增长的同时，数据库技术将变得更加强大和高效，也许在不久的将来，关系型数据库和非关系型数据库之间的界限会越来越模糊。

对于数据模型，在这里主要讨论键值存储、列式（column）存储和文档（document）存储等数据模型，PNUTS 的数据模型则是行式（row）存储。

对于数据存储，一些系统采用 RAM 快照或磁盘复制，另一些系统采用带 RAM 缓存的磁盘存储，还有些系统采用可插入的后端，允许接入不同的数据存储媒体或需要一个标准的底层文件系统。

对于并发控制，主要有 Locks、MVCC 和无并发控制 3 种方式。Locks 机制只允许一个用户在某一时刻读或者修改数据条目。MVCC 机制确保数据库的读一致性视图，但是可能会导致同一时刻有多个用户修改同一数据条目进而出现多版本冲突问题。一些系统没有提供原子性，允许不同用户并行修改同一数据对象的不同部分，但是对版本没有进行控制。

CAP 原理［“C”“A”“P”分别代表一致性（consistency）、可用性（availability）、分区容忍性（partition tolerance）］是数据库软件的理论基础，它指出对于一个数据库系统来说，不可能同时满足以下 3 点：

a. 一致性：所有节点在同一时间具有相同的数据。

b. 可用性：保证每个请求不管成功或者失败都有响应。

c. 分区容忍性：系统中任意信息的丢失或失败不会影响系统的继续运作。

分布式数据库系统也只能满足其中的两项。由于当前的网络硬件肯定会出现延迟丢包等问题，因此分区容忍性是必须要实现的，只能在一致性和可用性之间进行权衡，大多数分布式数据库系统选择了牺牲一致性来提高可用性，数据库产品的 CAP 原理关系如图 1－10 所示。

图1-10　数据库产品的CAP原理关系

CAP原理表明共享数据系统最多只能选择一致性、可用性和分区容忍性这3种性质中的2种。为了解决部分失效,基于云的数据库将数据广泛复制,必须考虑数据的一致性和可用性。因此在一致性和可用性间存在性能上的折中。弱一致性模型的不同实现形式已被实现,以获得可以接受的系统可用性。

对于一致性,可以从客户端和服务端两个不同的角度来分析。从客户端来看,一致性主要指的是多并发访问时如何获取更新过的数据的问题。从服务端来看,则是如何将更新复制并分布到整个系统,以保证数据的最终一致。一致性是因为有并发读写才有的问题,因此在理解一致性的问题时,一定要注意结合考虑并发读写的场景。

从客户端角度来看多进程并发访问时,在不同进程获取更新过的数据的不同策略决定了不同的一致性。对于关系型数据库,要求后续的访问都能看到更新过的数据,这是强一致性。如果能容忍后续的部分访问或者全部访问看不到更新过的数据,则是弱一致性。如果要求经过一段时间后的访问能看到更新过的数据,则是最终一致性。

根据CAP原理,在满足可用性和分区容忍性的同时难以获得严格的一致性,通常采用两种弱一致性原则,即最终一致性和timeline一致性。最终一致性是指所有的更新将在系统中传播,在很长一段时间内所有的副本是一致的;timeline一致性则是指指定记录的所有副本按相同的次序更新记录。

通常情况下,在大数据应用中维持ACID原则非常困难。数据管理工具的选择取决于前面提到的多种因素,如数据模型和数据源相关因素、数据存储设备对访问速率的影响等。大数据系统需要在成本、一致性和可用性间寻求平衡。

(3)编程模型。尽管NoSQL数据库具有很多关系型数据库不具备的优点,但是其没有插入操作的声明性表述,对查询和分析的支持也不够。编程模型对实现应用逻辑和辅助数据分析应用至关重要。但是,使用传统的并行模型如Open MP和MPI在大数据环境下实现并行编程非常困难。许多并行编程模型已被提出并应用于领域相关的应用。这些模型有效地提高了NoSQL数据库的性能,缩小了NoSQL和关系型数据库性能的差距,因此NoSQL数据库逐渐成为海量数据处理的核心技术。目前主要有3种编程模型:通用处理模型、图处理模型及流处理模型。

①通用处理模型。通用处理模型用于解决一般的应用问题,被用于MapReduce和

Dryad中。其中，MapReduce 是一个简单但功能强大的编程模型，能将大规模的计算任务分配到大的商用 PC 集群中并行运行。它的计算模型由用户定义的 Map 和 Reduce 两部分组成。MapReduce 将所有具有相同中间键 I 的中间结果聚合，并且将其传递到相应的 Reduce 函数。Reduce 函数收到中间键 I，并将和该键关联的一系列值进行合并，产生更小集合的值。简化的 MapReduce 只提供两个不透明的函数，而无须一些最常用的操作（如映射和过滤）。在 MapReduce 框架上添加 SQL 的特点可以让 SQL 程序员快速高效地使用 MapReduce。一些高级语言如 Google 的 Sawzall，Yahoo 的 Pig Latin，Facebook 的 Hive 和 Microsoft 的 Scope 已被开发用于提高程序员的效率。Dryad 是一个粗粒度的并行应用的通用分布式执行引擎。一个 Dryad 作业是一个有向无环图，图中的顶点是程序，边是数据信道。Dryad 在图中顶点所对应的一组计算机上运行作业，并通过文件、TCP 管道和共享内存 FIFO（先进先出）等数据信道通信。运行时，逻辑计算图自动映射到物理资源。MapReduce 可以看作是 Dryad 的特殊情况，即图中只有两个阶段：Map 阶段和 Reduce 阶段。

②图处理模型。社交网络分析和资源描述框架（RDF）等能够表示为实体间的相互联系，因此可以用图模型来描述。和流类型（flow - type）的模型相比，图处理的迭代是固有的，相同的数据集将不断被重访，如 Google 的 Pregel、GraphLab 和 X - stream。Pregel 是用于大规模图计算（如 Web 图和社交网络分析）的模型，计算任务表示为一个有向图。图中的顶点和一个用户定义的可修改的值相关，有向边则和源顶点相关，每条边有一个可变化的值和目标顶点的标识。图完成初始化后，程序迭代运行，每一次迭代称为一个 superstep，由同步点分离直到程序结束。在每一个 superstep 中，顶点以并行的方式执行给定算法逻辑的用户定义函数。顶点能够修改它自身或者边输出的状态，接收来自上一 superstep 的数据，发送消息到其他顶点及改变图的拓扑。边没有与之联系的计算。顶点可以通过投票终止其运行。当所有的节点都未激活，并且没有任何消息需要传递时，程序将终止。Pregel 程序的结果是顶点的输出值集合，通常和有向图的输入是同构的。GraphLab 是一种面向机器学习算法的图处理模型，包含 3 个组件：数据图、更新函数和同步操作。数据图是一个管理用户定义数据的容器，包括模型参数、算法状态和统计数据。更新函数是一个无状态的过程，用于修改顶点范围内的数据，调度将来在另一个顶点运行的更新函数。GraphLab 和 Pregel 的主要区别在于同步模型不同。Pregel 在每一次迭代后有一个屏障 barrier，所有节点在一次迭代后会完成全局的同步，而 GraphLab 则是完全异步的。GraphLab 提供了 3 种一致性模型，即完全、边和顶点一致性，以允许不同级别的并行化。相对于 Pregel 和 GraphLab 的以顶点为中心的计算模式，X - stream 是一种以边为中心的计算模式。X - stream 提供了两个 API 函数用于表示图计算，分别为 Edge - centric scatter 和 Edge - centric gather。Edge - centric scatter 以一条边为输入，根据边的源点进行计算，确定是否需要把更新后的值发送到边的目的顶点，从而更新目的顶点的值。Edge - centric gather 以更新为其输入，重新计算目的顶点的数据域。整个计算过程可组织成循环，每一个循环由 Edge - centric scatter 和 Edge - centric gather 组成：Edge - centric scatter 先迭代所有边，然后 Edge - centric gather 迭代 Edge - centric scatter 所产生的更新。因此，X - stream 的 Edge - centric scatter 和 Edge - centric gather是同步进行的。当应用程序符合终止条件时，循环终止。

③流处理模型。S4 和 Storm 是两个运行在 Java 虚拟机（JVM）上的分布式流处理平台。

S4 实现了 actor 编程模型，每个数据流中的 keyed tupple 被看作是一个事件并被以某种偏好路由到处理部件（processing elements，PEs）。PEs 形成一个有向无环图并处理事件和发布结果。处理节点（processing nodes，PNs）是 PEs 的逻辑主机并能监听事件，将事件传递到处理单元容器 PEN 中，PEN 则以适当的顺序调用处理部件。Storm 和 S4 有许多相同的特点，Storm 作业同样以有向无环图表示。S4 和 Storm 的主要区别在于架构：S4 是分布式对称架构，而 Storm 是类似于 MapReduce 的主从架构。

表 1－6 比较了上述几种数据流模型的特点。第一，尽管实时处理越来越重要，批处理仍然是重要的数据处理方式。第二，大多数系统采取图作为编程模型是因为图能够表示更复杂的任务。第三，所有的系统都支持并发执行以提高处理速度。第四，流处理模型使用内存作为数据存储媒体以获得高访问和处理速率，而批处理模型使用文件系统或磁盘存储海量数据以支持多次访问。第五，这些系统的架构通常是主从式的，但是 S4 则是分布式的架构。第六，不同的系统具有不同的容错策略。对于 Storm 和 S4，当节点失效时，失效节点的任务将被转移到备用节点运行；Pregel 和 GraphLab 将检查点用于容错；MapReduce 和 Dryad则仅指出节点级别的容错。

表 1－6　数据流模型的特点

数据流模型	MapReduce	Dryad	Pregel	GraphLab	Storm	S4
应用	通用并行执行引擎	通用并行执行引擎	大规模图像处理	大规模机器学习和数据挖掘	分布式流处理	分布式流处理
编程模型	Map 和 Reduce	有向无环图	有向图	有向图	有向无环图	有向无环图
并行性	在 Map 和 Reduce 阶段并发执行	在同一阶段内节点并发执行	在一个superstep 内在节点上并发执行	非重叠领域的并发执行，由一致性模型定义	Worker 处理和执行	Worker 处理和执行
数据处理	分布式文件系统	各种存储媒介	分布式文件系统	内存或磁盘	内存	内存
架构	主从	主从	主从	主从	主从	分布式对称
容错	节点级容错	节点级容错	检查点	检查点	部分容错	对称容错

此外，一些其他的研究工作关注特定任务的编程模型，如插入两个数据集、迭代计算、容错内存计算、增量计算和数据依赖的流控制决策。特别地，在内存计算模型中，Spark 是由 UC Berkeley 开发的一个分布式计算框架。它的特点是处理任务的中间结果能够保存在内存中，从而避免传统数据重用（如数据拷贝、硬盘 I/O、序列化）的运行开销，因此 Spark 能很好地用于迭代算法与数据挖掘中。

1.3.4　阶段 4:数据分析和处理

大数据价值链的最后也是最重要的阶段就是数据分析和处理,其目标是从庞杂的数据中提取隐藏的数据,提供有意义的建议及辅助决策的制定[7]。在这里将首先讨论数据分析目标和分类,其次介绍不同的应用演化,最后介绍常用分析方法。

1. 数据分析目标和分类

数据分析处理来自对某一兴趣现象的观察、测量或者实验的信息。数据分析的目的是从和主题相关的数据中提取尽可能多的信息。主要目标包括以下几点:一是推测或解释数据并确定如何使用数据;二是检查数据是否合法;三是给决策制定提供合理建议;四是诊断或推断错误原因;五是预测未来将要发生的事情。

由于统计数据的多样性,数据分析的方法大不相同。可以将数据根据下述标准分为几类:根据观察和测量得到的定性或定量数据,根据参数数量得到的一元或多元数据。从数据分析深度角度,可将数据分析分为 3 个层次:描述性分析、预测性分析和规则性分析。

(1)描述性分析。描述性分析基于历史数据描述发生了什么。例如,利用回归技术从数据集中发现简单的趋势,将可视化技术用于更有意义地表示数据,利用数据建模以更有效的方式收集、存储和删减数据。描述性分析通常应用在商业智能和可见性系统。

(2)预测性分析。预测性分析用于预测未来事件发生的概率和发展趋势。利用预测模型、机器学习、数据挖掘等技术来分析当前及历史的数据,从而对未来或其他不确定的事件进行预测。

(3)规则性分析。规则性分析解决决策制定问题和提高分析效率。例如,仿真用于分析复杂系统以了解系统行为并发现问题,优化技术用于在给定约束条件下给出最优解决方案。

2. 应用演化

对数据驱动的应用在过去几十年里已经出现。例如,20 世纪 90 年代在商业领域出现的商业智能,21 世纪初期出现的基于数据挖掘的 Web 搜索引擎。接下来将介绍在不同时期的典型大数据领域中具有较大影响力的大数据分析应用的演化。

(1)商业应用演化。早期的商业数据是结构化的数据,存储在关系型数据库管理系统中。这些系统应用的数据分析技术通常是直观简单的。商业智能应用的常用分析方法包括报表(reporting)、仪表盘(dashboard)、即时查询(ad-hoc query)、基于搜索的商业智能、在线事务处理、计分卡、交互可视化、预测模型和数据挖掘。21 世纪初期,互联网和 Web 技术使得企业将其业务上线,并能和客户直接联系。越来越多的产品和客户信息如点击流数据日志和用户行为可以通过 Web 收集。通过使用不同的文本和 Web 挖掘技术,可以完成产品放置优化、客户事务分析、产品推荐和市场结构分析。移动设备和物联网构建了具有位置感知、以个人为中心和上下文感知的革新性应用。

(2)网络应用演化。早期的网络提供电子邮件和网站服务,因此文本分析、数据挖掘和网页分析技术被用于挖掘邮件内容、创建搜索引擎。网络数据占据了全球数据的绝大部分,包含文本、图像、视频、照片和交互式内容等众多类型的数据。随后,用于半结构化和无结构化数据的分析技术得到了发展。例如,利用图像分析技术可以从照片中提取有意义的信息，利用多媒体分析技术可以使商业或军事领域的视频监控系统自动化。2004 年后，诸如论坛、博客、社交网站、多媒体分享站点等在线社交媒体的出现使得用户能够产生、上传和共享丰富的用户自主创造内容。人们从这些发布在社交媒体上的内容中可以挖掘每天的热门事件和社会政治观点等，从而提供及时的反馈和意见。

(3)科学应用演化。科学研究的许多领域如天文学、海洋学、基因学和环境研究等学科领域中高生产量的传感器和仪器会产生大量的数据。有些科学研究学科已开发出对海量数据进行分析的平台，并取得了很好的效果。例如，在生物学科，i Plant 利用信息基础设施、物理计算资源和支持互操作的分析软件等，向致力于丰富植物科学知识的研究者、教育者和学生提供数据服务。i Plant 数据集是多样性的数据，包含权威的、可供参考的实验数据、仿真建模数据、观察数据和其他处理后的数据等。基于以上分析，可以将数据分析的研究分为 6 个方向：结构化数据分析、文本分析、Web 数据分析、社交网络数据分析、多媒体数据分析和移动数据分析。结构化数据分析是指传统的数据分析。Web 数据、社交网络数据、多媒体数据和移动数据，从数据形态上可能包括结构化数据的某些数据类型（文本），但是在某些特定的应用领域里面对数据具有新的分析要求和特性要求，所以需要从应用的角度对其分别分析。

3. 常用分析方法

尽管目标和应用领域不同，但一些常用分析方法对所有的数据处理都有用。

(1)数据可视化。数据可视化的目标是以图形方式清晰有效地展示信息。一般来说，图表和地图可以帮助人们快速理解信息。但是，当数据量增大到大数据的级别，传统的电子表格等技术已无法处理海量数据。大数据的可视化已成为一个活跃的研究领域，因为它能够辅助算法设计和软件开发。

(2)统计分析。在统计理论中，随机性和不确定性由概率理论建模。统计分析技术可以分为描述性统计和推断性统计。描述性统计技术对数据集进行摘要（summarization）或描述，而推断性统计则能够对过程进行推断。更多的多元统计分析包括回归、因子分析、聚类和判别分析。

(3)数据挖掘。许多数据挖掘算法已经在人工智能、机器学习、模式识别、统计和数据库领域得到了应用。目前，影响力最高的 10 种数据挖掘算法，包括 C4.5、K - Means、SVM、Apriori、EM、Page Rank、Ada Boost、kNN、朴素贝叶斯和 CART，覆盖了分类、聚类、回归和统计学习等方向。此外，一些其他的先进技术如神经网络和基因算法也被用于不同应用的数据挖掘。有时候，几乎可以认为很多方法如数据挖掘、机器学习、模式识别，甚至视觉信息处理、媒体信息处理等间的界线逐渐淡化。此处以“数据挖掘”作为一个通称。

1.4 大数据分析方法分类

表 1 - 7 从数据生命周期的角度，从数据源、特点等方面总结比较了主要的大数据分析方法，包括结构化数据分析、文本分析、Web 数据分析、多媒体数据分析、社交网络数据分析和移动数据分析。

表 1-7　大数据分析方法分类

分析领域	数据源	特点	方法
结构化数据分析	消费交易、科学研究	结构化记录,少量且实时	数据挖掘、统计分析
文本分析	日志、电子邮件、公司文件、政务法规、网页文本内容、意见和反馈	无结构化,有丰富的文本,上下文、语义、语言相关	文件演示、自然语言处理、信息抽取、主题模型、摘要、分类、聚类、问答系统、观点挖掘
Web 数据分析	网页	文本和超链接,象征性的,元数据	网络内容挖掘、网络使用挖掘
多媒体数据分析	企业和用户产生的多媒体监控数据、监控和环境媒体数据	图像、音频、视频,大量、冗余的,有语义空隙	索引和检索、推荐、均匀探测
社交网络数据分析	文献统计、社交网络	有丰富的内容、社会关系,嘈杂、冗余的,快速进化	链接预测、社区发现、网络进化、影响力分析、关键字搜索,分类、聚类,迁移学习
移动数据分析	移动应用、传感器、RFID	基于位置的,特定于个人,信息零碎	监测、基于位置的数据挖掘

1.4.1　结构化数据分析

结构化数据可以利用成熟的 RDBMS、数据仓库和联机分析处理(OLAP)等技术管理,采用的数据分析技术是前面介绍的数据挖掘和统计分析技术。近年来,深度学习(deep learning)逐渐成为一个主流的研究热点。当前,许多机器学习算法依赖于用户设计的数据表达和输入特征,这对不同的应用来说是一个复杂的任务。而深度学习则集成了表达学习(representation learning),学习多个级别的复杂性/抽象表达。此外,许多算法已被成功用于最近的一些应用中。例如,统计机器学习,基于精确的数据模型和强大的算法,被应用在异常检测和能量控制中。利用数据特征,时空挖掘技术能够提取模型中的知识结构,以及高速数据流与传感器数据中的模式(pattern)。基于电子商务、电子政务和医疗健康应用对隐私的需求,隐私保护数据挖掘也被广泛研究。随着事件数据、过程发现和一致性检查技术的发展,过程挖掘也逐渐成为一个新的研究方向,即通过事件数据分析过程。

1.4.2　文本分析

文本数据是信息储存的最常见的形式,包括电子邮件、文档、网页和社交媒体内容,因此文本分析比结构化数据分析具有更大的商业潜力。文本分析又称为文本挖掘,是指从无结构的文本中提取有用信息或知识的过程[8]。文本挖掘是一个跨学科的领域,涉及信息检索、机器学习、统计、计算语言和数据挖掘。大部分的文本挖掘系统建立在文本表达和自然语言处理(NLP)的基础上。

文档表示和查询处理是开发矢量空间模型、布尔检索模型和概率检索模型的基础,这些模型又是搜索引擎的基础。

NLP 技术能够增加文本的可用信息,允许计算机分析、理解甚至产生文本。词汇识别、语义释疑、词性标注和概率上下文无关文法等是常用的方法。基于这些方法,人们提出了一些文本分析技术,如信息提取、主题模型、文本摘要(summarization)、文本分类(classification)、文本聚类(aggregation)、问答系统和观点挖掘。

信息提取技术是指从文本中自动提取特定类型的结构化数据。命名实体识别(named-entity recognition,NER)是信息提取的子任务,其目标是从文本中识别原子实体并将其归类到人、地点和组织等类别中。NER 最近被用于一些新的分析应用和生物医学中。

主题模型建立在文档包含多个主题的情况下。主题模型是以非监督学习的方式对文集的隐含语义结构进行聚类的统计模型,主要用于自然语言处理中的语义分析和文本挖掘问题,如按主题对文本进行收集、分类和降维。隐含狄利克雷分布(Latent Dirichlet Allocation,LDA)是常见的主题模型。

文本摘要技术是指从单个或多个输入的文本文档中产生一个缩减的摘要,分为提取式(extractive)摘要和概括式(abstractive)摘要。提取式摘要从原始文档中选择重要的语句或段落并将它们连接在一起,而概括式摘要则需要理解原文并基于语言学方法以较少的语句对原文进行复述。

文本分类技术用于识别文档主题,并将文档归类到预先定义的主题或主题集合中。基于图表示和图挖掘的文本分类在近年来得到了人们的关注。

文本聚类技术用于将类似的文档聚合。和文本分类不同的是,文本聚类不是根据预先定义的主题或主题集将文档归类。在文本聚类中,文档可以表现出多个子主题。一些数据挖掘中的聚类技术可用于计算文档的相似度。

问答系统主要设计用于为给定问题找到最佳答案,涉及问题分析、源检索、答案提取和答案表示等技术。问答系统可用在教育、网站、健康和答辩等场合。

观点挖掘是指提取、分类、理解和评估在新闻、评论和其他用户自主创造内容中的观点的计算技术,它能够为了解公众或客户对社会事件、政治动向、公司策略、市场营销活动和产品的偏好和看法提供机会。

1.4.3 Web 数据分析

过去十几年间,网页数据的爆炸式增长使网页数据分析成为活跃的领域。Web 数据分析的目标是从 Web 文档和服务中自动检索、提取和评估信息以发现知识,涉及数据库、信息检索、NLP 和文本挖掘,可分为 Web 内容挖掘、Web 结构挖掘和 Web 用法挖掘[9]。

(1)Web 内容挖掘是指从网页内容中抽取有用的信息和知识。例如,根据网页的主题,可以进行自动的聚类和分类。虽然这些任务与传统数据挖掘的任务相似,但是依然可以为了各种不同的目的从网页中根据模式抽取有用的信息,如商品描述、论坛回帖等。而这些信息可以被进一步用来分析、挖掘用户态度。这些任务也不是传统的数据挖掘任务。

(2)Web 结构挖掘是指发现基于 Web 链接结构的模型。链接结构表示站点内或站点之间链接的关系图，模型反映了不同站点之间的相似度和关系，并能用于对网站分类。Page Rank、CLEVER 和 Focused Crawling 利用此模型发现网页。Focused Crawling 的目的是根据预先定义的主题有选择地寻找相关网站，它并不收集或索引所有可访问的 Web 文档，而是通过分析 crawler 的爬行边界，发现和爬行最相关的一些链接，避开 Web 中不相关的区域，从而节约硬件和网络资源。

(3)Web 用法挖掘则是对 Web 会话或行为产生的次要数据进行分析。与 Web 内容挖掘和结构挖掘不同的是，Web 用法挖掘不是对 Web 上的真实数据进行分析。Web 用法挖掘包括 Web 服务器的访问日志、代理服务器日志、浏览器日志、用户信息、注册数据、用户会话或事务、cookies、用户查询、书签数据、鼠标点击及滚动数据，以及用户与 Web 交互所产生的其他数据。随着 Web 服务和 Web 2.0 系统的日益成熟和普及，Web 用法数据将更加多样化，Web 用法挖掘在个性化空间、电子商务、Web 隐私和安全等方面将起到重要的作用。例如，协作推荐系统可以根据用户偏好的相同或异同实现电子商务的个性化。

1.4.4　多媒体数据分析

多媒体数据分析是指从多媒体数据中提取有趣的知识，理解多媒体数据中包含的语义信息。由于多媒体数据在很多领域比文本数据或简单的结构化数据包含更丰富的信息，因此提取信息时需要解决多媒体数据中的语义分歧。多媒体数据分析研究覆盖范围较广，包括多媒体摘要、多媒体标注、多媒体索引和检索、多媒体推荐和多媒体事件检测。

在多媒体摘要中，音频摘要可以简单地从原始数据中提取突出的词语或语句，合成新的数据表达；视频摘要则将视频中最重要的或最具代表性的序列进行动态或静态的合成。静态视频摘要使用连续的一系列关键帧或上下文敏感的关键帧表示原视频，这些方法比较简单，并已被用于 Yahoo、Alta Vista 和 Google，但是它们的回放体验较差。动态视频摘要技术则使用一系列的视频片段表示原始视频，并利用底层视频特征进行平滑以使得最终的摘要显得更自然。

多媒体标注是指给图像和视频分配一些标签，可以在语法或语义级别上描述它们的内容。在标签的帮助下，人们很容易实现对多媒体内容的管理、摘要和检索。由于人工标注非常耗时且工作量大，没有人工干预的自动多媒体标注得到了极大的关注。多媒体自动标注的主要困难是语义分歧，即底层特征和标注之间的差异。尽管取得了一些重要的进展，但是目前的自动标注方法性能并不令人满意。一些研究开始同时利用人工和计算机对多媒体进行标注。

多媒体索引和检索处理的是多媒体信息的描述、存储和组织，并帮助人们快速方便地发现多媒体资源。一个通用的视频检索框架包括 4 个步骤：结构分析，特征提取，数据挖掘、分类和标注，以及查询和检索。结构分析是通过镜头边界检测、关键帧提取和场景分割等技术，将视频分解为大量具有语义内容的结构化元素。结构分析完成后，提取关键帧、对象、文本和运动的特征以待后续挖掘，这是视频查询和检索的基础。根据提取的特征，进行数据挖掘、分类和标注，目的是发现视频内容的模式，将视频分配到预先定义的类别，并生成视频索引。

多媒体推荐的目的是根据用户的偏好向其推荐特定的多媒体内容，这是一种能提供高质量个性化内容的有效方法。现有的推荐系统大部分是基于内容和基于协作过滤的方法。基于内容的方法识别用户兴趣的共同特征,并且给用户推荐具有相似特征的多媒体内容。这些方法依赖于内容相似测量机制,容易受有限内容分析的影响。基于协作过滤的方法将具有共同兴趣的人们组成组,根据组中其他成员的行为推荐多媒体内容。混合方法则利用基于内容和基于协作过滤两种方法的优点提高推荐质量。

多媒体事件检测是在事件库视频片段中检测事件是否发生的技术。视频事件检测的研究才刚刚起步,已有的大部分研究都集中在体育或新闻事件,以及重复模式事件(如监控视频中的跑步)或不常见的事件。

1.4.5 社交网络数据分析

随着在线社交网络的兴起,网络分析的发展经历了从早期的文献计量学分析和社会学网络分析,到21世纪的社交网络分析。社交网络包含大量的联系数据和内容数据。其中,联系数据通常用一个图拓扑表示实体间的联系;内容数据则包含文本、图像和其他多媒体数据。显然,社交网络数据的丰富性给数据分析带来了前所未有的挑战和机会。从以数据为中心的角度,社交网络数据分析的研究方向主要有两个:基于联系的结构分析和基于内容的分析。

基于联系的结构分析关注链接预测、社区发现、社交网络演化和社交影响分析等方向。社交网络可以看成一张图,图中的顶点表示人,边表示对应的人之间存在的特定关联。由于社交网络是动态的,新的节点和边会随着时间的推移而加入图中。

链接预测对未来两个节点关联的可能性进行预测。链接预测技术主要有基于特征的分类方法、概率方法和线性代数方法。基于特征的分类方法选择节点对的一组特征,利用当前的链接信息训练二进制分类器预测未来的链接;概率方法对社交网络节点的链接概率进行建模;线性代数方法通过降维相似矩阵计算节点的相似度。

社区是一个子图结构,其中的顶点具有更高的边密度,但是子图之间的顶点具有较低的密度。用于检测社区的方法中,大部分都是基于拓扑的,并且依赖于某个反映社区结构思想的目标函数。

社交网络演化研究则试图寻找网络演化的规律,并推导演化模型。当社交网络中的个体行为受其他人感染时即产生社交影响,社交影响的强度取决于多种因素,包括人与人之间的关系、网络距离、时间效应和网络及个体特性等。定量和定性测量个体施加给他人的影响,会给市场营销、广告和推荐等应用带来极大的好处。

随着 Web 2.0 技术的发展,用户自主创造内容在社交网络中取得了爆炸性增长。社交媒体是指这些用户自主创造的内容工具和平台,包括博客、微博、图片和视频分享、社交图书营销、社交网络站点和社交新闻等。社交媒体数据包括文本、多媒体、位置和评论等信息。几乎所有的结构化数据分析、文本分析和多媒体分析的研究主题都能转移到社交媒体分析中。

然而,社交媒体分析面临着前所未有的挑战。第一,社交媒体数据每天不断增长,应该在一个合理的时间限制范围内对数据进行分析;第二,社交媒体数据包含许多干扰数据,如博客空间中存在大量垃圾博客;第三,社交网络是动态的、不断变化的、迅速更新的。

简单来说，社交媒体和社交网络联系紧密，对社交媒体数据的分析无疑也受社交网络动态变化的影响。社交媒体分析即社交网络环境下的文本分析和多媒体分析。对社交媒体分析的研究处于起步阶段。社交网络的文本分析应用包括关键词搜索、分类、聚类和异构网络中的迁移学习。关键词搜索利用了内容和链接行为；分类则假设网络中有些节点具有标签，这些被标记的节点可以用来对其他节点分类；聚类可确定具有相似内容的节点集合。由于社交网络中不同类型的对象之间存在大量链接的信息，如标记、图像和视频等，异构网络中的迁移学习可用于不同链接的信息知识迁移。在社交网络中，多媒体数据集是结构化的，并且具有语义本体、社交互动、社区媒体、地理地图和多媒体内容等丰富的信息。多媒体信息网络的链接结构是逻辑上的结构，对网络非常重要。多媒体信息网络中有 4 种逻辑链接结构：语义本体、社区媒体、个人相册和地理位置。基于逻辑链接结构，可以提高检索系统、推荐系统、协作标记和其他应用的性能。

1.4.6　移动数据分析

随着移动计算的迅速发展，更多的移动终端（移动手机、传感器和 RFID）和应用逐渐在全世界普及。截至 2020 年底，全球移动数据流量每月达 30.6 EB，年度全球移动数据流量达 366.8 EB。巨量的数据对移动数据分析提出了需求，但是移动数据分析面临着移动数据特性带来的挑战，如移动感知、活动敏感性、噪声和冗余。目前对移动数据分析的研究远未成熟，下面介绍一些具有代表性的移动数据分析应用。

RFID 能够在一定范围内读取一个和标签（tag）相联系的唯一产品标识码。标签能够用于标识、定位、追踪和监控物理对象，在库存管理和物流领域得到了广泛的应用[10]。然而，RFID 数据给数据分析带来了许多挑战：第一，RFID 数据本质上是充斥着干扰数据和冗余数据的；第二，RFID 数据是时间相关的、流式的，容量大且需要即时处理。通过挖掘 RFID 数据的语义（如位置、聚集和时间信息），可以推断一些原子事件追踪目标和监控系统状态。

无线传感器、移动技术和流处理技术的发展促进了体域传感器网络的部署，可用于实时监控个体的健康状态。医疗健康数据来自具有不同特性（如多样化属性、时空联系和生理特征等）并存在隐私和安全问题的异构传感器。

从上述讨论可以发现，大部分移动数据分析技术既是描述性分析，也是预测性分析。

1.5　大数据应用领域

总体而言，大数据可以应用于诸多行业，包括政务服务、金融市场、城市交通、健康医疗、企业管理、网络社交、劳动就业、文化教育、能源环境等。

下面就一些典型领域的大数据应用进行阐述。

1.5.1　政务大数据

2009 年，美国政府推出公共服务平台（data.gov），全面开放了联邦政府的原始数据和地理数据。2012 年 3 月，美国白宫科技政策办公室发布“大数据研究和发展计划”，成立大数据高级指导小组，通过对海量数据分析来提取信息，提升对社会经济发展的预测能力。2013年11月，美国信息技术与创新基金会发布《支持数据驱动型创新的技术与政策》，指出政府不仅要大力推动数据相关技术的研发，还要制定推动数据共享的法律框架，并提高公众对数据共享重大意义的认识。2014年5月，美国发布《大数据：把握机遇，守护价值》白皮书，对美国大数据应用与管理的现状、政策框架和改进建议进行集中阐述。

2016年4月，麻省理工学院推出了“数据美国”在线大数据可视化工具，可以实时分析并展示美国政府公开数据库（open data）。2011年11月，英国政府发布了对公开数据进行研究的战略决策，建立了有“英国数据银行”之称的data. gov. uk网站，希望通过完全公布政府数据，进一步推动大数据技术在科技、商业、农业等领域的发展。

1.5.2 金融大数据

国内不少银行已经开始尝试通过大数据来驱动业务运营，如中信银行信用卡中心使用大数据技术实现了实时营销，光大银行建立了社交网络信息数据库，招商银行则利用大数据发展小微信贷。总体来看，银行金融大数据应用可以分为以下4个方面。

1. 客户画像应用

客户画像应用主要分为个人客户画像和企业客户画像。个人客户画像包括人口统计学特征、消费能力数据、兴趣数据、风险偏好等；企业客户画像包括企业的生产、流通、运营、财务、销售和客户数据，相关产业链上下游等数据。值得注意的是，银行拥有的客户信息并不全面，基于银行自身拥有的数据进行分析有时难以得出理想的结果，甚至可能得出错误的结论。比如，假设某位信用卡客户月均刷卡8次，平均每次刷卡金额为800元，平均每年打4次客服电话，从未有过投诉，按照传统的数据分析，该客户是一位满意度较高、流失风险较低的客户。但如果看到该客户的微博，得到的真实情况是：工资卡和信用卡不在同一家银行，还款不方便，好几次打客服电话没接通，客户多次在微博上抱怨，该客户流失风险较高。所以银行不仅仅要考虑通过自身业务采集到的数据，更应考虑整合外部更多的数据，以增加对客户的了解。

2. 精准营销

第一是实时营销。实时营销是指根据客户的实时状态进行营销。比如，根据客户当时的所在地、客户最近一次消费等信息来针对性地进行营销（某客户使用信用卡采购孕妇用品，可以通过建模推测其或者其伴侣怀孕的概率并推荐孕妇类业务）；或者将改变生活状态的事件（换工作、改变婚姻状况、置居等）视为营销机会。第二是交叉营销，即不同业务或产品的交叉推荐。例如，招商银行可以根据客户交易记录进行分析，有效地识别小微企业客户，然后用远程银行来实施交叉销售。第三是个性化推荐。银行可以根据客户的喜好进行服务，如根据客户的年龄、资产规模、理财偏好等，对客户群进行精准定位，分析出其潜在的金融服务需求，进而有针对性地营销推广。第四，客户生命周期管理。客户生命周期管理包括新客户获取、客户防流失和客户赢回等。例如，招商银行通过构建客户流失预警模型，对流失率等级前20%的客户发售高收益理财产品予以挽留，使得金卡和金葵花卡的客户流失率分别降低了15%和7%。

3. 风险管控

风险管控主要包括中小企业贷款风险评估、欺诈交易识别等。银行可通过企业的资产、流通、销售、财务等相关信息,结合大数据挖掘方法进行贷款风险分析,量化企业的信用额度,更有效地开展中小企业贷款工作[11]。同时,银行可以利用持卡人基本信息、卡基本信息、交易历史、客户历史行为模式、正在发生行为模式(如转账)等,结合智能规则引擎(如从一个不经常出现的国家为一个特有用户转账或从一个不熟悉的位置进行在线交易)进行实时的交易反欺诈分析。例如,IBM 金融犯罪管理解决方案帮助银行利用大数据有效地预防和管理金融犯罪,摩根大通银行利用大数据技术追踪盗取客户账号和侵入 ATM 系统的罪犯。

4. 运营优化

运营优化主要有 3 个方面:市场和渠道分析优化、产品和服务优化、舆情分析。通过大数据,银行可以监控不同市场推广渠道尤其是网络渠道推广的质量,从而进行合作渠道的调整和优化;也可以分析哪些渠道更适合推广哪类银行产品或服务,从而进行渠道推广策略的优化。在产品和服务方面,银行可以将客户行为转化为信息流,并从中分析客户的个性特征和风险偏好,更深层次地理解客户的习惯,智能化分析和预测客户需求,从而进行产品创新和服务优化。例如,兴业银行通过对还款数据的挖掘、比较来区分优质客户,根据客户还款数额的差别为其提供差异化的金融产品和服务方式。

在舆情分析方面,银行可以通过网络爬虫技术,抓取社区、论坛和微博上关于银行及银行产品和服务的相关信息,并通过自然语言处理(NLP)技术进行正面或负面判断。尤其是及时掌握对银行及银行产品和服务的负面信息,及时发现和处理问题;对于正面信息,可以加以总结并继续强化。同时,银行还可以抓取同行业的信息,及时了解同行做得好的方面,作为自身业务优化的借鉴。

1.5.3　城市交通大数据

在公共交通管理中应用大数据技术有利于预测市民的出行规律,指导公交线路的设计、调整车辆密度等。其数据来源主要为公交或地铁刷卡、停车收费站、信号灯、交通视频摄像头等,利用收集的历史数据进行预测,实现对交通调度系统的指挥控制,及时疏通拥堵,有效缓解城市交通压力。

在美国洛杉矶,交通拥堵情况有如噩梦。于是当地政府在相关州际公路上建立了收费快速通道,通过大数据引导驾驶人员在该通道上行驶,保证道路交通的畅通。施乐是一家参与此次大数据项目的公司,它的抗拥塞项目包括 ExpressLanes、动态定价、上升的需求等。施乐公司的首席技术执行官表示,如果驾驶人员向驾驶热车道(高占用收费系统)付费,他必须保证车速为每小时 45 英里(1 英里 = 1.61 千米)左右。如果交通开始拥堵,私家汽车的支付价格将上升,以减少他们的进入,而将车道用于高占用率的车辆如公共汽车和大巴车。施乐公司在洛杉矶还有另一个名为 ExpressPark 的项目,该项目的目的是让人们知道他们在什么时候、在哪个地方能找到停车场,付费金额是多少,同时要确保数据实时到达用户手中,如应当提前 40 分钟告知用户停车的位置。

1.5.4 医疗大数据

医疗行业很早就遇到了海量数据和非结构化数据的挑战。全球知名咨询公司麦肯锡曾做过专项研究并指出,如果能排除体制障碍,大数据分析可以帮助美国医疗服务业一年创造 3 000 亿美元的附加价值。在临床操作方面,大数据的主要应用场景有 5 个。麦肯锡估计,如果这些应用被充分采用,仅美国的国家医疗健康开支一年就可减少 165 亿美元。

1. 比较效果研究

通过全面分析病人的特征数据和疗效数据,然后比较多种干预措施的有效性,可以找到针对特定病人的最佳治疗途径。基于疗效的研究包括比较效果研究(comparative effectiveness research,CER),研究表明,对同一病人来说,医疗服务提供方不同,医疗护理方法和效果也不同,成本上也存在着很大的差异。精准分析包括病人体征数据、费用数据和疗效数据在内的大型数据集,可以帮助医生确定临床上最有效和最具成本效益的治疗方法。

世界各地的很多医疗机构(如英国的 NICE、德国 IQWIG、加拿大普通药品检查机构等)已经启动了 CER 项目并取得了初步成功。

2. 临床决策支持系统

临床决策支持系统可以提高工作效率和诊疗质量。目前的临床决策支持系统通过分析医生输入的条目,比较其与医学指引不同的地方,从而提醒医生以防止出现潜在的错误。通过应用临床决策支持系统,医疗服务提供方可以降低医疗事故率,尤其是减少那些由临床错误引起的医疗事故。根据美国 Metropolitan 儿科重症病房的研究,两个月内,临床决策支持系统就减少了 40% 的药品不良反应事件。

大数据分析技术可使临床决策支持系统更智能,这得益于对无结构化数据的分析能力的日益加强。比如,可以使用图像分析和识别技术识别医疗影像(X 光、CT、MRI)数据,或者挖掘医疗文献数据并建立医疗专家数据库(如 IBM Watson),从而为医生提供诊疗建议。此外,临床决策支持系统还可以使医疗流程中的大部分工作流向护理人员和助理医生,使医生从耗时过长的简单咨询工作中脱离出来,从而提高治疗效率。

3. 医疗数据透明度

提高医疗过程数据的透明度,可以使医疗从业者、医疗机构的绩效更透明,间接促进医疗服务质量的提高。根据医疗服务提供方设置的操作和绩效数据集,可以进行数据分析并创建可视化的流程图和仪表盘,促进信息透明。应用流程图的目标是识别和分析临床变异和医疗废物的来源,然后优化流程,使医疗服务机构提供更好的服务,从而更具竞争力[12]。

4. 远程病人监控

远程病人监控主要是从慢性病人的远程监控系统处收集数据,并将分析结果反馈给监控设备(如查看病人是否正在遵从医嘱),从而确定该病人今后的用药和治疗方案。2010 年,美国有 1.5 亿慢性病患者,如糖尿病、充血性心脏衰竭、高血压患者,他们的医疗费用占医疗卫生系统医疗成本的 80%。远程病人监控系统对治疗慢性病患者是非常有用的。远程病人监控系统包括家用心脏监测设备、血糖仪,甚至还包括芯片药片。芯片药片被患者摄入后,可实时传送数据到电子病历数据库。

5. 对病人档案的高级分析

在病人档案方面应用高级分析可以确定哪些人是某类疾病的易感人群。举例来说，应用高级分析可以帮助识别哪些病人患糖尿病的风险高，帮助他们尽早接受预防性保健方案。这些方法还可以帮患者从已经存在的疾病管理方案中找到最好的治疗方案。

1.5.5　企业管理大数据

企业经营管理者在大数据时代面临的主要困惑包括：如何将大数据应用和企业真实业务场景结合，让大数据真正发挥效用；如何基于云计算或大数据重构企业的商业模式，帮助企业实现“互联网 +”转型升级；企业多年经营积累了很多数据，这些数据中哪些有用，如何用来帮助企业实现业务改进，创造新的商业价值；企业的各种数据散落在不同系统中，如何对其进行清洗、整合和挖掘、应用；企业要实现大数据应用，需要采集哪些过程数据，需要哪些外部数据，如何获取这些数据。

1.6　大数据面临的挑战

1.6.1　大数据面临的技术挑战

设计和实现一个大数据系统不是一个简单的任务，如同大数据定义描述的那样，大数据超出了现有硬件和软件平台的处理能力。新的硬件和软件平台反过来要求有新的基础设施和编程模型以解决大数据带来的挑战。大数据面临的挑战分为 3 类：数据采集和管理、数据分析、系统观点。

数据采集和管理处理异构复杂的海量数据，其面临的部分挑战包括如下几种。

1. 数据表示

许多数据集在类型、结构、语义、组织、粒度和可访问性等方面是异构的。合适的数据表示方法能够反映数据的结构、层次和多样性，并且需要设计一个集成技术实现跨数据集的有效操作。

2. 冗余缩减（redundancy reduction）和数据压缩

通常在原始数据集中存在大量的冗余数据。不损毁数据价值的冗余缩减和数据压缩是减少系统整体开销的有效方法。

3. 数据生存周期管理

普适的感知和计算以难以想象的速率和规模产生数据，远超现有存储技术的发展。一个迫切的挑战是现有的存储系统难以容纳海量数据，而数据的潜在价值和数据新鲜度有关，因此应该设置和隐藏价值相联系的数据重要性原则，以决定哪部分数据需要存档，哪部分数据可以丢弃。

4. 数据隐私和安全

随着在线服务和移动手机数量的增长，与访问控制、个人信息分析相关的隐私和安全问题日益得到关注。了解需要提供何种系统级别的隐私保护机制至关重要。大数据分析技术的发展给数据解释、建模、预测和模拟带来了重大的影响。海量数据、异构数据结构和多样化的应用也带来了许多挑战。

5. 近似分析

随着数据集的增加和实时处理需求的提出,对整个数据集的分析越来越难。一个潜在的解决方案是给出近似结果,如使用近似查询。近似的含义有两个方面:结果的准确度和从输出中删除的数据组。

6. 连接社交媒体

社交媒体具有独特的性质,如巨量性、统计冗余性和用户反馈的可用性。不同的提取技术已成功用于标识从社交媒体到具体产品的名称和位置等参照物。通过连接领域间的数据和社交媒体,应用能够获得更高的精确性。

7. 深度分析

人们研究大数据的动机之一是期望获得新的领悟。诸如机器学习等复杂的分析技术对发现新的知识而言非常必要,要有效地使用这些分析工具包则需要了解概率和统计。安全和隐私机制的核心是强制的访问控制和安全通信、多粒度访问控制、隐私感知的数据挖掘和分析,以及安全存储和管理。大规模并行处理系统通常面临几个共同的问题,大数据的出现则放大了这些问题。

8. 能量管理

从经济和环境的角度看,大规模计算系统的能量消耗吸引了较多的关注。随着数据量和分析需求的增长,数据传输、存储和处理无疑会消耗更多的能量。因此,大数据系统必须提供系统级的能量控制和管理机制,同时具有可扩展性和可访问性。

9. 可扩展性

大数据系统应该能够支持现在及将来产生的巨大的数据集。大数据系统中的所有组件应都能扩展以满足复杂数据集的日益增长。

10. 协作性

大数据分析是一个交叉学科研究领域,需要来自不同专业领域的专家协作挖掘数据中隐藏的价值,因此需要建立一个综合的大数据基础设施,允许不同领域的科学家和工程师访问多样的数据,并应用各自的专业知识,协作完成分析任务。

1.6.2 大数据面临的行业挑战

《大数据时代:生活、工作与思维的大变革》的作者之一——维克托·迈尔·舍恩伯格曾表示,如同望远镜让人类能够感知宇宙,显微镜让人类能够观测微生物一样,大数据开启了一次重大的时代转型。

"大数据"可谓是当下 IT 领域里最时髦的词之一,简单来说,大数据的应用就是从各种数据中快速获取价值信息。

美国是最早发现和使用大数据科学价值的国家。2012 年 3 月,美国政府宣布投资 2 亿美元拉动大数据相关产业发展,将"大数据战略"上升为国家战略,美国政府甚至将大数据定义为"未来的新石油"。当时美国政府声明,美国将通过提高从大型复杂的数据集中提取知识和观点的能力,来加强整个国家的竞争力。大数据时代被认为是跟互联网同一个级别的时代。显然,大数据不只是一个词语,更是一门技术,引领了一个产业时代。

中国作为世界上人口最多、国内生产总值(GDP)世界排名第二的国家,成立大数据国家队是非常及时的。大数据的精髓在于"大",它不是抽样而是全样,不是盲人摸到的象腿或是象鼻子,而是整个大象本身。大数据的精妙之处在于用的人越多越有价值,通过模糊的宏观判断能够完成精准的个体推荐,从而让整体的生产效率得到极大提高。

在产业方面,大数据是现有产业升级与新产业诞生的重要推动力量。随着大数据时代的到来,产业界的需求与关注点发生重大转变:企业关注的重点转向数据;计算机行业正在转变为真正的信息行业,从追求计算速度转变为关注大数据处理能力,软件也从以编程为主转变为以数据处理为主。大数据处理的兴起改变了云计算的发展方向,使其进入以分析即服务(analytics as aservice,AaaS)为主要标志的Cloud 2.0时代。

综合国内外相关研究与调查情况,总结归纳我国大数据面临的主要挑战如下。

1.挑战一:数据来源错综复杂

丰富的数据资源是大数据产业发展的前提。我国数字化的数据资源总量远远低于欧美国家和地区,每年新增数据量仅为美国的7%、欧洲的12%,其中政府和制造业的数据资源积累远远落后于一些国家。就已有的有限的数据资源来说,还存在标准化差、准确性差、完整性低、利用价值不高的情况,这大大降低了数据的价值。现如今,几乎任何规模的企业,每时每刻都在产生大量的数据,但对这些数据如何归集、提炼始终困扰着企业的管理者。大数据技术的意义不在于掌握规模庞大的数据信息,而在于对这些数据进行智能处理,从中分析和挖掘出有价值的信息,但前提是如何获取大量有价值的数据。未来,数据采集是一个很大的市场,因为分析使用的数据模型可以根据需求和思维来做,但前提是数据采集要准。现在面临的问题一是采集不到数据,二是采集数据不准确,三是采集效率受网络带宽的限制。如果这些问题得不到解决,数据价值就很难得以实现。

大数据时代,需要更加全面的数据来提高分析预测的准确度,因此就需要更多便捷、廉价、自动的数据生产工具。除了在网上使用的浏览器有意或者无意地记载着个人的信息数据之外,手机和智能手表、智能手环等各种可穿戴设备也在时刻产生着数据,就连家里的路由器、电视机、空调、冰箱、饮水机、净化器等也开始越来越智能并具备了联网功能,这些家用电器在更好地服务人们的同时,也在产生着大量的数据。甚至在逛街时,商户的Wi-Fi,运营商的5G网络,无处不在的摄像头、电子眼、百货大楼的自助屏幕、银行的自动柜员机(ATM机),以及遍布各个加油站、便利店的刷卡机等也都在产生着数据。

随着移动互联、云计算等技术的飞速发展,无论何时何地,手机等各种网络入口及无处不在的传感器等都会对个人数据进行采集、存储、使用、分享,而这一切大都是在人们并不知晓的情况下发生的。你的一举一动、当下所处的地理位置,甚至是一天中去过哪些地方,都会被记录下来,成为海量无序数据中的一个数列,和其他数据一起被整合、分析。比如,你在用手机扫描二维码并将其内容用微博转发的时候,你的消费习惯、偏好,甚至是你的社交圈的信息,就已经被商家的大数据分析工具捕获。大数据平台在提供服务的同时,也在时刻收集着用户的各种个人信息:消费习惯、阅读习惯,甚至生活习惯。这些数据,一方面给人们带来了诸多便利,但另一方面,由于对数据的管理还存在漏洞,那些发布出去或存储起来的海量信息也很容易被监视、窃取。

大数据拥有不可估量的商业价值。但让人感到不安的是，信息采集手段越来越高超、便捷和隐蔽，对公民个人信息的保护无论在技术手段方面还是在法律支撑方面都捉襟见肘。人们面临的不仅是无休止的骚扰，更可能是各种犯罪行为的威胁。大数据时代，谁来保护公民的个人隐私？这既是每个人都应当思考的问题，也是政府部门不可推卸的责任。

2. 挑战二：数据挖掘分析模型建立

步入大数据时代，人们纷纷在谈论大数据，似乎这已经演化为新的潮流。数据比以往任何时候都更加根植于人们生活中的每个角落。人们试图用数据去解决问题、改善福利，促成新的经济繁荣，并纷纷流露出对大数据的高期待和对大数据分析技术的推崇。然而，关于大数据分析，人们鼓吹其神奇价值的声浪很高，却鲜见其得到实际运用的模式和方法。造成这种窘境的原因主要有以下两点：首先是对于大数据分析的价值逻辑尚缺乏足够深刻的洞察；其次便是大数据分析中的某些重大要件或技术还不成熟。大数据时代中，数据的海量增长、大数据分析逻辑的缺乏及大数据技术的亟待发展，正是我们面临的挑战。

大数据的"大"，一般被认为指的是数据规模的海量。人类在数据记录、获取及传输方面的技术革命，带来了数据获得的便捷与低成本，这使得原有的、以高成本方式获得的、描述人类态度或行为的、数据有限的小数据已然变成了一个巨大的、具有海量规模的数据包。这是一种片面认识。其实，前大数据时代也有海量的数据集，但其维度单一，和人或社会的有机活动状态剥离，使其在被分析和认识真相方面的价值极为有限。大数据的真正价值不在于它的"大"，而在于全面，即空间维度上多角度、多层次信息的交叉复现；时间维度上与人或社会有机体的活动相关联的信息的持续呈现。

另外，要以低成本和可扩展的方式处理大数据，就需要对整个 IT 架构进行重构，开发先进的软件平台和算法。在这方面，一些国家又一次走在我国前面。特别是近年来以开源模式发展起来的 Hadoop 等大数据处理软件平台及其相关产业在美国已初步形成。而我国数据处理技术基础薄弱，总体上以跟随为主，难以满足对大数据大规模应用的需求。如果把大数据比作石油，那数据分析工具就是勘探、钻井、提炼、加工的技术。我国必须掌握大数据相关的关键技术，才能将资源转化为价值。应该说，要迈过这道坎儿，开源技术为我们提供了很好的基础。因此，现在已经有很多企业开始意识到，要想真正地在 Hadoop 平台上做数据分析、数据挖掘的应用，有两种选择：要么就是让一个懂数据、懂分析、懂编程又有技巧的技术团队来操作，要么就是选择某家商业公司推出的成熟的大数据平台。

总而言之，目前尽管计算机智能化有了很大进步，但还只能针对小规模、有结构或类结构的数据进行分析，谈不上深层次地进行数据挖掘，现有的数据挖掘算法在不同行业中还难以通用。

3. 挑战三：数据开放与隐私的权衡

数据应用的前提是数据开放，这已经是共识。有专业人士指出，中国人口居世界首位，但 2010 年中国新存储的数据为 250 PB，仅为日本的 60% 和北美洲的 7%。目前我国一些部门和机构拥有大量数据，但他们宁愿自己不用也不愿共享给有关部门，导致信息不完整或重复投资。

近年来，全球大数据的发展仍处于活跃阶段。下面，我们来看一下美国在数据开放方面的做法。美国政府提供政策和经费保障，使数据信息中心群成为国家信息生产和服务基地，保障数据信息供给不断，利用网络把数据和信息最便捷、及时地送到所有公民的手中，把全社会带进了信息化时代。

纵观我国，政府、企业和行业信息化系统建设往往缺少统一规划和科学论证，系统建设缺乏统一的标准，形成了众多"信息孤岛"，而且受行政垄断和商业利益所限，数据开放程度较低，以邻为壑、共享难，这给数据利用造成极大的障碍。制约我国数据资源开放和共享的重要因素：一方面是政策法规不完善，大数据挖掘方面缺乏相应的立法；另一方面，数据保护和隐私保护方面制度的不完善，抑制了开放的积极性。当下，我国还没有国家层面的专门适用于数据共享的国家法律，只有相关的条例、法规、章程、意见等，这些无法既保证共享又防止滥用，因此，建立一个良性发展的数据共享生态系统，是我国大数据发展需要迈过去的一道坎儿。

如何平衡开放与隐私保护，亦是一大难题。任何技术都是双刃剑，大数据也不例外。如何在推动数据全面开放、应用和共享的同时有效地保护公民、企业的隐私，逐步加强隐私立法，是大数据时代的一个重大挑战。目前，全社会开放与共享数据还很难，这让数据质量大打折扣。数据增值的关键在于整合，但自由整合的前提是数据的开放。在大数据时代，开放数据的意义不仅仅是满足公民的知情权，更在于让大数据时代最重要的生产资料、生活数据自由地流动起来，准确全面地应用起来，以推动知识经济和网络经济的发展，促进我国的经济增长由粗放型向精细型转型升级。然而，战略观念上的缺失、政府机构协调困难、企业对数据共享的认识不足及投入不够、科学家对大数据的渴望无法满足等都是当前我国发展、应用大数据的过程中不得不面对的困难。

4. 挑战四：大数据管理与决策

大数据带来的技术挑战显而易见，但其带来的决策挑战更为艰巨。大数据之所以至关重要，就是因为它会直接影响组织解决"怎样做决策、谁来做决策"的问题。在信息有限、获取成本高昂且没有被数字化的时代，组织内做重大决策的人大多是典型的位高权重的人，或是高价请来的拥有专业技能和显赫履历的外部智囊。但是，在今时今日的商业世界中，企业高层管理人员的决策仍然更多地依赖于个人经验和直觉，而不是基于数据。

开发大数据的根本目的是以数据分析为基础，帮助人们做出更明智的决策，优化企业和社会运转。哈佛商业评论说，大数据本质上是"一场管理革命"。大数据时代的决策不能仅凭经验，而真正要"拿数据说话"。因此，要让大数据能够真正发挥作用，从深层次看，还要改善管理模式，需要管理方式和架构与大数据技术工具相适配。

应用领域窄小、应用费用过高也制约着大数据的应用。国内能利用大数据的产业价值的行业主要集中在金融、电信、能源、证券、烟草等超大型、垄断型企业。随着企业内部的资料量越来越大，大数据将成为 IT 支出中的主要因素，特别是数据储存所耗费的成本过高很可能造成企业负担过重，甚至举步维艰。因此有远见的首席信息官（CIO）必须预先做好准备。

5. 挑战五：大数据人才缺口

如果说，以 Hadoop 为代表的大数据是一头小象，那么企业必须有能够驯服它的驯兽师。在很多企业热烈拥抱这类大数据技术时，精通大数据技术的相关人才缺口很大成为一个大问题。大数据建设的每个环节都需要依靠专业人员完成，因此必须培养和造就一支懂指挥、懂技术、懂管理的专业的大数据建设队伍。

可以说,真正在企业和社会中全面启动大数据的应用,要解决的不仅仅是技术和工具问题,更重要的是要转变经营思维和组织架构,只有这样才能真正地挖掘出大数据这座“金矿”的价值。

1.7 大数据科学问题

大数据系统面临的许多挑战需要通过后续的研究解决。在整个大数据的生命周期中,从大数据平台和处理模型到应用场景等各方面,都存在一些值得研究的方向。

1. 大数据基础平台

尽管 Hadoop 已成为大数据分析的主流框架,但是和发展了 40 余年的 RDBMS 系统相比,大数据平台还远未成熟。第一,Hadoop 需要集成实时的数据采集和传输机制,提供非批处理方式的快速处理机制。第二,Hadoop 提供了一个简化的用户编程接口,隐藏了复杂后台执行的细节,这种简化在一定程度上会降低处理性能。应该设计类似于数据库管理系统(DBMS)的更先进的接口,从多个角度优化 Hadoop 的性能。第三,大规模的 Hadoop 集群由成千上万甚至几十万台服务器构成,要消耗大量的能量。Hadoop 能否大范围部署取决于其能量效率。第四,基础平台的研究还包括海量数据分布式存储管理、实时索引查询,大数据平台功耗,以及海量数据的实时采集、传输和处理等。

2. 处理模式

现有的批处理模式难以适应海量数据的实时处理需求,需要设计新的实时处理模式。在传统的批处理模式中,先将数据存储起来,随后扫描整个数据集并进行处理,得到分析结果,时间极大地浪费在数据传输、存储和重复扫描上。新的实时处理模式可以减少这种时间浪费。例如,现场(insitu)分析可以避免因数据传输到集中存储基础设施而带来的开销,从而提高实时性能。大数据问题是系统问题,在处理模式上需要考虑多方面因素。一个任务的解决不仅仅是解决算法的问题,与传输和存储等各方面也有关系。仅采用计算复杂度进行分析并不足够,因为理论上计算得出复杂度低的算法,实际上在机器中运行得也不一定快。此外,由于大数据具有价值密度低的特点,可以采取降维或基于采样的数据分析来减少处理的数据量。具体而言,处理模式研究涉及大数据可视化计算分析、大数据处理复杂性问题、并行化深度机器学习和数据挖掘算法、异构数据融合、基于海量数据低价值密度采样问题和高维海量数据降维问题。

3. 大数据应用

大数据的研究刚刚起步,典型大数据应用的研究能够给商业带来利润,提高政府部门工作效率,并且促进人类科学的发展。大数据的主要应用场景有图数据并行计算模型和框架,社会网络分析、排名和推荐、Web 信息挖掘和检索、媒体分析检索和自然语言处理。

4. 大数据隐私

隐私也是大数据领域的重要问题。用户的信息可能会遭到泄露,如企业的营销策略、个人的消费习惯等。特别是在电子商务、电子政务和医疗健康领域,隐私保护显得尤为重要,需要增强访问控制。此外,还需要在增强访问控制和数据处理的便利性之间达到平衡。

5.“无限”数据

随着云计算、物网联、移动终端、可穿戴设备等技术的发展,产生的数据量日益增长,我们已经进入了大数据时代。目前的大数据,在不久的将来或许只是小数据。因此,对于未来的大数据的最确切的描述,或许会是“无限”数据。相应地,对于数据的增量和学习方法将是人们面临的一个重要问题。

1.8　本章小结

本章从大数据的概念入手,介绍了大数据的系统架构,主要包括数据生成、数据获取、数据存储、数据分析和处理4 个阶段。对于不同种类的大数据,分析方法也不同。本章还介绍了大数据的多种应用领域,越来越多与大数据处理相关的数据随着大数据的产生而出现,大数据技术的发展面临着巨大的挑战,主要来自两方面:一方面是技术挑战,另一方面是行业挑战。最后本章介绍了大数据研究的相关科学问题。

第2章　大数据应用的总体架构和关键技术

2.1　总体架构

2.1.1　业务目标

对大数据的应用需求进行总结后,人们对大数据产生、聚集、分析和利用的各个阶段也都提出了相应的一些需求。这些需求需要通过大数据技术来实现,这能从架构层面实现业务需求向技术要求的映射,如表2－1所示为大数据应用的业务——技术的逻辑映射。

表2－1　大数据应用的业务——技术的逻辑映射

业务环节	业务需求	技术实现
产生	大数据爆炸。 (1)数据容量:每18个月就翻一番; (2)数据类型:多于80%的数据来自非结构化数据; (3)数据速度:数据来源不断变化,数据快速流通	采用一个统一集成的大数据处理平台,使得企业用户能够快速处理和加载海量数据,能够在统一的平台上采用不同的工具对不同类型的数据进行处理和存储
聚集	管理大数据的复杂性,需要分类、同步、聚合、集成、共享、转换、剖析、迁移、压缩、备份、保护、恢复、清洗、淘汰各种类型的数据	采用一个数据集成和管理平台,集成各种工具和服务来管理异构存储环境下的各类数据
分析	当前的数据仓库和数据挖掘技术擅长分析结构化的事后数据,在大数据环境下要求能够分析非结构化数据,包括流文件,并能进行实时分析和预测	建立一个实时预测分析解决方案,整合结构化的数据仓库和非结构化的数据分析工具
利用	满足不同的用户对大数据的实时的多种访问方式	任何时间、任何地点、任何设备上的采集、处理、共享、协同和分析
	需要理解大数据怎样影响业务,怎样转化为行动	对大数据影响业务和战略进行建模,并利用技术来实现这些模型

大数据应用的总体架构被业务需求逐步勾勒出来:大数据应用需要采用一个统一集成

的大数据处理平台,使得用户能够快速处理和加载海量数据,能够在统一的平台上对不同类型的数据进行处理和存储;需要采用一个数据集成和管理平台,集成各种工具和服务来管理异构存储环境下的各类数据,并建立一个实时预测分析解决方案,整合结构化的数据仓库和非结构化的数据分析工具;在平台上,用户可以在任何时间、任何地点通过任何设备进行大数据的集中共享、协同和分析;大数据应用总体架构能够支撑应用者对新的业务战略进行建模,提升其洞察力[13]。

2.1.2　架构设计原则

企业级大数据应用架构(即大数据应用平台)需要满足业务的需求:一是要能够满足大数据“3Vs”的要求,即能够满足基于数据容量大、数据类型多、数据存取速度快的大数据基本处理需求,能够支持大数据的采集、存储、处理和分析;二是要能够满足企业级应用在可用性、可靠性、可扩展性、容错性、安全性和保护隐私等方面的基本准则;三是要能够满足用原始技术和格式来实现的数据分析的基本要求,也就是满足对原始格式数据进行分析的要求。

1. 满足大数据“3Vs”的要求

大容量数据的加载、处理和分析要求大数据应用平台经过扩展可以支持 GB、TB、PB、EB 甚至 ZB 量级的数据集;可支持各种各样的数据类型,能对各种类型的数据进行加载、处理和分析,支持处理交易数据、各种非结构化数据、机器数据及其他新结构数据;可支持极端的混合工作负载,包括数以千计的地理上分布的在线用户和程序,这些用户和程序执行各种各样的请求,从临时性请求到战略分析的请求,同时以批量或流的方式加载数据;可满足对大数据处理速度的要求,如在很高速度(GB/s)的加载过程中集成多个来源的数据;对高度限定的标准 SQL 查询有亚秒级响应时间,可以至少每秒千兆字节的速度高速加载数据,并能随时对其进行分析;可以满负荷速度就地更新数据;可在传入的加载数据上实时执行某些“流”分析查询。

2. 满足企业级应用的要求

(1)高可扩展性。要求平台符合企业未来业务发展要求及对新业务的响应,能够支持大规模数据计算的节点可扩展,能适应将来数据结构的变化、数据容量的增长、用户的增加、查询要求和服务内容的变化;要求大数据架构具备支持调度和执行数百上千个节点的复杂工作流。

(2)高可用性(容错)。要求平台具备能够实时计算环境的高可用性,在单点故障的情况下能够保证应用的可用性,具备处理节点故障时的故障转移和保障流程继续的能力。

(3)安全性和保护隐私。要求平台在数据采集、存储、分析架构上,能够保证数据、网络、存储和计算的安全性,具备保护个人和企业隐私的措施。

(4)开放性。要求平台能够支持计算和存储数以千计的、地理位置可能不同的、可能异构的计算节点,能够识别和整合不同技术和不同厂商开发的工具和应用,能够支持移动应用、互联网应用、社交网络、云计算、物联网、虚拟化、网络、存储等多种计算设备、计算协议和计算架构。

(5)易用性。平台应考虑系统功能操作是否易用,能否满足大多数企业业务、管理需求和技术人员的操作习惯。平台应具有可编程性,能够支持不同编程工具和语言的集成,具备集成编译环境;能够在处理请求内嵌入任意复杂的用户定义函数(UDF),以各种行业标准过程语言执行 UDF,组合大部分或全部使用案例的大量可复用 UDF 库,在几分钟内对 PB 级大小的数据集执行 UDF"关系扫描"。

3. 满足对原始格式数据进行分析的要求

平台应具备对复杂的原始格式数据如文本数据、数学数据、统计数据、金融数据、图像数据、声音数据、地理空间数据、时序数据、机器数据等进行整合、分析的能力。

2.1.3 总体架构参考模型

基于 Apache 基金会开源技术的大数据平台的总体架构参考模型如图 2-1 所示,大数据的产生、组织和处理主要是通过分布式文件处理系统实现的,主流的技术是 Hadoop + MapReduce,其中 Hadoop 的分布式文件系统(HDFS)作为大数据存储的框架,分布式计算框架 MapReduce 作为大数据处理的框架。

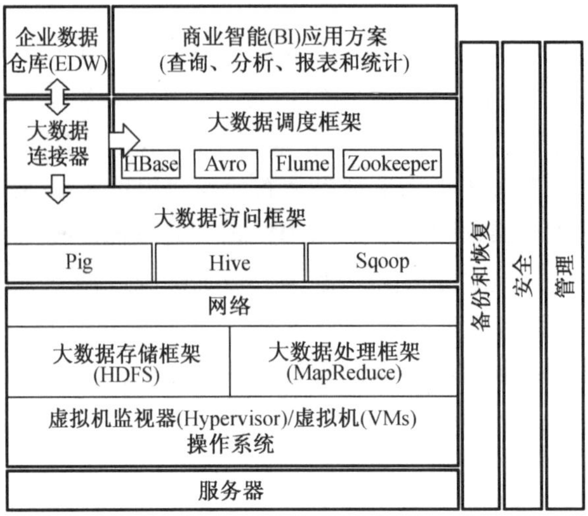

图 2-1 大数据应用平台的总体架构参考模型

1. 大数据存储框架

HDFS 即 Hadoop 分布式文件系统,运行于大规模集群上。集群使用廉价的通用服务器构建,整个文件系统采用元数据集中管理与数据块分散存储相结合的模式,通过数据的复制实现高度容错。分布式文件系统部署在通用的服务器、操作系统或虚拟机上。

2. 大数据处理框架

MapReduce 是一个分布式并行计算软件框架,基于"Map(映射)"和"Reduce(归约)"概念。基于 MapReduce 写出来的应用程序能够运行在由上千个通用服务器组成的大型集群上,并以一种可靠容错的方式并行处理 TB 级别以上的数据集。当前的软件实现是指定一个 Map 函数,用来把一组键值对映射成一组新的键值对,指定并发的 Reduce 函数,用来保证所有映射的键值对中的每一个共享相同的键组。

3. 大数据访问框架

在 Hadoop + MapReduce 之上架构的是网络层，网络层之上是大数据访问框架。大数据访问框架实现对传统的关系型数据库和 Hadoop 的访问，主流技术包括 Pig、Hive、Sqoop、Cascading 等。

（1）Pig。Pig 是基于 Hadoop 的并行计算高级编程语言，它提供一种类 SQL 的数据分析高级文本语言，称为 Pig Latin。该语言的编译器会把类 SQL 的数据分析请求转换为一系列经过优化处理的 MapReduce 运算。Pig 也支持很多数据分析方法，主要有分组、过滤、合并等。Pig 为创建 Apache MapReduce 应用程序提供了一款相对简单的工具，有效简化了编写、理解和维护程序的工作，优化了任务自动执行功能，并支持使用自定义功能进行接口扩展。

（2）Hive。Hive 是由 Facebook 贡献的数据仓库工具，是 MapReduce 实现的用来查询和分析结构化数据的中间件。Hive 的类 SQL 查询语言——Hive QL 可以查询和分析储存在 Hadoop 中的大规模数据。

（3）Sqoop。Sqoop 是由 Cloudera 开发的一种开源工具，用于在 Hadoop 与传统的数据库间进行数据的传递，允许将数据从关系型数据库导入 HDFS 及从 HDFS 导出到关系型数据库。MapReduce 等函数都可以使用由 Sqoop 导入到 HDFS 中的数据。

（4）Cascading。Cascading 是一个架构在 Hadoop 上的 API，用来创建复杂和容错数据处理工作流。它抽象了集群拓扑结构和配置来快速开发复杂分布式的应用，而不用考虑背后的 MapReduce。

4. 大数据调度框架

在大数据访问框架之上是大数据调度框架，实现对大数据的组织和调度，为大数据分析做准备，主流技术包括 HBase、Avro、ZooKeeper、Flume 等。

（1）HBase。HBase 是一个基于列存储的开源非关系型数据库（NoSQL 数据库），类似于 Bigtable，是 key - value 数据库系统。HBase 直接运行在 Hadoop 上。HBase 不是一种 MapReduce的实现，与 Pig 或 Hive（MapReduce 的实现）的主要区别是 HBase 能够提供对非常大的数据集的实时读取和写入。

（2）Avro。Avro 是新的数据序列化格式与传输工具，将逐步取代 Hadoop 原有的进程间通信（IPC）机制。

（3）ZooKeeper。ZooKeeper 为分布式锁设施，由 Facebook 开发，是一个分布式应用程序的集中配置管理器，用于分布式应用的高性能协同服务，也可以独立于 Hadoop 使用。

（4）Flume。Flume 是由 Cloudera 开发和提供的日志收集系统，提供一个可靠的分布式流数据收集服务。

（5）Scribe。Scribe 作为开源程序，由 Facebook 开发并发布，用于聚合来自很大数量的 Web 服务器的日志数据。

（6）Oozie。Oozie 是一个基于服务器的工作流引擎，专门调度和运行执行 Hadoop 作业（如 MapReduce、Pig、Hive、Sqoop、HDFS 操作）的工作流。

（7）集成开发环境（IDE）。MapReduce/Hadoop 开发需要摆脱纯手工编码。MapReduce/ Hadoop 的集成开发环境包括源代码编辑器、编译器、自动化系统构建工具、调试器和版本控制系统。

(8)集成应用程序环境。比集成开发环境更高的层次可以被称为集成应用程序环境。在这里，通过图形用户界面将复杂的可复用分析路线组装成完整的应用程序。这种类型的环境可能使用开源算法，如 Mahout 项目提供的算法，将机器学习算法分布在 Hadoop 平台上执行。

5. 大数据分析和展现框架

大数据分析和展现通过相关的商业智能分析、数据挖掘、机器学习和可视化展现工具集来实现。

(1)Mahout。Apache Mahout 项目提供分布式机器学习和数据挖掘库。

(2)Hama。Hama 是基于批量同步并行(BSP)技术的超大规模科学计算框架。

6. 大数据连接器

大数据分析平台需要建立与传统关系型数据库、数据仓库的连接，大数据连接器的作用是实现大数据平台和传统数据平台的连接。

ETL 平台的应用在关系型数据库的数据导入和导出方面历史悠久，为数据进出 HDFS 提供了专门的接口。基于平台的方法与手工编码截然不同，提供了对元数据、数据质量、文档及系统构建的可视化风格的广泛支持。

7. 大数据管理、安全、备份和恢复框架

大数据的管理、安全、备份和恢复框架帮助进行大数据治理、安全性保障和大数据保护。

(1)Ambari。Ambari 是 Hadoop 管理工具，可以快捷地监控、部署、管理集群。

(2)Chukwa。Chukwa 是用于管理大规模分布式集群的数据收集系统。

(3)嵌入的 Hadoop 管理功能。Hadoop 支持全面的运行时环境，包括编辑日志、安全模式运行、日志审计、文件系统检查、数据节点块验证、数据节点块分布均衡器、性能监控、综合日志文件、管理员度量、MapReduce 用户计数、元数据备份、数据备份、文件系统均衡器、节点启用和弃用。

(4)Java 管理扩展。Java 管理扩展是一种用于监控和管理应用程序的标准 Java API。

(5)Ganglia Context。Ganglia Context 是一种用于超大集群的开源分布式监控系统。

2.1.4 总体架构的特点

上述大数据技术架构具备平台开放性，对各种计算工具的集成性，架构的先进性、可扩展性、可靠性和处理分析的实时性等特点。

1. 统一、开放、集成的大数据平台

(1)可基于开源软件实现各类大数据计算工具的整合。

(2)能与关系型数据库、数据仓库通过 JDBC/ODBC 连接器进行连接。(JDBC 为 Java 数据库互连，ODBC 为开放式数据库互连。)

(3)能支持在地理上分布的在线用户和程序，并行执行从查询到战略分析的各类请求。

(4)能提供用户友好的管理平台，包括 HDFS 浏览器和类 SQL 查询语言等。

(5)提供服务、存储、调度和高级安全等企业级应用的功能。

2. 低成本的可扩展性

(1)支持大规模可扩展性，高达 PB 级的数据。

(2)支持极大的混合工作负载,各种数据类型包括任意层次的数据结构、图像、日志等。

(3)节点间无共享(sharing - nothing)的集群数据库体系架构。

(4)可编程和可扩展的应用服务器。

(5)简单的配置、开发和管理。

(6)以线性成本扩展并提供一致的性能。

(7)标准的普通硬件。

3. 实时地分析执行

(1)在声明或发现数据结构之前装载数据。

(2)能以数据全载入的速度来准确更新数据。

(3)可调度和执行复杂的几百个节点的工作流。

(4)在刚装载的数据上,可实时执行流分析查询。

(5)能以大于1 GB/s的速率来分析数据。

4. 可靠性

当处理节点失效时,自动进行失效恢复和流程连续,不需要中断操作。

2.2　大数据存储和处理技术

2.2.1　Hadoop:分布式存储和计算平台

1. Hadoop概述

Hadoop是一个分布式文件系统和并行执行环境,可以让用户便捷地处理海量数据。

Hadoop这个名字不是一个缩写,而是一个虚构的名字。该项目的创建者——Doug Cutting这样解释Hadoop的得名:"这个名字是我的孩子给一个棕黄色的大象玩具起的名字。我的命名标准就是简短、容易发音和拼写,没有太多的意义,并且不会被用于别处。小孩子恰恰是这方面的高手。"

Hadoop是一个由Apache基金会开发的分布式系统基础架构。用户可以在不了解分布式底层细节的情况下开发分布式程序,充分利用集群的特点进行高速运算和存储。Hadoop实现了一个分布式文件系统,其中一个组件是HDFS。HDFS有高容错性的特点,被设计用来部署在低廉的硬件上;而且它能提供高吞吐量来访问应用程序的数据,适用于那些有着超大数据集的应用程序。HDFS放宽了对可移植操作系统接口(POSIX)的要求,可以以流的形式访问文件系统中的数据。Hadoop框架最核心的设计就是HDFS和MapReduce。HDFS为海量的数据提供了存储,而MapRcduce为海量的数据提供了计算。

Hadoop的特点在于能够存储并管理海量数据(PB级以上),能很好地处理非结构化数据,擅长处理大吞吐量的数据,应用"一次写、多次读"存取模式[14]。由于采用分布式架构,Hadoop具有很好的可扩展性和容错性。Hadoop并不擅长存储小文件,不适用于有大量的随机读和需要对文件进行修改等场合。

Hadoop的优势如表2-2所示。

表 2－2　Hadoop 的优势

特点	描述
最易于扩充的分布式架构	Hadoop 运行在普通的硬件设备集群上，这些硬件就是基于 X86 架构的普通个人计算机（PC）服务器或刀片服务器，硬件被软件松散地耦合在一起。Hadoop 的大数据处理能力是通过大量计算节点的横向扩充来实现的。横向扩充（scale－out）是指计算能力的扩充，是通过增加计算节点的数量来实现的；纵向扩充（scale－up）也是指计算能力的扩充，是通过增加单个计算节点的中央处理器（CPU）和存储等的处理能力来实现的。对 Hadoop 而言，扩充是很容易的工作，所要做的就是增加机架，并告诉系统用新增加的硬件来重新均衡系统。用 Hadoop 进行近线的扩充是可能的。在 Hadoop 架构下，增加节点能实现线性扩充，即增加节点可线性增加存储、查询和加载性能。Hadoop 能支持 4 000 个从节点和主节点的并行处理能力。假设每个节点有几十太字节（TB）的处理能力，4 000 个节点就能形成 PB 级以上的海量数据处理能力
善于处理非结构化数据	关系型数据库管理系统（RDBMS）或者并行处理系统（MPP）用提取—转换—装载（ETL）过程来实现从数据库到数据仓库的转换。这对于将预先定义好格式的数据转换到可预知格式的目标数据是很有效的。但是，ETL 对半结构化、无结构化及复杂数据的转换效果不明显。在这种情况下，Hadoop 基于一个低成本、灵活、高可扩展的分布式文件系统，能使对无结构化数据的处理从传统数据库“笨拙”的 ETL 工作中解放出来
自动化的并行处理机制	Hadoop 内部处理可自动化并行，无须人工分区或优化。数据分布在所有并行节点上，每个节点只处理其中一部分数据。每个节点上的数据加载和访问方式与关系型数据库相同。所有节点同时进行并行处理，节点之间完全无共享，无 I/O（输入/输出）冲突，是最优化的 I/O 处理。Hadoop 可以在节点之间动态地移动数据，并保证各个节点的动态平衡，因此处理速度非常快。Hadoop 运行分析任务时，比同样运行在 RDBMS 和 MPP 上更快
可靠性高、容错性强	Hadoop 能够自动保存数据的多个副本，并且能够自动将失败的任务重新分配。数据丢失的概率很小，同时保证了数据的存储成本很低

2. Hadoop 组成

Hadoop 是开源项目，主要由 3 部分组成。

（1）Hadoop 的分布式文件系统：HDFS。

（2）Hadoop 的并行计算框架：MapReduce。

（3）除 HDFS、MapReduce 外的其他项目公共内容：Hadoop Common，是 Hadoop 体系最底层的一个模块，为 Hadoop 各子项目提供各种工具，如配置文件和日志操作等。

Apache 官方网站提供的 Hadoop 包及其功能如表 2－3 所示。

表 2－3　Hadoop 包及其功能

包	功能描述
Tool	提供一些命令行工具，如 DistCp、Archive
mapreduce	Hadoop 的 MapReduce 实现
filecache	提供 HDFS 文件的本地缓存，用于加快 MapReduce 的数据访问速度
fs	文件系统的抽象，可以理解为支持多种文件系统实现的统一文件访问接口
Hdfs	HDFS，是 Hadoop 的分布式文件系统实现
Ipc	一个简单的 IPC 的实现，依赖于 I/O 提供的编/解码功能
IO	表示层，将各种数据编/解码，便于在网络上传输
Net	封装部分网络功能，如 DNS、socket
Security	用户和用户组信息
conf	系统的配置参数
metrics	系统统计数据的收集，属于管理员范畴
util	工具类
record	根据数据描述语言（DDL）自动生成它们的编解码函数，目前可以提供 C＋＋和 Java
http	基于 Jetty 的 HTTPServlet，用户通过浏览器可以观察文件系统的一些状态信息和日志
Log	提供 HTTP 访问日志的 HTTPSetvlet

3. Hadoop 与传统的关系型数据库管理系统（RDBMS）、并行处理系统（MPP）的比较

关系型数据库的管理模型追求的是高度的一致性和正确性。当需要进行扩展时，面向超大规模数据的分析需求，现有架构只能做纵向扩充（scale－up），即通过增加或者更换CPU、内存、硬盘以扩展单个节点的能力，这种扩展终将遇到瓶颈。关系型数据库不支持横向扩充（scale－out）。更为经济的解决办法是通过增加计算节点并连接成集群以实现横向扩充，并且改写软件，使之在集群上并行执行。而且，关系型数据库在处理大吞吐量的并发操作时，处理时间过长。典型的 RDBMS 有 Oracle、DB2、SQL Server、MySQL 等。

数据仓库中的大规模并行处理系统的基本定义是将任务并行地分散到多个服务器和节点上，在每个节点上完成计算后，将各自部分的结果汇总在一起得到最终的结果。MPP追求高度的一致性和容错性，即通过分布式事务、分布式锁等机制来实现并发处理，但无法获得良好的扩展性和系统可用性，而系统的扩展性是大数据处理分析的重要前提。典型的MPP 系统有 Oracle 的 Exadata、Teradata Aster Data、IBM 的 Netezza、HP 的 Vertica、EMC 的Greenplum 等。

表 2－4 是 Hadoop 与 RDBMS、MPP 的比较。

表 2－4　Hadoop 与 RDBMS、MPP 的比较

比较内容	Hadoop	RDBMS	MPP
数据量	GB→PB	GB→TB	GB→TB

表 2-4(续)

比较内容	Hadoop	RDBMS	MPP
数据类型	所有	结构化数据	结构化数据
事务处理	大量并行处理和网格处理	串行处理	依旧是串行处理,但一些处理并行
存取方式	离线批处理	在线交互式与批处理	在线交互式与批处理
数据更新	一次写、多次读	多次读写	多次读写
扩充方式	大量的横向扩充	纵向扩充	有限的横向扩充
数据结构	key - value,无 schema	关系表,固定 schema	关系表,固定 schema
编程	函数编程,离线批处理	声明查询,在线事务	声明查询,在线事务
存储	非关系型,NoSQL 数据库	关系型,SQL 数据库	专用的数据仓库和数据集市
资料一致性	低	高(ACID)	高(ACID)
扩充性	线性	非线性	非线性
分析	不基于模型	基于模型	基于模型
硬件	分布式网络/PC 集群	单处理器到多核处理	数据仓库一体机
体系结构	节点间无共享	共享硬盘和内存	无共享

举一个例子来进行比较。为了说明这些数据管理系统的不同,考虑一个选票计算的应用场景。

问题:3 个候选人,有 66 亿张选票需要被尽可能快地计算,结果必须完全准确。为了保证精确性,每张选票都要被检查。选票计算任务可以用 RDBMS、MPP 或 Hadoop 框架来计算。

方法 1:RDBMS。

在一个传统的关系型数据库管理系统(RDBMS)中,所有选票被保存在一个存储位置,一台机器被指定用来进行选票计算,选票计算是顺序进行的。当选民的意图被清楚地识别后,选票被记录,系统移到下一张选票。一旦所有选票计算完毕,结果被送到选举委员会。如果在下次选举中选票增加, RDBMS 能够通过增加存储的数量来进行纵向扩充。

方法 2:MPP。

在一个 MPP 系统中,所有选票被保存在一个存储位置,3 个(任意数)计算机节点被指定用来处理选票计算。每个节点收到一个选票批次的虚拟副本,这个批次将被中心计算机计算。每个选票的批次被顺序计算。当选民的意图被识别后,选票被记录,系统移到下一张选票。一旦这些选票计算完毕,这些批次再返回到中心计算机,组装结果并将结果交付到选举委员会。对于更大的选举量,MPP 具备有限的能力来进行横向扩充,即能配合更多的计算节点。

方法 3:Hadoop 框架。

用 Hadoop 框架时,选票堆被分为 9 个任意的块,每个块存储在诸多小的存储位置,而不是一个大的集中位置。9 个官方的投票计算器(计算节点)被指定用来处理选票计算。这些节点与拥有这些数据块的存储放在一起。当选民意图被识别后,节点把选票映射到一个键值对,如候选人 A1、候选人 B1 或候选人 C1。为了下一个阶段的计算,这个信息与选票被一起保存。一旦每张选票被计算,任务管理器决定键值对将怎样传送及往哪里传送。对 3 个候选人来说,3 个节点被指定(每个键值对对应一个)。9 个节点中的每一个节点按照 3 个不同的键来归类所有的结果,并把它们送到相应的节点进行收集。最终,每个键的和被送到另一个机器来组装结果,并把结果交付到选举委员会。如果下次选举的选票数增多,Hadoop系统能线性扩展,可几乎没有限制地按照需要来增加节点以更快地处理数据。

毫无疑问,Hadoop 的方法是成本最低、更为高效和可扩充的解决方案。这个例子很好地解释了大规模并发数据处理可以通过 Hadoop 系统来实现。Hadoop 的节点数可以扩展到成千上万个,从而能够处理更多、更复杂的数据。

2.2.2　HDFS:分布式文件系统

1. HDFS 的前身——Google 文件系统(GFS)

Hadoop 分布式文件系统(HDFS)运行在由跨越多个机架的计算机组成的集群上。HDFS 是受 Google 文件系统(GFS)的启发构建的。Google 的数据中心使用廉价的 Linux PC 服务器组成集群,在上面运行各种应用。分布式文件系统 GFS 是 Google 数据中心的存储系统,它隐藏了下层的负载均衡、冗余复制等实现细节,对上层应用程序只提供一个统一的文件系统应用程序接口[15]。Google 根据自身的需求对它进行了特别优化,包括对超大文件的访问,读操作比例远超过写操作,容错处理以防范 PC 服务器发生故障所造成的节点失效等。GFS 把文件分成 64 MB 大小的块,块在集群的机器节点上分布存储,采用 Linux 的文件系统存放。同时每个块至少有 3 份冗余,中心是一个命名节点[即主节点(master node)],文件块(数据块)以文件索引的方式来找寻。如图 2 - 2 所示为 Google 的 Linux PC 服务器集群。

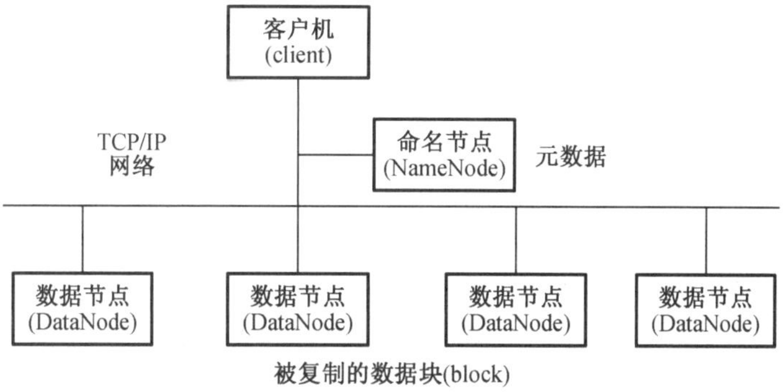

图 2 - 2　Google 的 Linux PC 服务器集群

2. HDFS 的架构

对外部客户机而言,HDFS 就是一个文件系统,它可以创建、删除、移动或重命名文件等。但是,HDFS 的内部架构是基于一组特定的节点构建的,这些节点包括 NameNode 和 DataNode,二者的比较如表 2 - 5 所示。

表 2-5 NameNode 和 DataNode 的比较

比较内容	NameNode	DataNode
存储内容	存储元数据	存储文件内容
存储位置	元数据保存在内容中	文件内容保存在磁盘
作用	保存文件、块、DataNode 之间的映射关系	维护了块 ID 到 DataNode 本地文件的映射关系

NameNode(仅一个)为命名节点(也是主节点),在 HDFS 内部提供元数据服务,用于存储文件的元数据,如文件名、文件目录结构、文件属性(生成时间、副本数、文件权限等),以及每个文件的块列表、块所在的 DataNode 等。NameNode 可以控制所有的文件操作,接收用户的操作请求。由于仅存在一个 NameNode,因此这是 HDFS 的一个缺点,可能存在单点故障。这一缺点在新版本的 Hadoop 中有所改善。

DataNode 为数据节点,为 HDFS 提供存储块。存储在 HDFS 中的文件被分成块,然后这些块被复制到多个计算机中(DataNode)。DataNode 在本地文件系统中存储块数据及块数据的校验和。这与传统的 RAID 架构大不相同。块的大小(Hadoop1 版本里默认为 64 MB,Hadoop2 版本里默认为 128 MB)和复制的块的数量在创建文件时由客户机决定。

Hadoop 集群包含一个 NameNode 和大量的 DataNode。HDFS 内部的所有通信都基于标准的 TCP/IP 协议。

HDFS 部署在价格低廉的一般计算机硬件的集群上。Hadoop 框架可在单一的 Linux 平台上使用(开发和调试时),但是使用存放在机架上的商业服务器集群才能发挥它的力量,而且有些参数也只能在非常大规模的集群环境下才需要调整,这些机架组成一个 Hadoop 集群,事先读取集群拓扑知识从而决定如何在整个集群中分配作业和文件,如图 2-3 所示。

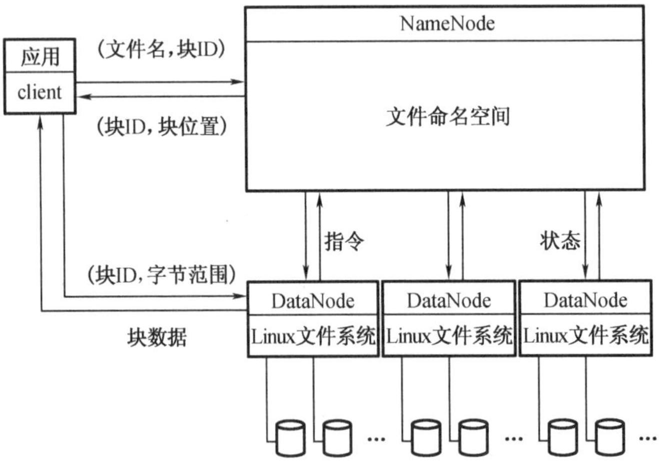

图 2-3 HDFS 的实现

3. HDFS 的文件读写原理

HDFS 的基本结构分为 NameNode、Secondary NameNode 和 DataNode。

NameNode 和 DataNode 分别为 HDFS 的主节点和从节点。NameNode 是整个文件系统的管理节点，在内存中维护着整个文件系统的文件目录树，文件/目录的元数据及每一个文件对应的数据块列表，接收客户端的操作请求。它在磁盘上还对应着 fsimage 文件和 edits 文件。DataNode 是文件系统的工作节点，根据需要存储并检索数据块，接受客户端或 NameNode 的调度，并按期向 NameNode 发送它们所存储的块的列表。Secondary NameNode 是实现高可用(HA)的一种解决方案，而在 Hadoop2 之后的集群中使用的是主(active)备(stand by)NameNode 方案来实现 HA。

(1)NameNode。NameNode 是主节点，有点类似于 Linux 里的根(root)目录。NameNode 管理数据块映射、处理客户端的读写请求、配置副本策略、管理 HDFS 的名称空间，也记录着每个文件中各个块所在的数据节点信息，但是并不会永久保存块的位置信息，因为这些信息会在系统启动时根据数据节点信息重建。

(2)Secondary NameNode。Secondary NameNode 保存着 NameNode 的部分信息(不是全部信息，在 NameNode 发生故障之后用来恢复数据)，是 NameNode 的冷备份，可将 fsimage 和 edits 合并后再发给 NameNode(这是防止 edits 过大的一种解决方案)。

(3)DataNode。DataNode 负责存储 client 发来的数据块(block)，执行数据块的读写操作。

(4)热备份。b 是 a 的热备份，如果 a 坏掉，那么 b 马上运行，代替 a 的工作。

(5)冷备份。b 是 a 的冷备份，如果 a 坏掉，那么 b 不能马上代替 a 工作。但是 b 上存储 a 的一些信息，可以减少 a 坏掉之后的损失。

(6)fsimage。fsimage 是元数据镜像文件(文件系统的目录树)。

(7)edits。edits 是元数据的操作日志(针对文件系统做的修改操作记录)。

NameNode 内存中存储的是 fsimage 和 edits。

4. NameNode 的运行

NameNode 起一个统领的作用，用户通过 NameNode 实现对其他数据的访问和操作，类似于根目录。

NameNode 包含目录与数据块之间的关系(依靠 fsimage 和 edits 实现)，以及数据块和节点之间的关系。

fsimage 文件与 edits 文件是 NameNode 节点上的核心文件。

NameNode 中仅存储目录树信息，而关于块(block)的位置信息则是从各个 DataNode 上传到 NameNode 上的。

NameNode 的目录树信息就是物理地存储在 fsimage 这个文件中的，当 NameNode 启动的时候会先读取 fsimage 文件，将目录树信息装载到内存中。

edits 存储的是日志信息。在 NameNode 启动后，所有对目录结构的增加、删除、修改等操作都会被记录到 edits 文件中，并不会同步地记录在 fsimage 中。

当 NameNode 节点关闭的时候，不会将 fsimage 与 edits 文件进行合并，这个合并的过程实际上发生在 NameNode 启动的过程中。也就是说，当 NameNode 启动的时候，先装载 fsimage 文件，然后再应用 edits 文件，最后还会将最新的目录树信息更新到新的 fsimage 文件中，然后再启用新的 edits 文件。上述整个流程是没有问题的，但是有个小瑕疵，就是如果 NameNode在启动后发生的改变过多，会导致 edits 文件变得非常大，变大的程度与 NameNode 的更新频率有关。那么在下一次 NameNode 启动的过程中，在读取了 fsimage 文件后会应用这个无比大的 edits 文件,这会导致启动时间变长且不可控,可能需要启动几个小时。

NameNode 的 edits 文件过大的问题,也就是 Secondary NameNode 要解决的主要问题。Secondary NameNode 会按照一定的规则被唤醒,然后进行 fsimage 文件与 edits 文件的合并,防止因 edits 文件过大导致 NameNode 启动时间过长。

5. DataNode 的运行

DataNode 也是在 HDFS 系统中一台单独的机器上运行的软件。DataNode 通常以机架的形式来组织,机架通过一个交换机将所有的系统连接起来。Hadoop 的一个假设是:机架内部节点之间的传输速度要快于机架间节点的传输速度。

DataNode 响应来自 HDFS 客户机的读写请求,还响应来自 NameNode 的创建、删除和复制块的命令。NameNode 依赖来自每个 DataNode 的定期心跳消息(Heartbeat,心跳机制指的是在一定时间内即使没有其他消息发送,也要给 NameNode 发送证明存活的心跳消息)。每条消息都包含一个块报告,NameNode 可以根据这个报告验证块映射和其他文件系统元数据。如果 DataNode 不能发送心跳消息,NameNode 将采取修复措施,重新复制该节点上丢失的块。

6. HDFS 的文件读写操作

HDFS 的主要作用是支持以流的形式访问写入的大型文件。

客户端发起读文件请求,即向 NameNode 发送请求(当然还有 Secondary NameNode),由于 NameNode 存放着 DataNode 的信息如数据块的存放信息等,所以 NameNode 会向客户端返回元数据,这些元数据包含了数据块的信息等。客户端得到元数据后直接去读取数据块,实现了文件的读取,基本读文件操作如图 2-4 所示,HDFS 支持一次写、多次读。

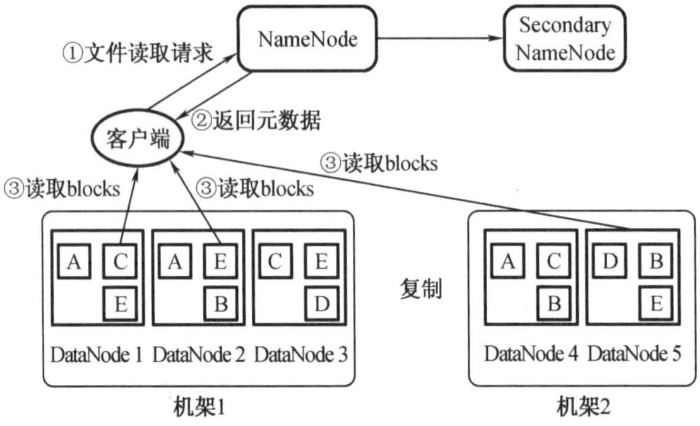

图 2-4　HDFS 读文件操作

客户端得到文件后将文件进行分块,这些分块的数据信息会写入 NameNode,同时被复制到 Secondary NameNode,然后 NameNode 会告诉客户端 DataNode 的情况,如该如何写、哪个数据块放在哪个 DataNode 等。客户端得到这些信息后就开始向指定的 DataNode 写数据(以数据块的格式),因为要保证数据有 3 份,所以 DataNode 会以流水线的方式复制。这些操作完成之后会把 DataNode 的最新信息反馈到 NameNode。再有数据来的时候按照上述过程流式进行。基本写文件操作如图 2-5 所示。

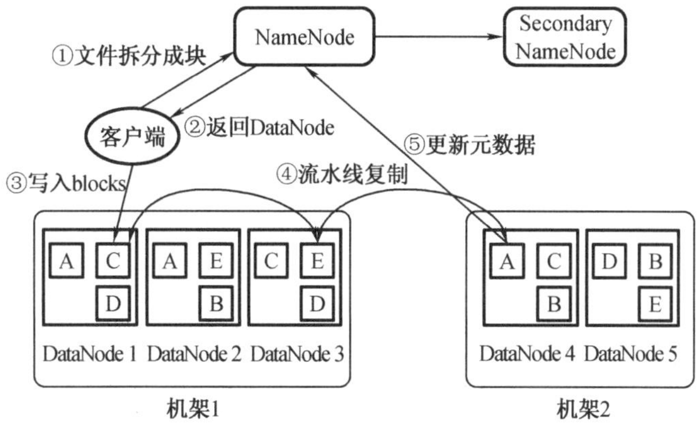

图 2-5　HDFS 写文件操作

7. HDFS 的用户接口

HDFS 的用户接口有 3 种方式,具体如下:

(1)Java API,通过 MapReduce 访问 HDFS。

(2)Hadoop 的命令行。例如:

```
#添加目录和文件
hadoop fs -mkdir /test
hadoop fs -put myfile.txt
hadoop dfs -mkdir /test
hadoop dfs -copyFromLocal ./NOTICE.txt /test
#hdfs为hadoop 2.X版本上的命令
#获取/查看文件内容
hadoop fs -get myfile.txt
hadoop fs -cat myfile.txt
#删除文件
hadoop fs -rm myfile.txt
#显示目录下有哪些文件
hadoop fs -ls /tmp/output
#查看hdfs状态
hadoop dfs admin -report
#比如有哪些Datanode，每个Datanode的情况
```

(3)通过 Web 接口。例如:

```
http: //host: port/dfshealth.jsp
```

下面是一个写文件的例子:

命令行(在 hdfs://master:9000/user/code 下新建 input 目录)如下:

```
hadoop fs -put hdfs://master:9000/user/code
```

程序接口如下:

```
//在hdfs://master:9000/user/code目录下创建文件并写入内容
public class DFSO operator {
        public static void main (String[]args){
                Configuration conf=new Configuration();
                try{
```

```
                        File Systemfs=FileSystem.get(conf);
                        Patht=new
Path("hdfs://master:9000/user/code/dfs_operator.txt");
                        FSData Output Streamos=fs.create(t,true);
                        int i=0;
                        for(i=0;i<5;i++)
                                os.write Chars("testut");
                        os.close()
                }catch (IOExceptione) {
                        e.print Stack Trace();
                }
        }
}
```

2.3 MapReduce:分布式计算框架

2.3.1 MapReduce 框架概述

Hadoop MapReduce 是一个用法简单的分布式计算软件框架,它的出现也是受 Google MapReduce 的启发,其初衷主要是解决搜索引擎中大规模网页数据的并行化处理问题。基于 MapReduce 写出来的应用程序能够运行在由普通计算机组成的大型集群上,并以一种高容错的可靠方式并行处理数据规模在 TB 级以上的数据集。这种应用程序允许没有任何并行和分布式系统经验的编程者轻松利用一个大型分布式系统中的资源。MapReduce 框架实现的是跨节点的通信,具有横向扩充、负载均衡、失效恢复、一致性等特点,非常适合有很多批处理的大规模分布式应用,如日志处理、Web 索引建立等[16]。

在 Hadoop 生态中,MapReduce 构建在分布式文件系统之上,对存储在分布式文件系统中的数据进行分布式计算。正如其名称一样,MapReduce 的计算过程分为 Map 阶段和 Reduce 阶段,在中文中经常被翻译为“映射”和“归约”。

MapReduce 框架的基本原理如图 2 - 6 所示,大多数分布式运算可以抽象为 Map/Reduce 操作。MapReduce 框架运行在 <key,value> 对上,Map 是把原始输入(Input)分解成一组中间的 <key,value> 对,Reduce 把结果合成最终输出(Output)。

这样一项工作在 MapReduce 被称为作业(job)。一个作业由若干任务(task)组成,其中包括若干 Map 任务(Map task)和若干 Reduce 任务(Reduce task),由 Map 任务以完全并行的方式处理这些 <key,value> 对,框架会对 Map 的输出先进行排序,然后把结果输入给 Reduce 任务。

Map 和 Reduce 这两个函数由程序员提供给系统,下层设施把 Map 和 Reduce 任务分布在集群节点上运行,并把结果存储在 HDFS 上。整个 MapReduce 框架负责任务的调度和监控,以及重新执行已经失败的任务。

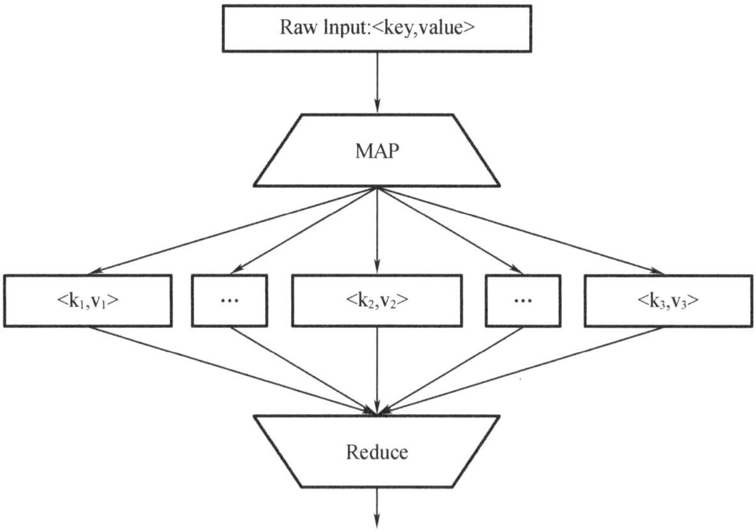

图 2-6 MapReduce 框架的基本原理

MapReduce 架构是基于 JobTracker 与 TaskTracker 的主从结构设计。JobTracker 负责具体的任务划分和任务监视，并决定某个任务是否需要回滚；TaskTracker 则负责具体的任务执行，对每个分配给自己的任务进行数据获取，保持与 JobTracker 的通信，报告自己的状态、输出计算结果等计算过程[17]。

对于任务输入，框架会先通过 JobTracker 进行任务切分，切分结束就将任务发送到每个 TaskTracker 以执行 Map 任务。Map 任务结束后，为了让性能更加均衡会执行洗牌(shuffle)操作，最后执行 Reduce 操作，输出结果。

Hadoop 的体系架构如图 2-7 所示。

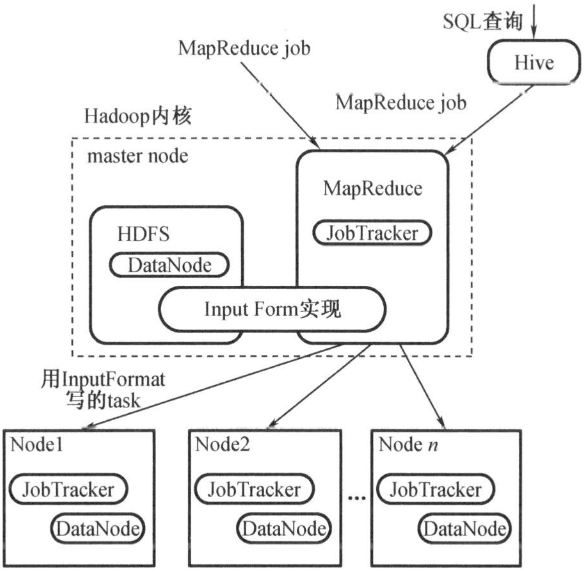

图 2-7 Hadoop 的体系架构

通常,MapReduce 框架和 HDFS 是运行在一组相同的节点上的,即计算节点和存储节点通常在一起。这种配置允许 MapReduce 框架在那些已经存好数据的节点上高效地调度任务,这可以使整个集群的网络带宽得以高效利用。因此,一个 Hadoop 的核心(core),即一个主节点(master node),通常包含了 HDFS 的 NameNode 和 MapReduce 的 JobTracker,而一个 Hadoop 的节点(node)通常包含了 HDFS 的 DataNode 和 MapReduce 的 TaskTracker(图 2-7)。

在 Hadoop 中,文件是由一个 Hadoop path 对象表示的,可以把一个 path 对象想象成一个 Hadoop 文件系统的统一资源标志符(URI),如 hdfs://1ocalhost:9000/user/xt/input/text.dat。应用程序至少应该指明输入/输出路径,并通过实现合适的接口或抽象类提供 Map 和 Reduce 函数,再加上其他作业的参数,就构成了作业配置(job configuration)。然后,Hadoop 的作业客户端(job client)提交作业(jar 包/可执行程序等)和配置信息给 JobTracker,后者负责分发这些软件和配置信息给 TaskTracker,调度任务并监控它们的执行,同时提供状态和诊断信息给作业客户端。

2.3.2 MapReduce 的 Map 和 Reduce

对 Map 端和 Reduce 端的详细分析如下。

1. Map 端

在 Map 端,每一个 Map 任务都有循环缓存,默认大小为 100 MB。Map 任务将自己的输出写入该缓存,一个后台线程对缓存中的数据进行分区(partition)。分区的根据是这些数据将被送至哪一个 Reduce 任务,因为每一个 partition 将被发送至一个归约程序(Reducer)。在每一个 partition 内,线程将根据 key 对该 partition 内的数据(即<key,value>对)在内存中进行排序。如果有合并器(Combiner),Combiner 将作用于上述按 key 排序的输出。

当该缓存中写入内容的大小达到某个阈值(默认为 80%)时,一个后台线程开始将内容溢出(spill)到磁盘上。此时 Map 任务写缓存的操作仍然继续,缓存如果满了,Map 任务将阻塞直到溢出完成。每当缓存的内容达到阈值时(后台线程开始溢出时),一个溢出文件(spill file)就会被创建。当 Map 任务输出完最后一个记录(record)时,就可能存在多个溢出文件。在 Map 任务完成之前,这些溢出文件将被归并(merge)到单独一个被分区和排序的输出文件(output file)中。该输出文件在结构上由多个 partition 组成,每一个 partition 内的数据都是排好序的,并且每一个 partition 将被送至对应的一个 Reduce 任务。当指定了一个 Combiner 函数且溢出的数量达到 3 个时,那么在写输出文件之前,Combiner 会运行。

2. Reduce 端

当 Map 任务成功完成后,Reduce 端会将状态更新通知它所属的 TaskTracker,该 TaskTracker 又会通知其所属的 JobTracker。这些通知是通过心跳通信机制实现的。这样,对于一作业而言,JobTracker 知道 Map 输出与 TaskTracker 之间的映射关系。

多个 Map 任务可能先后完成,任意一个 Map 任务一旦完成,Reduce 任务就开始复制它们的输出(特定的 partition)来作为自己的输入,复制到自己所在的 HDFS 中,并且一个 Reduce 任务会从多个 Map 任务复制其所需要的 partition(这些 partition 都是同一类的)。Reduce 任务取完自己的输入(即 Map 任务的输出)后,并不是立即删掉这些数据,而是予以保留以应对 Reduce 任务失败的情况,这称为复制阶段(copy)。Reducer 中的一个线程会周期性地向 JobTracker 询问 Map 输出所在的位置，直到该 Reducer 接收了所有的 Map 输出。当 Reduce 任务复制了 Map 任务的全部输出时，就开始将这些输出归并到少数几个文件中，并保持文件内 record 原来的排序不变，这称为归并阶段（merge）。

2.3.3　MapReduce 的数据流

1. 一个 Reduce 任务的数据流

MapReduce 的输入文件（input file）被切分为固定大小的输入分块（input split，简称 split）。Hadoop 为每一个 split 都创建了一个 Map 任务，该 Map 任务中的 Map 函数会作用于 split 中的每一个 record。一个 record 就是一个 <key,value> 对。

split 是对 record（即 <key,value> 对）在逻辑上的切分，而 HDFS 中的块（block）是对输入数据的物理切分。当二者一致时效率很高，但是实际中二者往往不一致。record 可能会跨越 HDFS 块的边界。因此，过大的 split 可能会失去并行性，过小的 split 会使开销占比过大。split 与 HDFS 中的一个块的大小相同较为合适。

Map 任务的输出将被写入磁盘（Linux 文件系统）而不是 HDFS 文件系统。因为，Map 任务的输出是中间临时结果（中间值，临时的 <key,value> 对），它们作为 Reduce 任务的输入。一旦作业结束，这些中间临时结果即被丢弃，不再被需要。如果存入 HDFS，就需要复制多份副本在网络上传输，会造成浪费。而 Reduce 任务的输出会被写入 HDFS 文件系统，因为它们的输出是用户最终需要的结果，要妥善保存。

2. 多个 Reduce 任务的数据流

当存在多个 Reducer 时，Map 任务会将自己的输出进行分区（partition），然后再将其送至 Reduce 任务。每一个 partition 会被发送至某个特别的 Reduce 任务。一个 partition 内可以包含多个不同的 key，同一个 key 一定在一个 partition 内。

3. 没有 Reduce 任务的数据流

可以只有 Map 任务而没有 Reduce 任务，如 Sqoop 作业。在这种情况下，Map 任务的输出会被写入 HDFS。

Map 任务和 Reduce 任务之间的数据流称为 shuffle，因为每个 Reduce 任务的输入都来自多个 Map 任务，因此这个阶段比较复杂，而 shuffle 过程中的参数调整对 job 运行的总时间是有非常大的影响的，一般 MapRcducc 的调优主要就是调整 shuffle 阶段的参数。

MapReduce 保证每一个 Reducer 的输入都是按照 key 进行排序（sorted - by - key）的。在 Hadoop 中，按照 key 进行排序并将 Map 的输出传送至 Reduce 的输入的过程称为洗牌（shuffle）。

完整的 MapReduce 数据流如图 2 - 8 所示。

2.3.4　深入理解 MapReduce 程序的运行过程

如图 2 - 9 所示，MapReduce 运行过程中，数据传递经过输入文件、Map 过程、中间文件、Reduce 过程、输出文件 5 个阶段，用户程序（user program）只与 Map 过程和 Reduce 过程的 worker 直接相关，其他事情由 Hadoop 平台根据设置自行完成。

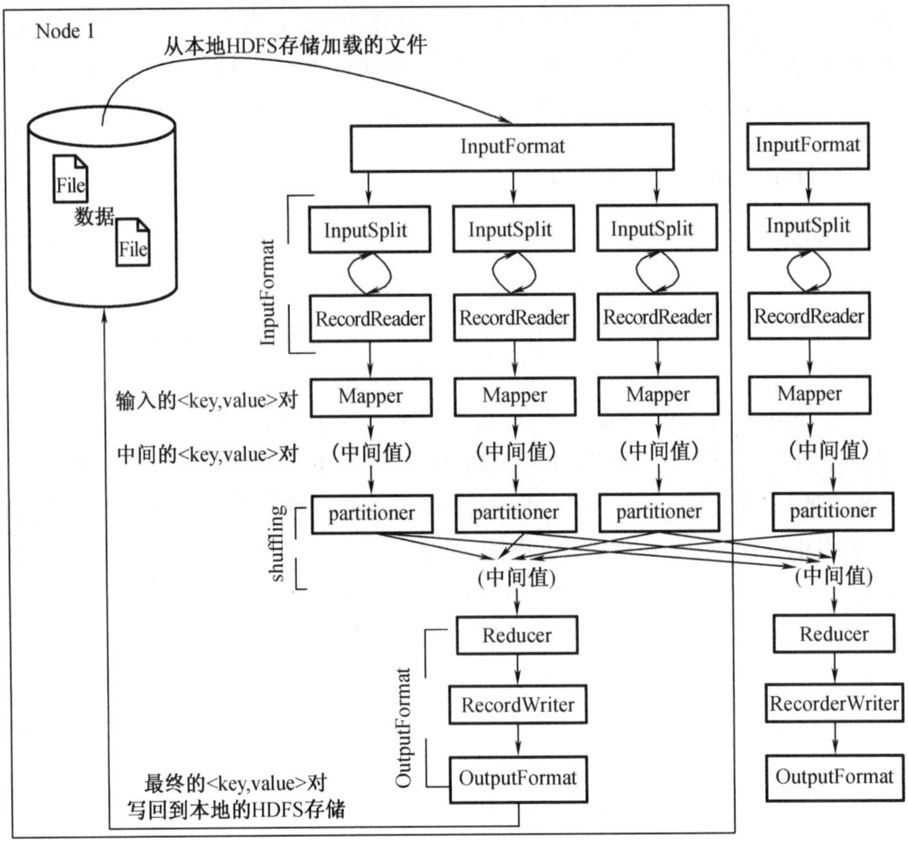

图 2 – 8　完整的 **MapReduce** 数据流

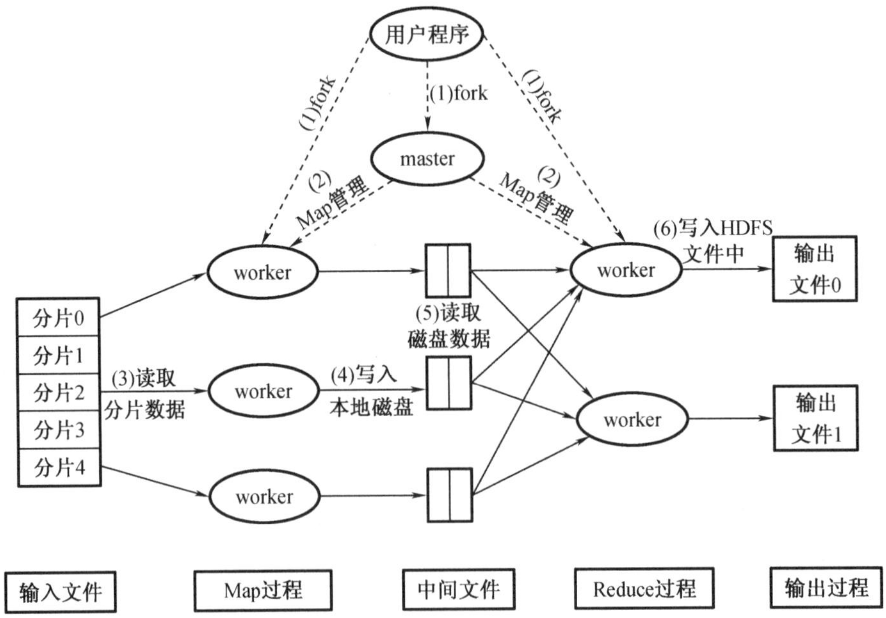

图 2 – 9　**MapReduce** 原理图

用户程序链接了 MapReduce 库,实现了最基本的 Map 函数和 Reduce 函数。

(1)MapReduce 库先把用户程序的输入文件划分为 M 份,如图 2－9 左方所示将数据分成了分片 0～4,每一份通常为 16～64 MB;然后使用 fork 将用户程序复制到集群内的其他机器上。

(2)用户程序的副本中有 1 个 master 副本和多个 worker 副本,master 是负责调度的,为空闲 worker 分配 Map 作业或 Reduce 作业。

(3)被分配了 Map 作业的 worker 开始读取对应分片的输入数据,Map 作业数量与输入文件划分数 M 相同,并与分片一一对应;Map 作业将输入数据转化为键值对表示形式并传递给 Map 函数,Map 函数产生的中间键值对被缓存在内存中。

(4)缓存的中间键值对会被定期写入本地磁盘,而且被分为 R 个区(R 的大小是由用户定义的),每个区会对应一个 Reduce 作业。这些中间键值对的位置会被通报给 master,master负责将信息转发给 Reduce worker。

(5)master 通知分配了 Reduce 作业的 worker 负责数据分区,Reduce worker 读取键值对数据并依据键排序,使相同键的键值对聚集在一起。同一个分区可能存在多个键的键值对,而 Reduce 函数的一次调用的键值是唯一的,所以必须进行排序处理。

(6)Reduce worker 遍历排序后的中间键值对,对于每个唯一的键,都将键与关联的值传递给 Reduce 函数,Reduce 函数产生的输出会写回到数据分区的输出文件中。

(7)当所有的 Map 和 Reduce 作业都完成了,master 唤醒用户程序,MapReduce 函数调用返回用户程序。

执行完毕后,MapReduce 的输出放在 R 个分区的输出文件中,即每个 Reduce 作业分别对应一个输出文件。用户可将这 R 个文件作为输入交给另一个 MapReduce 程序处理,而不需要主动合并这 R 个文件。在 MapReduce 的计算过程中,输入数据来自分布式文件系统,中间数据放在本地文件系统中,最终输出数据写入分布式文件系统。

必须指出,Map 或 Reduce 作业和 Map 或 Reduce 函数存在以下几点区别:

①Map 或 Reduce 作业是从计算框架的角度来认识的,而 Map 或 Reduce 函数是需要程序员编写代码完成的,并在运行过程中被用作对 Map 或 Reduce 作业调度。

②Map 作业处理一个输入数据的分片,可能需要多次调用 Map 函数来处理输入的键值对。

③Reduce 作业处理一个分区的中间键值对,这期间要对每个不同的键调用一次 Reduce 函数,一个 Reduce 作业最终对应一个输出文件。

2.3.5　MapReduce 参数

Apache 官网全面地介绍了 MapReduce 框架的各个方面。应用程序通常会通过提供 Map 和 Reduce 来实现映射程序(Mapper)和规约程序(Reducer)接口,它们组成作业的核心。每个类/接口的 Javadoc 文档提供了最全面的介绍,本书仅对这些参数进行简要介绍,以供参考。MapReduce 的主要参数如表 2－6 所示。

表 2-6 MapReduce 的主要参数

主要参数	作用	默认值	其他实现
Map Output Key Class	设定 Map 函数输出的中间结果中 key 的类型	如果用户没有设定的话,使用 Output Key Class	
Map Output Value Class	设定 Map 函数输出的中间结果中 value 的类型	如果用户没有设定的话,使用 Output Value Class	
Output Key Comparator	对结果中的 key 进行排序时使用的比较器(Comparator)	Writable Comparable	
Partitioner Class	对中间结果的 key 排序后,用此 Partition 函数将其划分为 *R* 份,每份由一个 Reducer 负责处理	HashPartitioner(使用 Hash 函数做 partition)	Key Field Based Partitioner Pipes Partitioner
InputFormat	将输入的数据集切割成小数据集 InputSplit, 每一个 InputSplit 由一个 Mapper 负责处理。InputFormat 中还提供一个 RecordReader 的实现,将一个 InputSplit 解析成 < key, value > 对提供给 Map	Text InputFormat (针对文本文件,按行将文本文件切割成 InputSplit, 并用 Line RecordReader 将 InputSplit 解析成 < key, value > 对, key 是行在文件中的位置, value 是文件中的一行)	Sequence File InputFormat
OutputFormat	提供一个 RecordWriter 的实现,负责输出最终结果	Text OutputFormat (用 Line RecordWriter 将最终结果写成纯文件,每个 < key, value > 对一行, key 和 value 之间用 Tab 分隔)	Sequence File OutputFormat
Output Key Class	输出的最终结果中 key 的类型	Long Writable	
Output Value Class	输出的最终结果中 value 的类型	Text	
Mapper Class	Mapper 类,实现 Map 函数,完成输入的 < key, value > 对到中间结果的映射	Identity Mapper (将输入的 < key, value > 原封不动地输出为中间结果)	Long Sum Reducer, Log Regex Mapper, Inverse Mapper
Combiner Class	实现 Combine 函数,将中间结果中的重复 key 做合并	null(不对中间结果中的重复 key 做合并)	
Reducer Class	Reducer 类,实现 Reduce 函数,对中间结果做合并,形成最终结果	Identity Reducer(将中间结果直接输出为最终结果)	Accumulating Reducer, Long Sum Reducer

表 2-6(续)

主要参数	作用	默认值	其他实现
Input Path	设定作业的输入目录,作业运行时会处理输入目录下的所有文件	null	
Output Path	设定作业的输出目录,作业的最终结果会写入输出目录	null	

下面对其中一些参数做简单的介绍,便于读者理解主要参数的应用。

1. Mapper

MapReduce 框架为每一个 InputSplit 产生一个 Map 任务。Mapper 将输入记录集(即 <key,value>对)映射到一组中间格式的记录集(即一组键值对集合),这种转换的中间格式记录集不需要与输入记录集的类型一致。一个给定的输入键值对可以映射成 0 个或多个输出键值对。

概括地说,对 Mapper 的实现需要先重写 Job Configurable. configure(JobConf)方法,这个方法需要传递一个 JobConf 参数,目的是完成 Mapper 的初始化工作。然后,框架为这个任务的 InputSplit 中的每个键值对调用一次 Map(Writable Comparable,Writable,Output Collector,Reporter)操作,其中,框架需要对 key 和 value 的类进行序列化操作,因此,这些类需要实现 Writable 接口。另外,为了方便框架执行排序的操作,key 类必须实现 Writable Comparable 接口;通过 Output Collector. collect(Writable Comparable,Writable)可以收集输出的键值对;应用程序可以使用 Reporter 报告进度,设定应用级别的状态消息,更新计数器(Counters),或者仅是表明自己运行正常。应用程序可以通过重写 Closeable. close()方法来执行相应的清理工作。

MapReduce 框架随后会把与一个特定 key 关联的所有中间过程的值(value)分成组,然后把它们传给 Reducer 以产出最终的结果。用户可以通过 JobConf. set Output Key Comparator Class(Class)来指定具体负责分组的 Comparator。

Mapper 的输出被排序后就被划分给每个 Reducer。分块的总数目和一个作业的 Reduce 任务的数目是一样的。用户可以通过实现自定义的 Partitioner 来控制哪个 key 被分配给哪个 Reducer。

用户可选择通过 JobConf. set Combiner Class(Class)指定一个 Combiner,负责对中间过程的输出进行本地的聚集,这有助于降低从 Mapper 到 Reducer 的数据传输量。

这些被排好序的中间过程的输出结果的保存格式是 key - len、key、value - len、value,应用程序可以通过 JobConf 控制对这些中间结果是否进行压缩、怎么压缩,以及使用哪种 Compression Codec。

Map 任务的数目通常是由输入数据的大小决定的,一般就是所有输入文件的总块数。正常的 Map 任务的并行规模大致是每个节点有 10 ~ 100 个,对于 CPU 消耗较小的 Map 任务可以将任务数设到 300 个左右。由于每个任务的初始化需要一定的时间,因此,比较合理的情况是 Map 任务执行的时间至少 1 min,这样如果输入 10 TB 的数据,每个块的大小是 128 MB,将需要约 82 000 个 Map 任务来完成,除非使用 set Num Map Tasks(int)将这个数值设置得更高。

2. Reducer

Reducer 将与一个 key 关联的一组中间数值集归约(Reduce)为一个更小的数值集。用户可以通过 JobConf. set Num Reduce Tasks(int)设定一个作业中 Reduce 任务的数目。

概括地说,对 Reducer 的实现者需要重写 Job Configurable. configure(JobConf)方法,这个方法需要传递一个 Job Conf 参数,目的是完成 Reducer 的初始化工作。然后,框架为成组的输入数据中的每个 <key,(list of values)>对调用一次 Reduce(Writable Comparable,Iterator,Output Collector,Reporter)方法。之后,应用程序可以通过重写 Closeable. close( )来执行相应的清理工作。

Reducer 有 3 个主要阶段:shuffle、sort 和 reduce。shuffle 和 sort 两个阶段是同时进行的;Map 的输出也是一边被取回一边被合并的。

(1)shuffle 操作。Reducer 的输入就是 Mapper 已经排好序的输出。在这个阶段,框架通过 HTTP 为每个 Reducer 获得所有 Mapper 输出中与之相关的分块。

(2)sort 操作。在这个阶段,框架将按照 key 的值对 Reducer 的输入进行排序(因为不同 Mapper 的输出中可能会有相同的 key)。如果需要使中间过程对 key 的排序规则和 Reduce 前对 key 的排序规则不同,可以通过 JobConf. set Output Value Grouping Comparator (Class)来指定一个 Comparator,再加上 JobConf. set Output Key Comparator Class(Class)可用于控制中间过程的 key 如何被分组,所以两者结合可以实现按值的二次排序。

(3)reduce 操作。在这个阶段,框架为已分组的输入数据中的每个 <key,(list of values)>对调用一次 Reduce(Writable Comparable、Iterator、Output Collector、Reporter)方法。Reduce 任务的输出通常是通过调用 Output Collector. collect(Writable Comparable,Writable)写入文件系统的。应用程序可以使用 Reporter 报告进度,设定应用程序级别的状态消息,更新计数器,或者仅表明自己运行正常。Reducer 的输出是没有排序的。

①Reduce 任务的数目建议如下:0. 95 或 1. 75 乘以(<no. of nodes> * mapred. tasktracker. reduce. tasks. maximum)。其中,用0. 95,所有 Reduce 任务可以在 Map 任务一完成时就立刻启动,开始传输 Map 的输出结果。用 1. 75,速度快的节点可以在完成第 1 轮 Reduce 任务后开始第 2 轮,这样可以得到比较好的负载均衡的效果。增加 Reduce 任务的数目会增加整个框架的开销,但可以改善负载均衡,降低由执行失败带来的负面影响。上述比例因子比整体数目稍小一些是为了给框架中的推测性任务(speculative - tasks)或失败的任务预留一些 Reduce 的资源。

②无 Reducer。如果没有归约要进行,那么设置 Reduce 任务的数目为 0 是合法的。这种情况下,Map 任务的输出会被直接写入由 setOutputPath(Path)指定的输出路径。框架在把它们写入文件系统(File System)之前没有对它们进行排序。

3. Partitioner

Partitioner 负责控制 Map 任务输出结果 key 的分割。key(或者一个 key 子集)被用于产生分区,通常使用的是 Hash 函数。分区的数目与一个作业的 Reduce 任务的数目是一样的。

因此,它控制将中间过程的 key(也就是这条记录)应该发送给多个 Reduce 任务中的哪一个来进行 Reduce 操作。Hash Partitioner 是默认的 Partitioner。

4. InputFormat

InputFormat 为作业输入格式,每个 InputSplit 是由该作业的 InputFormat 产生的。InputFormat 描述 MapReduce 作业的输入细节规范。MapReduce 框架根据作业的 InputFormat 来检查作业输入的有效性。基于文件的 InputFormat 实现(通常是 File InputFormat 的子类)的默认行为是按照输入文件的字节大小,把输入文件切分成多个逻辑输入分块(InputSplit)的实例,并把每一实例分别分发给一个 Mapper。其中输入文件所在的文件系统(HDFS)的数据块尺寸是 InputSplit 大小的上限,下限可以设置 mapred. min. split. size 的值。InputFormat 中还提供 RecordReader 的实现,这个 RecordReader 从逻辑输入分块中获得输入记录,这些记录将由 Mapper 处理。

考虑到边界情况,对于很多应用程序来说,按照文件大小进行逻辑输入分块是不能满足需求的。在这种情况下,应用程序需要实现一个 RecordReader 来处理记录的边界,并为每个任务提供一个逻辑输入分块的面向记录的视图。

Text InputFormat 是默认的 InputFormat。如果一个作业的 InputFormat 是 Text InputFormat,并且框架检测到输入文件的后缀是. gz 和. lzo,就会使用对应的 Compression Codec 自动解压缩这些文件。但是需要注意,上述带后缀的压缩文件不会被切分,并且整个压缩文件会被分给一个 Mapper 来处理。

(1)InputSplit。InputSplit 是一个 Mapper 要单独处理的数据块。一般地,InputSplit 是字节样式输入,然后由 RecordReader 处理并转化成记录样式。file split 是默认的 InputSplit,它把 map. input. file 设定为输入文件的路径,输入文件是逻辑分块文件。

(2)RecordReader。RecordReader 为读取记录,从 InputSplit 读入 <key,value> 对。一般地,RecordReader 把由 InputSplit 提供的字节样式的输入文件转化成由 Mapper 处理的记录样式的文件。因此,RecordReader 负责处理记录的边界情况和把数据表示成 <key,value> 对形式。

5. OutputFormat

OutputFormat 为作业输出格式,描述 MapReduce 作业的输出样式。MapReduce 框架根据作业的 OutputFormat 来检验作业的输出,如检查输出路径是否已经存在。提供一个 RecordWriter 的实现,用来输出作业结果。输出文件保存在 File System 上。Text OutputFormat 是默认的 OutputFormat。

(1)RecordWriter。RecordWriter 生成 <key,value> 对到输出文件。RecordWriter 实现把作业的输出结果写到 File System 上。

(2)Output Collector。Output Collector 为收集数据,是一个 MapReduce 框架提供的用于收集 Mapper 或 Reducer 输出数据(包括中间输出结果和作业的输出结果)的通用机制。

6. Reporter

Reporter 为报告进度,用于 MapReduce 应用程序报告进度,设定应用级别的状态消息,更新 Counters 的机制。Mapper 和 Reducer 的实现可以利用 Reporter 来报告进度,或者仅表明自己运行正常。在那种应用程序需要花很长时间处理个别键值对的场景中,这种机制是很关键的,因为框架可能会以为这个任务超时了,进而将它强行杀死。另一个避免这种情况发生的方式是将配置参数 mapred. task. timeout 设置为一个足够高的值(或者干脆设置为0,即没有超时限制)。应用程序可以用 Reporter 来更新 Counters。

7. JobConf

一般情况下,用户利用 JobConf 创建应用程序并配置作业属性,然后用 JobClient 提交作业并监视它的进程。

JobConf 代表一个 MapReduce 作业的配置。JobConf 是用户向 Hadoop 框架描述一个 MapReduce 作业如何执行的主要接口。

框架会按照 JobConf 描述的信息忠实地尝试完成这个作业,然而一些参数可能会被标记为 final,这意味它们不能被更改;一些作业的参数可以被直截了当地设置(如 setNumReduceTasks(int)),而另一些参数则与框架或者作业的其他参数之间微妙地相互影响,并且设置起来比较复杂(如 setNumMapTasks(int))。

通常,JobConf 会指明 Mapper、Combiner(如果有的话)、Partitioner、Reducer、InputFormat 和 OutputFormat 的具体实现。

JobConf 还能指定一组输入文件[setInputPaths(JobConf, Path...)/addInputPath(JobConf, Path)]和[setInputPaths(JobConf, String)/addInputPaths(JobConf, String)],以及输出文件应该写在哪儿[setOutputPath(Path)]。

JobConf 可有选择地对作业设置一些高级选项,例如:

(1)设置 Comparator。

(2)设置放到 DistributedCache 上的文件。DistributedCache 是面向大规模只读数据的。

(3)设置中间结果或作业输出结果是否需要压缩及怎么压缩。

设置利用用户提供的脚本[setMapDebugScript(String)/setReduceDebugScript(String)]进行调试。

(4)设置作业是否允许预防性(speculative)任务的执行[setMapSpeculativeExecution(boolean)]/[setReduceSpeculativeExecution(boolean)]。

(5)设置每个任务最大的尝试次数[set Max Map Attempts(int)/set Max Reduce Attempts(int)]。

(6)设置一个作业能容忍的任务失败的百分比[setMaxMapTaskFailuresPercent(int)/setMaxReduceTaskFailuresPercent(int)]等。

8. JobClient

JobClient 是用户提交的作业与 JobTracker 交互的主要接口。JobClient 具有提交作业、追踪进程、访问子任务的日志记录,获得 MapReduce 集群状态信息等功能。

作业提交过程包括检查作业输入/输出样式细节;为作业计算 InputSplit 值;如果需要的话,为作业的 DistributedCache 建立必需的统计信息;拷贝作业的 jar 包和配置文件到 File System 上的 MapReduce 系统目录下;提交作业到 JobTracker 并监控它的状态。

将作业的历史文件记录到指定目录的"_logs/history/"子目录下。这个指定目录由 hadoop. job. history. user. location 设定,默认是作业输出的目录。因此在默认情况下,文件会存放在 mapred. output. dir/_logs/history 目录下。用户可以设置 hadoop. job. history. user. location

为“none”来停止日志记录。

用户使用下面的命令可以看到在指定目录下的历史日志记录的摘要：

```
$ bin/hadoop job -history output-dir
```

这个命令会打印出作业的细节，以及失败的和被“杀死”的任务细节。要查看有关作业的更多细节，如成功的任务、每个任务尝试的次数(task attempt)等，可以使用下面的命令：

```
$ bin/hadoop job -history all output-dir
```

用户可以使用 OutputLogFilter 从输出目录列表中筛选日志文件。

9. 其他有用的特性

(1) Counters。Counters 是多个由 MapReduce 框架或应用程序定义的全局计数器。每一个 Counter 可以是任何一种枚举(Enum)类型。同一特定 Enum 类型的 Counter 可以汇集到一个组，其类型为 Counters. Group。应用程序可以定义任意(Enum 类型)的 Counters，并且可以通过 Map 或 Reduce 方法中的 Reporter. incrCounter(Enum, long) 或 Reporter. incrCounter(String, String, long) 更新，之后 MapReduce 框架会汇总这些全局 Counters。

(2) DistributedCache。DistributedCache 可将具体应用相关的、大尺寸的、只读的文件有效地分布放置。DistributedCache 是 MapReduce 框架提供的功能，能够缓存应用程序所需的文件(包括文本、档案文件、jar 文件等)。应用程序在 JobConf 中通过 URL(hdfs://)指定需要被缓存的文件。DistributedCache 假定由 hdfs://格式 URL 指定的文件已经在 File System 上了。

MapReduce 框架在执行作业的所有任务之前会把必要的文件复制到从节点上。它运行高效是因为每个作业的文件只复制一次并为那些没有文档的从节点缓存文档。DistributedCache 根据缓存文档修改的时间戳进行追踪。在作业执行期间，当前应用程序或外部程序不能修改缓存文件。

DistributedCache 可以分发简单的只读数据或文本文件，也可以分发复杂类型的文件，如归档文件和 jar 文件。归档文件(zip、tar、tgz 和 tar. gz 文件)在从节点上会被解档(un - archived)，对这些文件可以设置执行权限。

用户可以通过设置 mapred. cache. {files|archives} 来分发文件。如果要分发多个文件，可以使用逗号分隔文件所在路径，也可以利用 API 来设置该属性：

DistributedCache. addCacheFile (URI, conf)/DistributedCache. addCacheArchive (URI, conf) 和 DistributedCache. setCacheFiles (URIs, conf)/DistributedCache. setCacheArchives (URIs, conf)，其中，URI 的形式是 hdfs://host:port/absolute - path#link - name。在 Streaming 程序中，可以通过命令行选项 - cacheFile/ - cacheArchive 分发文件。

用户可以通过 DistributedCache. createSymlink(Configuration) 方法让 DistributedCache 在当前工作目录下创建到缓存文件的符号链接，或者设置配置文件属性 mapred. create. symlink 为“yes”。分布式缓存会截取 URI 的片段作为链接的名字。例如，URI 是 hdfs://namenode:port/lib. so. 1#lib. so，则在任务当前工作目录会有名为 lib. so 的链接，它会链接分布式缓存中的 lib. so. 1。

DistributedCache 可在 MapReduce 任务中作为一种基础软件分发机制使用。它可用于分发 jar 包和本地库(native libraries)。API DistributedCache. addArchiveToClassPath(Path,

Configuration)和 DistributedCache. addFileToClassPath(Path, Configuration)能用于缓存文件和 jar 包,并把它们加入子 jvm 的 classpath。也可以通过设置配置文档里的属性 mapred. job. classpath. {files|archives}达到相同的效果。缓存文件可用于分发和装载本地库。

(3)Tool。Tool 接口支持处理常用的 Hadoop 命令行选项,Tool 是 MapReduce 工具或应用的标准。应用程序应只处理其定制参数,要把标准命令行选项通过 ToolRunner. run(Tool, String[ ])委托给 GenericOptionsParser 处理。Hadoop 命令行的常用选项如下:

```
-conf <configuration file>
-D <property=value>
-fs <local | NameNode:port>
-jt <local | jobtracker:port >
```

(4)IsolationRunner

IsolationRunner 是帮助调试 MapReduce 程序的工具。使用 IsolationRunner 的方法是:先设置 keep. failed. tasks. files 的属性为"true"(同时参考 keep. tasks. files. pattern),然后登录到任务运行失败的节点上,进入 TaskTracker 的本地路径并运行 IsolatlonRunner,运行命令如下:

```
$ cd <local path>/taskTracker/${taskid}/work
$ bin/hadoop org. apache. hadoop. mapred. IsolationRunner  /job. xml
```

IsolationRunner 会把失败的任务放在单独的一个能够调试的 jvm 上运行,并且采用和之前完全一样的输入数据。

(5)Profiling。Profiling 是一个工具,使用内置的 Java profiler 工具进行分析,获得 2 ~ 3 个 Map 或 Reduce 样例运行分析报告。

用户可以通过设置属性 mapred. task. profile 指定系统是否采集 profiler 信息。利用 API JobConf. setProfileEnabled(boolean)可以修改属性值。如果设为"true"则开启 profiling 功能。profiler 信息保存在用户日志目录下。缺省情况,profiling 功能是关闭的。

如果用户设定使用 profiling 功能,可以使用配置文档里的属性 mapred. task. profile. {maps|reduces}设置 profile map/reduce task 的范围。设置该属性值的 API 是 JobConf. setProfileTaskRange(boolean,String),范围的缺省值是 0 ~2。

用户可以通过设定配置文档里的属性 mapred. task. profile. params 来指定 profiler 配置参数。修改属性要使用 API JobConf. setProfileParams(String)。当运行 task 时,如果字符串包含%s,它会被替换成 profiling 的输出文件名。这些参数会在命令行里传递到子 jvm 中。缺省的 profiling 参数是:- agentlib:hprof = cpu = samples, heap = sites, force = n, thread = y, verbose = n, file = %s。

(6)调试。MapReduce 框架能够运行用户提供的用于调试的脚本程序。当 MapReduce 任务失败时,用户可以通过运行脚本在任务日志(如任务的标准输出、标准错误、系统日志及作业配置文件)上做后续处理工作。用户提供的调试脚本程序的标准输出和标准错误会输出为诊断文件。如果需要的话,这些输出结果也可以打印在用户界面上。

为了提交调试脚本,要先把这个脚本分发出去,而且还要在配置文件里进行设置。用户要用 DistributedCache 机制来分发和链接脚本文件。一个快速提交调试脚本的方法是分别为需要调试的 Map 任务和 Reduce 任务设置属性 mapred. map. task. debug. script 和 mapred. reduce. task. debug. script 的值。这些属性也可以通过 API JobConf. setMapDebug-

Script(String)和 JobConf. setReduceDebugScript(String) 来设置。对于 Streaming,可以分别为需要调试的 Map 任务和 Reduce 任务使用命令行选项 - mapdebug 和 - reducedegug 来提交调试脚本。脚本的参数是任务的标准输出、标准错误、系统日志及作业配置文件。在运行 Map-Reduce 失败的节点上运行的调试命令是:

```
$script  $stdout  $stderr  $syslog  $jobcof  $program
```

(7)JobControl。JobControl 是一个工具,封装了一组 MapReduce 作业及它们之间的依赖关系。

(8)数据压缩。Hadoop MapReduce 框架为应用程序的写入文件操作提供了压缩工具,这些工具可以为 Map 输出的中间结果数据和作业最终输出数据(如 Reduce 的输出)提供支持。它还附带了一些 CompressionCodec 的实现,如实现了 zlib 和 lzo 压缩算法。Hadoop 同样支持 gzip 文件格式。考虑到性能问题(zlib)及 Java 类库的缺失(lzo)等因素,Hadoop 也为上述压缩/解压算法提供本地库的实现。

(9)中间结果输出的压缩。应用程序可以通过 API　JobConf. setCompressMapOutput (boolean) 控制 Map 输出的中间结果,并且可以通过 API JobConf. setMapOutputCompressor-Class(Class)指定 CompressionCodec。

(10)作业最终输出的压缩。应用程序可以通过 API FileOutputFormat. setCompressOut-put(JobConf, boolean)控制输出是否需要压缩,并且可以使用 API FileOutputFormat. setOut-putCompressorClass(JobConf, Class)指定 CompressionCodec。

如果作业最终输出要保存成 SequenceFileOutputFormat 格式,需要使用 API Sequence FileOutputFormat. setOutputCompressionType(JobConf, SequenceFile. CompressionType) 来设定 SequenceFile. CompressionType (i. e. RECORD / BLOCK － 默认是 RECORD)。

2.3.6　MapReduce 示例

Hadoop 提供了一个 WordCount 的示例,可以作为初学者学习 MapReduce 的开始,其流程如图 2 - 10 所示。

下面以 WordCount 程序为例分析 MapReduce 的执行过程。在开始描述之前,我们来看看作业是什么。设输入若干文本文件,目标是统计所有文件中每一个单词出现的次数(频次)。以图 2 - 10 所示的两个输入文件为例,直观地看,"Bye"出现 2 次,"Hello"出现 2 次,"World"出现 4 次。WordCount 程序就是要实现这样的统计。

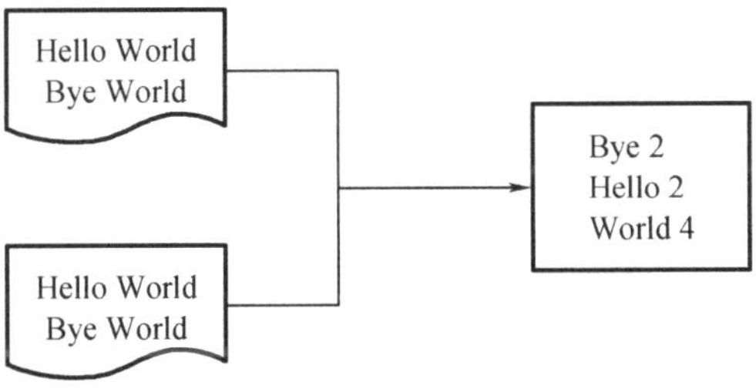

图 2 - 10　WordCount 作业的目标

结合上面的示例分析 MapReduce 程序的执行过程，可分为下面几个步骤。

1. 拆分输入数据

拆分数据属于 Map 的输入阶段，系统逐行读取文件的数据，得到一系列的 <key,value> 对，如图 2－11 所示。

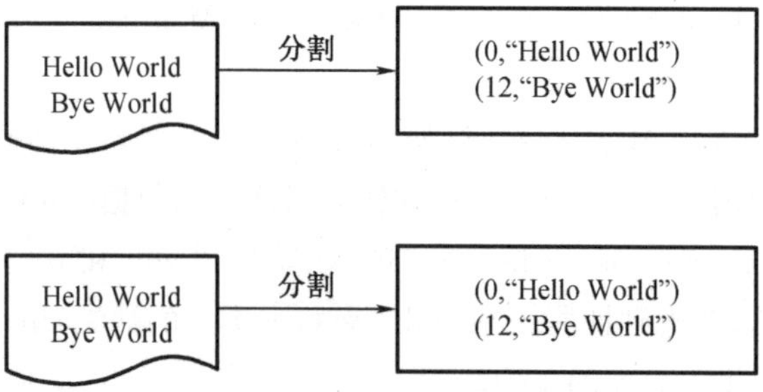

图 2－11　拆分输入数据

需要注意的是，如果只有一个文件且很小，这时系统只分配一个 split；如果有多个文件或文件很大，系统会根据需要分配多个 split。这一步由 MapReduce 框架自动完成。图 2－11 中的数值是一个偏移量（即 key 值），是包括回车符在内的字符数。

2. 执行 Map 方法

分割完成后，系统会将分割好的 <key,value> 对交给用户定义的 Map 方法进行处理，生成新的 <key,value> 对，如图 2－12 所示。

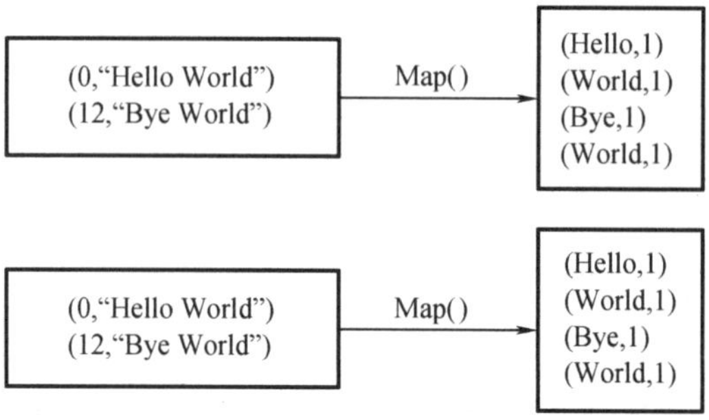

图 2－12　执行用户定义的 Map 方法

3. 排序与合并处理

系统在得到 Map 方法输出的 <key,value> 对后，Mapper 会将它们按照 key 值进行排序，并执行合并过程，将 key 值相同的 value 值累加，得到 Mapper 的最终输出结果。如图 2－13所示。

4. Reduce 阶段的排序与合并

Reducer 先对从 Mapper 接收的数据进行排序，再交由用户自定义的 Reduce 方法进行处理，得到新的 <key,value> 对并作为 WordCount 的结果输出，如图 2－14 所示。

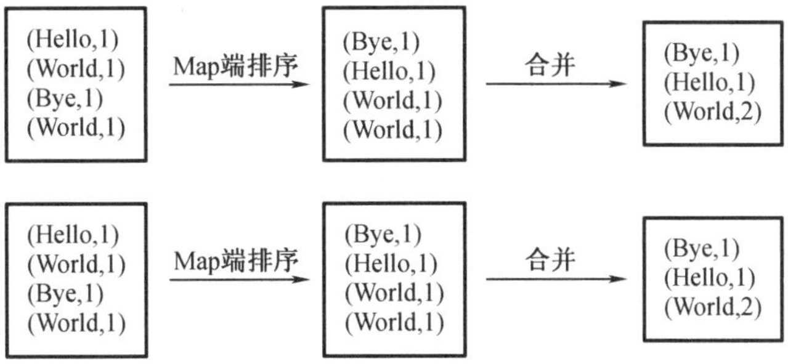

图 2 – 13　执行 Map 阶段的排序与合并

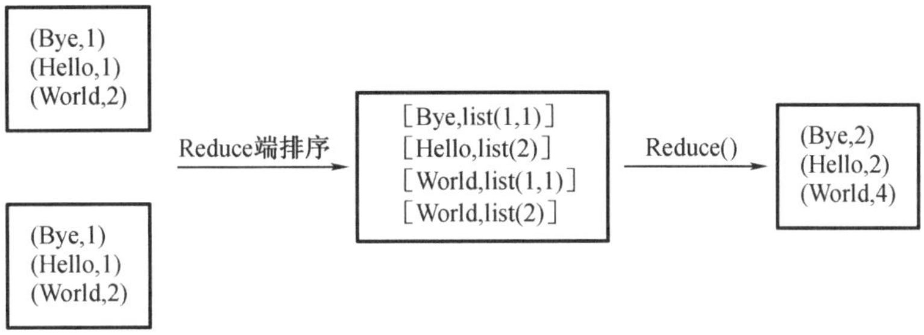

图 2 – 14　执行 Reduce 阶段的排序与合并输出

图 2 – 14 中间部分出现的数据列表(list)是与 MapReduce 内部合并机制有关的一个函数,其中,list(1,1)表示尚未合并的两个等于 1 的 value,list(2)则表示已经合并为 2 的一个 value。例如,[World,list(1,1)]表示两个“World”的等于 1 的 value,但还没有合并;[World,list(2)]表示两个“World”的等于 1 的 value,但已经合并,为什么会出现有的 value 已经合并,而有的还没有合并?这与 MapReduce 的内部资源管理机制有关,但 Reduce()都能够进行最后的合并。

实际上,上面的分析是一种直观的理解。如果结合源代码分析,就可以看到处理流程的更多细节。

(1)Map 阶段可以概括为如下 5 个步骤。

①read。Map 任务通过用户编写的 RecordReader,从输入 InputSplit 中解析出一个个 <key,value>。

②map。该步骤主要将解析出的 <key,value> 交给用户编写的 Map 函数处理,并产生一系列新的 <key,value>。

③collect。在用户编写的 Map 函数中,数据处理完成后,一般会调用 OutputCollector.collect()收集结果。在该函数内部,它会将生成的 <key,value> 分片(通过 Partitioner),并写入一个环形内存缓冲区中。

④spill。spill 即所谓的“溢写”,指当环形缓冲区被填满后,MapReduce 会将数据写到本地磁盘上,生成一个临时文件。在将数据写入本地磁盘之前,要先对数据进行一次本地排序,并在必要时对数据进行合并、压缩等操作。

⑤combine。当所有数据处理完成后,Map 任务对所有的临时文件进行一次合并,以确

保最终只会生成一个数据文件。

(2)Reduce 阶段可分解为如下 5 个步骤。

①shuffle。此步骤也称为复制(copy)阶段。Reduce 任务从各个 Map 任务上远程复制片数据,并针对某一片数据进行判断,如果该片数据的大小超过一定的阈值则将其写到磁盘上,否则直接将其放到内存中。

②merge。在远程复制的同时,Reduce 任务启动了两个后台线程对内存和磁盘上的文件进行合并,以防止内存使用过多或磁盘上文件过多。

③sort。按照 MapReduce 语义,用户编写的 Reduce 函数的输入数据是按 key 进行聚集的一组数据。为了将 key 相同的数据聚在一起,Hadoop 采用了基于排序的策略。由于各个 Map 任务已经实现了对自己的处理结果的局部排序,因此,Reduce 任务只需要对所有的数据进行一次归并排序。

④reduce。在该阶段中,Reduce 任务将每组数据依次交给用户编写的 Reduce( )函数处理。

⑤write。Reduce( )函数将计算结果写到 HDFS。

2.4 NoSQL 简 介

随着 Web 2.0 的快速发展,非关系型、分布式数据存储得到了快速发展,它们不保证关系型数据的 ACID 特性。这里的 ACID 是指 atomic(原子性)、consistency(一致性)、isolation(隔离性)和 durability(持久性),一个支持事务的数据库必须具有这 4 种特性,否则在事务过程中无法保证数据的正确性。随着大数据时代的到来,越来越多的网站、应用系统需要支撑海量数据存储、高并发请求、高可用、高可扩展性等特性要求,传统的关系型数据库在应付这些变化上暴露出许多难以克服的问题。由此,各种各样的非 SQL 数据库作为传统关系型数据的一个有力补充应运而生并得到迅猛发展。

2.4.1 什么是 NoSQL

NoSQL 的概念在 2009 年被提出来。对 NoSQL 最常见的解释是“non – relational”,“Not Only SQL”也被很多人接受(“NoSQL”一词最早于 1998 年被用作一个轻量级关系型数据库的名字)。NoSQL 主要指代那些非关系型的、分布式的且可不遵循 ACID 原则的数据存储系统。

NoSQL 数据库既可以是关系型数据库,也可以是非关系型数据库。它可以根据需要选择更加适用的数据存储类型。

NoSQL 的整体框架如图 2 – 15 所示。

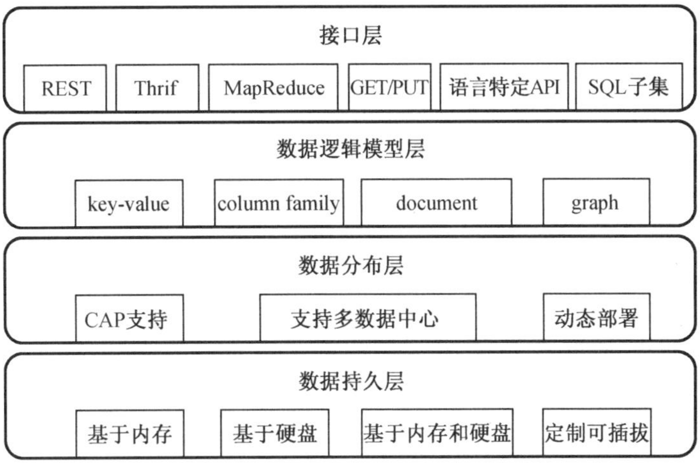

图 2－15　NoSQL 的整体框架

典型的 NoSQL 数据库主要分为键值(key－value)数据库、列存(column－oriented)数据库、图存(graph)数据库和文档(document)数据库。

(1)键值数据库。key－value 存储是最常见的 NoSQL 数据库存储形式。key－value 数据库存储的优势是处理速度非常快,缺点是只能通过键的完全一致查询来获取数据。根据数据的保存方式,该数据库可分为临时性、永久性和两者兼具 3 类。

临时性键值存储是在内存中保存数据,可以进行非常快的保存和读取处理,数据有可能丢失,如 memcached;永久性键值存储是在硬盘上保存数据,可以进行非常快的保存和读取处理,虽然无法与 memcached 相比,但数据不会丢失,如 Tokyo Tyrant、ROMA 等。两者兼具的键值存储可以同时在内存和硬盘上保存数据,进行非常快的保存和读取处理,并且保存在硬盘上的数据不会消失,即使消失也可以恢复,适用于处理数组类型的数据,如 Redis。

(2)列存数据库。普通的关系型数据库都是以行为单位存储数据的,擅长进行以行为单位读取数据。而 NoSQL 的列存数据库是以列为单位存储数据的,因此擅长以列为单位的读取处理。列存数据库可以对少量列进行读取和更新。column－oriented 数据库具有高扩展性,即使增加数据也不会降低处理速度。主要产品有 Bigtable、Apache Cassandra 等。

(3)图存数据库。图存数据库主要是指将数据以图的方式进行存储。实体被作为顶点,实体之间的关系则被作为边。比如有 3 个实体 Steve Jobs、Apple 和 Next,会有 2 个"Founded by"的边将 Apple 和 Next 连接到 Steve Jobs。图存数据库主要适用于关系较强的数据,但适用范围小,因为很少有操作涉及整个图。主要产品如 Neo4j、GraphDB、OrientDB 等。

(4)文档数据库。文档数据库是一种用来管理文档的数据库,与传统数据库的本质区别在于其信息处理基本单位是文档,文档可长、可短,甚至可以无结构。在传统数据库中,信息是可以被分割的离散数据段。文档数据库与文件系统的主要区别在于文档数据库冗余复杂,会占用更多的存储空间,更难于管理维护。文档数据库与关系型数据库的主要区别在于文档数据库允许建立不同类型的非结构化或是任意格式的字段,并且不提供完整性支持。但是它与关系型数据库并不是相互排斥的,它们之间可以相互补充、拓展。文档数据库的两个典型代表是 CouchDB 和 MongoDB。

2.4.2 什么是关系型数据库

关系型数据库是建立在关系模型基础上的数据库，借助集合、代数等数学概念和方法来处理数据库中的数据，即把所有的数据都通过行和列的二元表现形式表示出来，给人以更容易理解的直观感受。现实世界中的各种实体及实体之间的各种联系均可表现为关系模型[18]。

经过数十年的发展，关系型数据库已经变得比较成熟，目前市场上主流的数据库都为关系型数据库，比较知名的有 Sybase、Oracle、Informix、SQL Server 和 DB2 等。

2.4.3 NoSQL 数据库与关系型数据库的比较

NoSQL 数据库和传统的关系型数据库都具备各自的特点，下面从优势、存在的问题、应用现状等方面分析了两种类型数据库。

1. 关系型数据库的优势

相比于其他类型的数据库，关系型数据库有以下几点优势：

(1)容易理解。相对于网状、层次等其他模型来说，关系模型中的二维表结构非常贴近逻辑世界，更容易理解。

(2)便于维护。丰富的完整性，使数据冗余和数据不一致的概率大大降低。

(3)使用方便。操作关系型数据库时，只需要使用 SQL 语言在逻辑层面进行操作即可。

2. 关系型数据库存在的问题

传统的关系型数据库具有高稳定性、操作简单、功能强大、性能良好的特点，同时也积累了大量成功的案例。在 20 世纪 90 年代的互联网领域，应对一个网站的访问量时用单个数据库就已经足够，而且当时静态网页占绝大多数，动态交互类型的网站相对较少。

随着互联网中 Web 2.0 网站的快速发展，微博、论坛、微信等社交网络应用逐渐成为 Web 领域的主流。在应对这些超大规模、高并发的纯动态网站时，传统的关系型数据库就遇到了很多难以解决的问题。同时，根据用户的个性化信息，高并发的纯动态网站一般可以实时生成动态页面和提供动态信息。因为这种数据库有高并发读写的特点，所以数据库并发负载往往会非常高，I/O 请求一般会达到每秒数万次，然而关系型数据库只能应付上万次的 SQL 查询，面对上万次的 SQL 写数据请求，硬盘的 I/O 端就显得无能为力了。

此外，关系型数据库在以下两方面也存在问题：第一，海量数据的高效率存储及访问。对于关系型数据库来说，Web 2.0 网站的用户每天都会产生海量的动态信息，因此在对一张数以亿计的记录表进行 SQL 查询时，效率是极其低下的。第二，数据库的高可用性和高可拓展性。由于 Web 架构的限制，数据库无法通过添加硬件和服务节点来扩展性能和负载能力，尤其对需要提供 24 小时不间断服务的网站来说，数据库系统的升级和扩展只能通过停机来实现，这样会带来巨大的损失。

3. NoSQL 数据库的优势

虽然 NoSQL 只应用在一些特定的领域上，但它足以弥补关系型数据库的不足。NoSQL 的优势主要有以下 4 点：

(1)NoSQL 比关系型数据库更容易扩展。虽然 NoSQL 数据库种类繁多，但它们能够去掉关系型数据库的关系特性，从而使得数据之间无关系，这样就非常容易扩展，进而为架构层面带来可扩展性。

(2)NoSQL 比一般数据库具有更大的数据量,而且性能更高。这主要得益于它的无关系型和数据库的结构简单。比如,在针对 Web 2.0 的交互频繁应用时,由于 MySQL 的 Cache 是大粒度的,性能不高,故在 MySQL 使用 Query Cache 时,每次表更新 Cache 就失败;然而 NoSQL 里的 Cache 是记录级的,是一种细粒度的 Cache,所以就这个层面来说,NoSQL 的性能就高很多了。

(3)NoSQL 具有灵活的数据模型。NoSQL 不需要事先为要存储的数据建立字段,可以随时存储自定义的数据格式。而在关系型数据库里,增删字段却是一件非常麻烦的事情。这一点在 Web 2.0 大数据时代更为明显。

(4)NoSQL 的高可用性。在不太影响其他性能的情况下,NoSQL 可以轻松地实现高可用的架构。例如,Cassandra 模型和 HBase 模型就可以通过复制模型来实现高可用性。

4. NoSQL 数据库存在的问题

(1)缺乏强有力的商业支持。目前绝大多数 NoSQL 数据库是开源项目,没有权威的数据库厂商提供完整服务。用户在使用 NoSQL 产品时,如果出现故障,就只能依靠自己解决,因此在这方面需要承担较大的风险。

(2)成熟度不高。对 NoSQL 数据库的实际应用较少,NoSQL 产品在企业中也并未得到广泛应用。

(3)NoSQL 数据库难以体现实际情况。由于 NoSQL 数据库不存在与关系型数据库中的关系模型一样的模型,因此对数据库的设计难以体现业务的实际情况,增加了设计与维护数据库的难度。

5. NoSQL 数据库的应用现状

NoSQL 数据库存在了十几年,有很多成功应用的案例,近期受欢迎程度更是在不断增加,原因主要有以下两个方面:

(1)随着社交网络和云计算的发展,人们对复杂数据的处理要求提高,以前只在高端组织才会遇到的一些问题,现在已经普遍存在了。

(2)现有的方法随着需求一起扩展,并且很多组织不得不考虑成本增加的现实问题,这就要求它们去寻找性价比更高的方案。

6. 关系型数据库与 NoSQL 数据库结合

分布式存储系统更适合 NoSQL 数据库,现有的 Web 2.0 网站遇到的问题也会迎刃而解。但是 NoSQL 数据库在实际应用中存在的问题又让用户难以放心,这使很多开发人员考虑将关系型数据库与 NoSQL 数据库相结合,在强一致性和高可用性场景下采用 ACID 模型,而在高可用性和拓展性场景下采用 BASE 模型。虽然 NoSQL 数据库可以在性能和拓展性上对关系型数据库进行弥补,但目前 NoSQL 数据库还难以取代关系型数据库,所以才需要把关系型数据库和 NoSQL 数据库结合起来使用,各取所长[19]。

2.4.4　NoSQL 的三大基石

NoSQL 的优势主要得益于它在海量数据管理方面的突出性能。而海量数据管理所涉及的存储放置策略、一致性策略、计算方法、索引技术等都是建立在数据一致性理论的基础上的。数据一致性理论包括 CAP 理论、BASE 模型和最终一致性,这些是 NoSQL 的三大基石。下面对数据一致性理论进行详细介绍。

1. CAP 理论

2000 年,Eric Brewer 在 ACM PODC 会议中提出了 CAP 理论,该理论又被称为 BerwerL 理论。“C”“A”“P”分别代表一致性(consistency)、可用性(availability)、分区容忍性(partition tolerance),如图 2－16 所示。

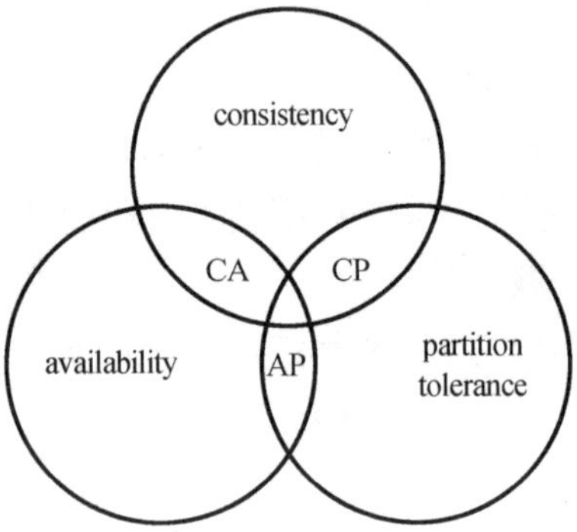

图 2－16　CAP 理论

(1)一致性(consistency)。在分布式计算系统中,执行过某项操作后,所有节点仍具有相同的数据,这样的系统被认为具有一致性。

(2)可用性(availability)。保证每个请求不管成功或失败都有响应。在每一个操作之后,无论操作成功或失败都会在一定时间内返回相应的结果。

一定时间内是指系统操作之后的结果应该在给定的时间内反馈。如果超时则被认为不可用或操作失败。比如,进入系统操作时进行账号登录,在输入相应的登录密码后,如果等待过长时间(如 3 分钟)后系统还没有反馈登录结果,登录者将会一直处于等待状态,无法进行其他操作。

返回结果很重要,假如在登录系统之后,出现的结果是“java. lang. error…”之类的错误信息,这对于登录者来说相当于没有返回结果,因为他无法判断自己的登录状态是成功还是失败,或是需要重新操作。

(3)分区容忍性(partition tolerance)。分区容忍性可以理解为网络由于某种原因被分隔成若干个孤立的区域,并且区域之间互不相通,仍然能够接受请求。当然也有一些人将其理解为系统中任意信息的丢失或失败都不会影响系统的继续运行。

CAP 理论指出,在分布式环境下设计和部署系统时,只能满足上面 3 个特性中的两项,不能满足全部 3 项。所以,设计者必须在 3 个特性之间做出选择。

然而,分布式系统为什么不能同时满足 CAP 理论的 3 个特性呢?

在正常情况下,系统的操作步骤如下:

第一步:A 将 V_0 更新为数据 V_1。

第二步:G_1 将消息 m 发送给 G_2,G_1 中的数据 V_0 更新为 V_1。

第三步：B 读取到 G_2 中的数据 V_1。

上述步骤可用图 2－17 表示。

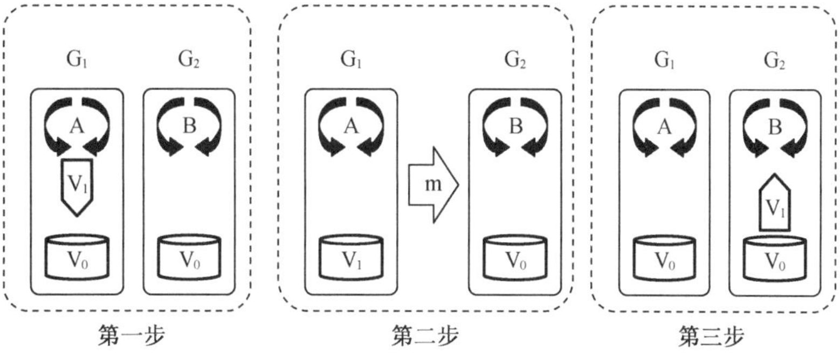

图 2－17　正常情况下系统操作步骤

假设和分别代表网络中的两个节点，这两个节点上存储着同一数据的不同副本，A 和 B 分别是 G_1 和 G_2 上与数据交互的应用程序。

如果第二步发生错误，即 G_1 的消息不能发送给 G_2，此时 B 读取到的就不是更新的数据 V_1，这样就无法满足一致性(C)。如果采用一些技术如阻塞、加锁、集中控制等来保证数据的一致性，那么必然会影响到可用性(A)和分区容忍性(P)。即使给第二步加上一个同步消息，尽管能够保证 B 读取到数据 V_1，但这个同步操作必定会消耗一定的时间，尤其在节点规模为成百上千的时候，不一定能保证可用性。也就是说，在同步的情况下，只能满足"C"和"P"，而不能保证一定满足"A"。

在如图 2－18 所示的例子中，如果有一个事物组 a，不妨将其假设为一组围绕阻塞数据项 V 的工作单元，a_1 为写操作，a_2 为读操作。在一个 local 的系统中，可以利用数据库中的简单锁机制隔离 a_2 中的读操作，直到 a_1 的写成功完成。然而，在分布式的模型中，需要考虑到 G_1 和 G_2 节点，以及使中间消息的同步可以完成。除非能够控制 a_2 何时发生，否则永远无法保证 a_2 可以读到 a_1 写入的数据。所有加入阻塞、隔离、中央化的管理等控制方法，使分区容忍性与 a_1(A)和 a_2(B)的可用性无法并存。

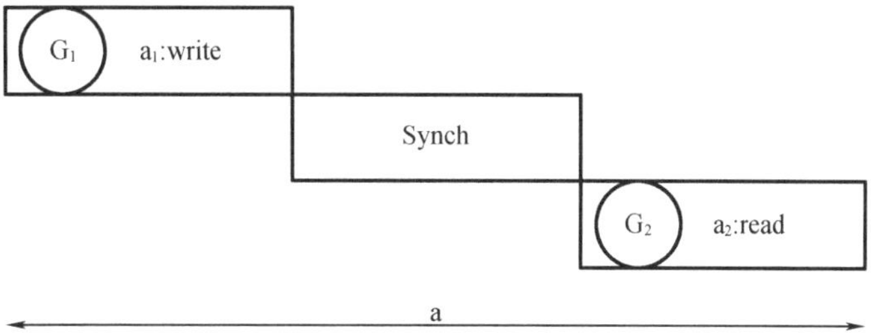

图 2－18　P 与 A 的选择

CAP 中 3 种特性的不同选择如表 2－7 所示。

表 2-7　CAP 中 3 种特性的不同选择

序号	选择	特点	示例
1	C、A	两阶段提交、缓存验证协议	传统数据库、集群数据库、LDAP、GFS 文件系统
2	C、P	悲观加锁	分布式数据库、分布式加锁
3	A、P	冲突处理、乐观	DNS、Coda

如果放弃 P,即使将所有与事务有关的数据放到一台机器上以避免分区带来的负面影响,也会严重影响系统的扩展性。

如果放弃 A,一旦遇到分区容忍故障,受影响的服务需要等待数据一致,并且在这个等待的时间段内,系统是无法对外提供服务的。

如果放弃 C,这里放弃的一致性指的是放弃数据的强一致性,保留最终一致性。

现在看来,如果理解 CAP 理论只是指多个数据副本之间读写一致性的问题,那么,它对关系型数据库与 NoSQL 数据库来讲是完全一样的,只是运行在分布式环境中的数据管理设施在遇到涉及读写一致性问题时需要遵循的一个原则而已,却并不是 NoSQL 数据库具有优秀的水平可扩展性的真正原因。如果将 CAP 理论中的一致性(C)理解为读写一致性、事务与关联操作的综合,则可以认为关系型数据库选择了 C 与 A,而 NoSQL 数据库全都选择了 A 与 P,但并没有选择 C 与 P 的情况存在。也就是说,传统的关系型数据管理系统注重数据的强一致性,但是对于海量数据的分布式存储和处理来说,它的性能不能满足人们的需求,因此现在许多 NoSQL 数据库牺牲了强一致性来提高性能。CAP 理论对于非关系型数据库的设计有很大的影响,这才是对用 CAP 理论来支持 NoSQL 数据库设计的正确认识。这种认识正好与被广泛认同的 NoSQL 的另一个理论基础相吻合,即 BASE。

总之,CAP 是为了探索适合不同应用的一致性(C)与可用性(A)之间的平衡。在没有发生分区时,可以满足完整的 C 和 A,以及完整的 ACID 事务支持;也可以通过牺牲一定的一致性(C),来获得更好的性能和扩展性。在有分区发生时,选择可用性(A),集中关注分区的恢复。需要分区前、中、后期的处理策略,以及合适的补偿处理机制。

2. BASE 模型

BASE 是指 NoSQL 数据库设计可以通过牺牲一定的数据一致性与容忍性来换取高性能的保持甚至是提高,即 NoSQL 数据库都应该是牺牲 C 来换取 P,而不是牺牲 A,A 正好是所有 NoSQL 数据库都普遍追求的特性。

BASE 是缩写,说明如下:基本可用(basically available),即系统能够基本运行、一直提供服务;软状态(soft - state),即系统不要求一直保持强一致状态;最终一致性(eventual consistency),即系统需要在某一时刻后达到一致性要求。

因此,可以将 BASE 定义为 CAP 中 AP 的衍生。在单机环境下,ACID 是数据的属性,而在分布式环境中,BASE 就是数据的属性。BASE 思想主要强调基本的可用性,即如果需要高可用性,也就是纯粹的高性能,那么就要以一致性或容忍性为牺牲。BASE 思想在性能方面还是有潜力可挖掘的。同时,BASE 思想的主要实现有按功能划分数据库和碎片(sharding)。

BASE 与 ACID 是完全对立的两个模型(恰好 BASE 的中文解释为"碱",ACID 的中文解释为"酸")。

ACID 代表的含义如下:原子性(atomicity),即事务中所有操作全部完成或全部不完成;一致性(consistency),即事务开始或结束时,数据库应该处于一致状态;隔离性(isolation),即假定只有事务自己在操作数据库且彼此之间并不知晓;持续性(durability),即一旦失误完成,就不能返回。

随着大数据时代的到来,系统数据(如社会计算数据,网络服务数据等)不断增长,系统对可用性及分区容忍性的要求高于强一致性,并且很难满足事务所要求的 ACID 特征。而保证 ACID 特征是传统关系型数据库中事务管理的重要任务。事务是恢复和并发控制的基本单位。

ACID 与 BASE 的区别如表 2-8 所示。

表 2-8　ACID 与 BASE 的区别

比较内容	ACID	BASE
一致性	强一致性	弱一致性
	隔离性	可用性优先
技术	采用悲观、保守办法	采用乐观方法
	难以变化	适应变化、更简单、更快

3. 最终一致性

要了解最终一致性,就要先了解强一致性和弱一致性。

强一致性是指无论更新操作是在哪个数据副本上执行的,之后所有的读操作都会获得最新数据。

弱一致性是指用户读到某一操作对系统特定数据的更新需要一段时间,这段时间被称为"不一致性窗口"。

最终一致性是弱一致性的一种特例。这种一致性系统保证用户最终能够读到某操作对系统特定数据的更新。

BASE 是通过牺牲一定的数据一致性与分区容忍性来换取高性能的保持甚至提高。这里所说的"牺牲一定的数据一致性"并不是完全不管数据的一致性,否则数据将出现混乱,那么即使系统的可用性再高、分布式再好,也会没有任何利用价值。牺牲一定的数据一致性,是指放弃关系型数据库中要求的强一致性,只要系统能够达到最终一致性即可。

对一致性可以从两个不同的视角来看,即客户端和服务端。如果能容忍后续的部分访问或全部访问看不到更新过的数据,则为弱一致性。如果要求在一段时间后能够访问到更新后的数据,则为最终一致性。

根据更新数据后各进程访问到数据的方式和所花时间的不同,可以将最终一致性模型划分为以下 5 种。

(1)因果一致性。假设存在 A、B、C 3 个相互独立的进程,并对数据进行操作。如果进程A在更新数据操作后通知进程B,那么进程B将读取并一次写入A更新的数据,以保证最终结果的一致性。在遵守最终一致性规则的条件下,系统不保证与进程A无因果关系的进程C一定能够读取该更新操作。

(2)“读己之所写”一致性。当某用户更新数据后,他自己总能够读取到更新后的数据,而且绝不会看到之前的数据。但是其他用户在读取数据时,则不能保证其读取到最新的数据。

(3)会话一致性。这是“读己之所写”一致性模型的实用版本。它把读取存储系统的进程限制在一个会话范围之内,只要会话存在,系统就保证“读己之所写”一致性。这意味着能够保证在提交更新操作的用户从同一会话里读取数据时数据是最新的。

(4)单调读一致性。如果用户已经读取某数值,那么任何后续操作都不会再返回到该数据之前的值。

(5)单调写一致性。系统保证来自同一进程的更新操作按时间顺序执行,也叫作时间轴一致性。

以上5种最终一致性模型可以进行组合。例如,“读己之所写”一致性与单调读一致性就可以组合,即读取自己更新的数据且一旦读取到最新数据将不会再读取之前的数据。从实践的角度来看,这两者的组合对于此架构上的程序开发来说会减少额外的烦恼。

至于系统选择哪一种一致性模型或哪种一致性模型的组合,取决于应用对一致性的需求,而所选取的一致性模型会影响系统处理用户请求及对副本维护技术的选择。

为了一致性考虑,分布存储在不同节点的数据将采用不同的数据一致性技术。例如,在关系型数据管理系统中一般会采用悲观办法(如加锁),而在一些强调性能的系统中则会采用乐观方法。

从服务端角度来看,如何尽快将更新后的数据分布到整个系统,降低达到最终一致性的时间窗口,是提高系统的可用度和用户体验的非常重要的方面。这里主要讲解以下两种保证最终一致性的技术——Quorum系统的NRW策略和两段提交协议(two - phase commitment protocol,2PC协议)。

第一,Quorum系统的NRW策略。对于分布式数据系统,Quorum系统的一致性协议有个关键值:N为数据副本数;W指写入数据时保证写完成所需的最小节点数;R指读取数据时保证读完成所需的最小节点数。

如果$W+R>N$,即写的节点和读的节点存在重叠,则是强一致性。也就是说,在该策略中,只需要保证$W+R>N$,就可以保证强一致性。当$W+R>N$时,会产生与Quorum类似的效果。该模型中的读(写)延迟由最慢的$R(W)$副本决定。有时为了获得较高的性能和较小的延迟,R和W之和可能小于N,这时系统不能保证读操作能获取最新的数据。

例如,当$N=3,W=2,R=2$时,表示系统中数据副本数为3,在进行写操作时,需要等待至少两个副本完成了改写操作,系统才会返回执行成功的状态,对于读操作,系统有同样的特征。对于典型的一主一备同步复制的关系型数据库,当$N=2,W=2,R=1$时,无论读的是主库还是备库,都是强一致性。

对于典型的一主一备异步复制的关系型数据库,当$N=2,W=2,R=1$时,如果读的是备库,就可能无法读取主库中已经更新过的数据,所以是弱一致性。

对于分布式系统，为了保证高可用性，一般设置 $N \geq 3$。当 R 和 W 的值较小时，会影响一致性；当 R 和 W 的值较大时，会影响性能。因此，设置不同的 N、W、R 组合，是在可用性和一致性之间取一个平衡，以适应不同的应用场景。

以下是几种特殊场景：

当 $N = W$，$R = 1$ 时，系统对写操作的要求较高。任何一个节点失效，都会导致写失败，同时可用性降低。但是由于数据分布的 N 个节点是同时写入的，因此可以保证强一致性。

当 $N = R$，$W = 1$ 时，系统对读操作的要求较高。但只需要一个节点写入成功即可，写性能和可用性都比较高。若 N 个节点中有节点发生故障，那么读操作将不能完成。这种情况下，如果 $W < (N+1)/2$，并且写入的节点不重叠的话，则会存在写冲突。

当 $R = (N+1)/2$，$W = (N+1)/2$ 时，系统兼顾了性能和可用性，在读与写之间取得平衡。Dynamo 系统的默认设置就是这种，即 $N = 3$，$W = 2$，$R = 2$。

第二，两段提交协议（2PC 协议）。两段提交协议可以保证数据的强一致性。它把本地原子性提交行为的效果扩展到分布式事务，保证了分布式事务提交的原子性，并在不损坏日志的情况下，实现故障的快速恢复，提高了分布式数据库系统的可靠性。

在两段提交协议中，系统一般包含两类节点（或机器）——协调者（Coordinator）和参与者（Participants）。一般情况下，一个系统里只有一个协调者，而系统事务参与者则通常包含多个，这在数据存储系统中可以理解为多个数据副本。两类节点之间的关系框架如图 2－19 所示。

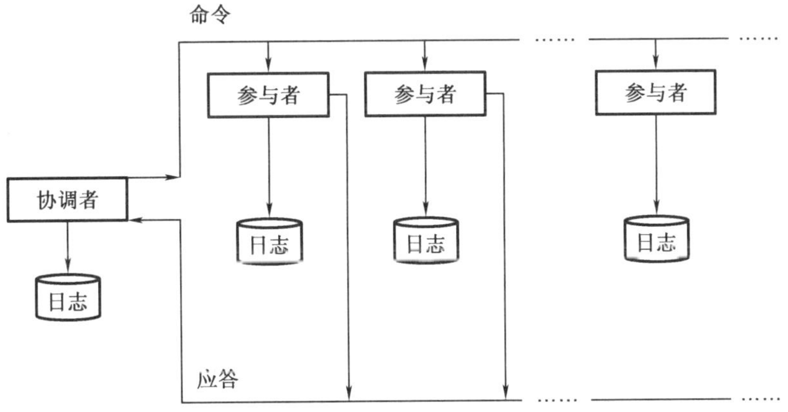

图 2－19　协调者与参与者之间的关系框架

需要注意的是，一般情况下，只有协调者才有掌握提交或撤销事务的决定权，而其他参与者各自负责在其本地数据库中执行写操作，并向协调者提出撤销或提交子事务的意向。但是在两段提交协议中，允许参与者单方面撤销事务。一旦参与者确定了提交或撤销建议，则不能再更改其提议，并且当参与者处于就绪状态时，根据协调者发出的消息的种类，参与者可以转换为提交状态或撤销状态。协调者依据全局提交规则做出全局终止决定。注意协调者和参与者可能进入某些相互等待对方发送消息的状态。为了确保它们能够从这些状态中退出并终止，要使用定时器。在每个进程进入一个状态时都要设置定时器。如果所期待的消息在定时器超时之前没有到来,定时器向进程报警,进程会在此时调用自身的超时协议。

两段提交协议的两个阶段指的是请求阶段(commit－request phase,或称表决阶段)和提交阶段(commit phase,或称执行阶段)。图2－20、图2－21所示为两阶段提交协议活动。

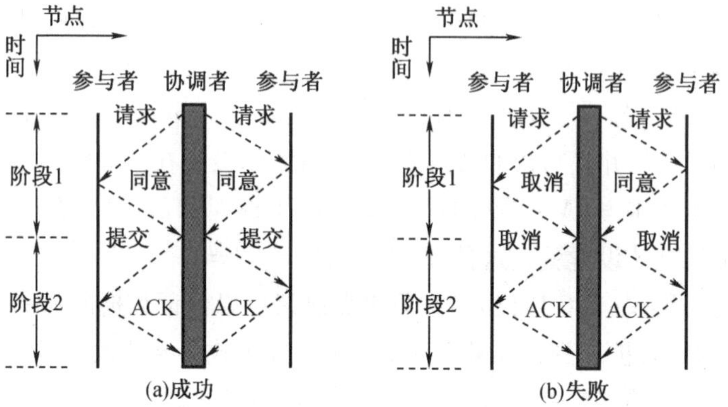

图2－20　两段提交协议1

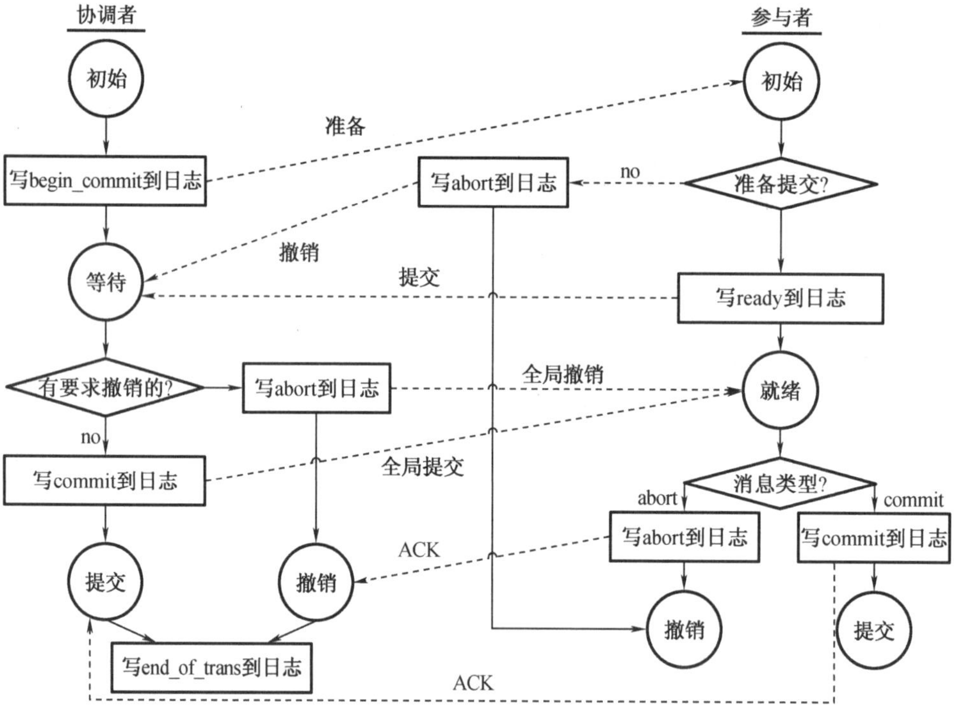

图2－21　两阶段提交协议2

阶段1:请求阶段。在请求阶段,协调者将通知事务参与者准备提交或取消事务,然后进入表决进程。在表决进程中,参与者将告知协调者自己的决策——同意或取消。如果同意,则事务参与者本地作业执行成功;如果取消,则事务参与者本地作业执行故障。

阶段 2:提交阶段。在提交阶段,协调者将根据请求阶段的投票结果进行决策——提交或取消[向协调者发送应答(ACK)消息]。当且仅当所有参与者同意提交事务时,协调者才通知所有参与者提交事务,否则协调者将通知所有参与者取消事务。参与者在接收到协调者发来的消息后将执行相应的操作。

图 2-21 描述了协调者和参与者之间的两阶段提交协议活动,这里参与者只有一个。图中圆形表示状态,虚线表示协调者和参与者之间的消息。

两段提交协议最大的缺点在于它是通过阻塞完成的协议,节点在等消息的时候处于阻塞状态,节点中的其他进程也需要等待阻塞进程释放资源。如果协调者发生故障,那么参与者将由于无法完成事务而一直等待下去。

如果参与者同意提交消息给协调者,但恰逢协调者发生永久故障,那么参与者将会一直等待,导致节点发生永久阻塞。同样,当协调者发送请求提交消息给参与者时,如果存在某个参与者发生永久故障,协调者将在某一时间内通知其他参与者取消该事务,不会一直阻塞。由于两段提交协议没有容忍机制,因此如果一个节点发生故障,那么整个事务都将取消,而这也将付出较大的代价。

2.5　本章小结

大数据的应用已经随着海量数据的产生越来越被人们重视,有关大数据应用的架构和技术也日益被人们熟知,本章探讨了大数据应用的总体架构和关键技术,其中包括大数据的业务目标、架构设计原则、总体架构参考模型和总体架构的特点。在大数据关键技术方面,本章主要从大数据存储方面的典型应用 Hadoop 来介绍分布式存储和计算平台,以 HDFS 分布式文件系统来介绍大数据处理技术;重点介绍了 MapReduce 分布式计算框架,还介绍了一种随着大数据的出现而产生的数据存储系统——NoSQL。NoSQL 数据库既可以是关系型数据库,也可以是非关系型数据库。它可以根据需要选择更加适用的数据存储类型,具有比关系型数据库更容易扩散,比一般数据库具有更大的数据量、更灵活的数据模型和高可用性等优势。

第 3 章　大数据高级分析技术

经过数据获取与数据预处理,得到可以直接建模的数据。根据挖掘目标和数据形式可以建立分类与预测、聚类分析、关联规则、智能推荐等模型,帮助企业提取数据中蕴含的商业价值,提高企业的竞争力。

3.1　分类与预测

餐饮企业经常会碰到下面的问题:

如何预测未来一段时间内,哪些顾客会流失,哪些顾客最有可能会成为 VIP 客户?

如何预测一种新产品的销售量,以及该产品在哪种类型的客户中会较受欢迎?

除此之外,餐厅经理需要通过数据分析来了解具有某些特征的顾客的消费习惯,餐饮企业老板希望知道下个月的销售收入、采购原材料需要投入多少,这些都是分类与预测的实例。

分类与预测是预测问题的两种主要类型,分类主要是预测分类标号(离散属性),而预测主要是建立连续值函数模型,预测给定自变量对应的因变量的值[20]。

3.1.1　实现过程

1. 分类

分类是构造一个分类模型,输入样本的属性值后,输出对应的类别,将每个样本映射到预先定义好的类别。

因为分类模型建立在已有类标记的数据集上,可以方便地计算模型在已有样本上的准确率,所以分类属于有监督的学习。

2. 实现过程

分类模型的实现过程如图 3 - 1 所示。

分类算法有两步:第一步是学习步,通过归纳分析训练集来建立分类模型并得到分类规则;第二步是分类步,先用已知的测试集评估分类规则的准确率,如果准确率是可以接受的,则使用该模型对类标号未知的待分类样本进行预测。

预测模型的实现也有两步,类似于图 3 - 1 描述的分类模型。第一步是通过训练集建立预测属性(数值型的)的函数模型,第二步在模型通过检验后进行预测。

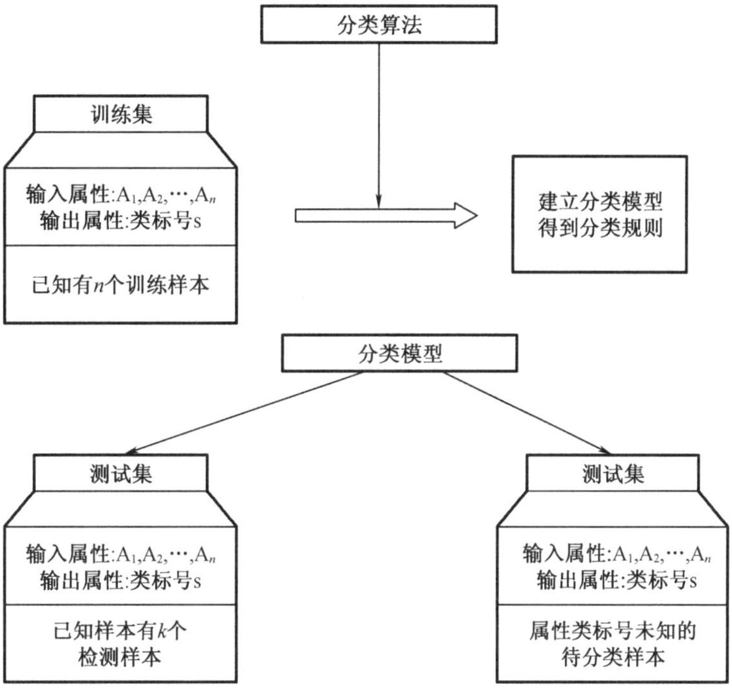

图 3－1　分类模型的实现过程

3.1.2　常用的分类与预测算法

常用的分类与预测算法如表 3－1 所示。

表 3－1　常用的分类与预测算法

算法名称	算法描述
回归分析	回归分析是确定预测属性（数值型）与其他变量间相互依赖的定量关系的最常用的统计学方法，包括线性回归、非线性回归、Logistic 回归、零回归、主成分回归、偏最小二乘回归等模型
决策树	决策树采用自顶向下的递增方式，在内部节点比较属性值，并根据不同的属性值从该节点向下分支，最终得到的叶节点是学习划分的类
随机森林	在机器学习中，随机森林(random forest)是一个包含多个决策树的分类器，并且其输出的类别是由个别树输出的类别的众数确定的
贝叶斯网络	贝叶斯网络又称信度网络，是贝叶斯(Bayes)方法的扩展，是目前不确定知识表达和推理领域最有效的理论模型之一
支持向量机	支持向量机是一种通过某种非线性映射，把低维的非线性可分转化为高维的线性可分，在高维空间进行线性分析的算法

3.1.3 分类算法之一——决策树

决策树方法在分类、预测、规则提取等领域有着广泛应用。在 20 世纪 70 年代后期和 20 世纪 80 年代初期，机器学习研究者 J. Ross Quinlan 提出 ID3 算法后，决策树在机器学习、数据挖掘领域得到了极大的发展。Quinlan 后来又提出了 C4.5 算法，该算法成为新的监督学习算法。1984 年，几位统计学家提出了 CART 分类算法。ID3 算法和 CART 算法几乎同时被提出，便于人们采用类似的方法从训练样本中学习并建立决策树。

决策树是一种树状结构，它的每一个叶节点对应一个分类，非叶节点对应某个属性上的划分，根据样本在该属性上的不同取值将其划分成若干子集。对于非纯的叶节点，多数类的标号给出到达这个节点的样本所属的类。构造决策树的核心问题是在每一步如何选择适当的属性来对样本进行拆分[21]。对于一个分类问题，从已知类标记的训练样本中学习并构造出决策树是一个自上而下、分而治之的过程。

常用的决策树算法如表 3－2 所示。

表 3－2　常用的决策树算法

决策树算法	算法描述
ID3 算法	其核心是在决策树的各级节点上，以信息增益方法为属性的选择标准，来帮助确定生成每个节点时应采用的合适属性
C4.5 算法	相较于 ID3 算法，C4.5 算法的重要改进是使用信息增益来选择节点属性。C4.5 算法可以克服 ID3 算法存在的不足：ID3 算法只适用于离散的描述属性，而 C4.5 算法既能够处理离散的描述属性，又可以处理连续的描述属性
CART 算法	CART 算法是一种十分有效的非参数分类和回归方法，通过构建树、修剪树、评估树来构建一个二叉树。当终节点是连续变量时，该树为回归树；当终节点是分类变量时，该树为分类树

因为 ID3 算法是最经典的决策树分类算法，也是典型应用，下面对其进行详细介绍。

1. ID3 算法简介及基本原理

ID3 算法是由 Quinlan 首先提出的，以信息熵和信息增益为衡量标准。它以当前样本集中具有最大信息增益的属性为测试属性；对样本集的划分则依据测试属性的取值进行，测试属性有多少个不同取值，就将样本集划分为多少个子样本集，同时决策树上相应于该样本集的节点长出新的叶子节点。因此，ID3 算法在每个非叶节点选择信息增益最大的属性作为测试属性，这样可以得到当前情况下最纯的拆分，从而得到较小的决策树。

设 S 是 s 个数据样本的集合。假定类别属性具有 m 个不同的值 $C_i(i=1,2,\cdots,m)$。设 m 是类中的样本数。对一个给定的样本，它总的信息熵如式(3－1)所示：

$$I(s_1,s_2,\cdots,s_m) = -\sum_{i=1}^{m} P_i\log_2(P_i) \tag{3-1}$$

式中，P_i 是任意样本属于 C_i 的概率，一般可以用$\frac{s_i}{s}$估计。

设一个属性 A 具有 k 个不同的值 $\{a_1,a_2,\cdots,a_k\}$，利用属性 A 将集合 S 划分为 k 个子集 $\{s_1,s_2,\cdots,s_k\}$，其中 S_j 包含了集合 S 中属性 A 取值 a_j 的样本。若选择属性 A 为测试属性，则这些子集就是从集合 S 的节点生长出来的新叶节点。设 S_{ij} 是子集 S_j 中类别为 C_i 的样本数，则根据属性 A 划分样本的信息熵值为

$$E(A)=\sum_{j=1}^{k}\frac{s_{1j}+s_{2j}+s_{3j}+\cdots+s_{mj}}{s}I(s_{1j},s_{2j},\cdots,s_{mj}) \tag{3-2}$$

式中，$I(s_{1j},s_{2j},\cdots,s_{mj})=-\sum_{i=1}^{m}P_{ij}\log_2(P_{ij})$，$P_{ij}=\frac{s_{ij}}{s_{1j}+s_{2j}+\cdots+s_{mj}}$ 是子集 S_j 中类别为 C_i 的样本的概率。

最后，用属性 A 划分样本集 S 后所得的信息增益（*Gain*）为

$$Gain(A)=I(\mathrm{s}_1,\mathrm{s}_2,\cdots,\mathrm{s}_\mathrm{m})-E(A) \tag{3-3}$$

显然 $E(A)$ 越小，$Gain(A)$ 的值越大，说明选择测试属性 A 对于分类提供的信息越大，选择 A 之后对分类的不确定程度越小。属性 A 的 h 个不同值对应样本集 S 的 h 个子集或分支，通过递归调用上述过程（不包括已经选择的属性），生成其他属性作为节点的子节点和分支来生成整个决策树。ID3 决策树算法作为一个典型的决策树学习算法，核心是在决策树的各级节点上都用信息增益作为判断标准来选择属性，使得在每个非叶节点上进行测试时，都能获得最大的类别分类增益，使分类后的数据集的熵最小。这样的处理方法使树的平均深度较小，从而有效提高了分类效率。

2. ID3 算法的具体流程

ID3 算法的具体实现步骤如下：

第一步：对当前样本集合计算所有属性的信息增益。

第二步：选择信息增益最大的属性作为测试属性，把测试属性取值相同的样本划为同一个子样本集。

第三步：若子样本集的类别属性只含有单个属性，则分支为叶子节点，判断其属性值并标上相应的符号，然后返回调用处；否则对子样本集速归调用本算法。

下面结合餐饮案例介绍实现 ID3 的具体步骤。T 餐饮企业作为大型连锁企业，生产的产品种类比较多，还有处于不同位置的分店，数目比较多。对于企业的领导层来讲，了解周末和非周末的销量是否有大的区别，以及天气、促销活动这些因素能否影响门店的销量等信息至关重要。因此，为了让领导层准确了解和销量有关的一系列影响因素，需要构建模型来分析天气、是否是周末和是否有促销活动对销量的影响，下面以单个门店为例进行分析。

对于天气属性，数据源中存在多种不同的值，这里将属性值相近的进行类别整合。例如，天气为“多云”“多云转晴”“晴”这些属性值相近，均是适宜外出的天气，不会对产品销量有太大的影响，因此将它们归为一类，将天气属性值设置为“好”；同理，“雨”“小到中雨”等天气均是不适宜外出的天气，因此将它们归为一类，将天气属性值设置为“坏”。

对于是否是周末属性，将周末设置为“是”，将非周末设置为“否”。

对于是否有促销活动属性，将有促销设置为“是”，将无促销设置为“否”。

产品的销量为数值型，需要对属性进行离散化，将销售数据划分为“高”和“低”两类。

以销量平均值为分界点，将大于平均值的销量划分到“高”类别，将小于平均值的销量划分到“低”类别。

经过数据预处理，得到的数据集合如表 3－3 所示。

表 3－3　处理后的数据集

序号	天气	是否周末	是否有促销	销量
1	坏	是	是	高
2	坏	是	是	高
3	坏	是	是	高
4	坏	否	是	高
…	……	……	……	……
32	好	否	是	低
33	好	否	否	低
34	好	否	否	低

采用 ID3 算法构建决策树模型的具体步骤如下：

(1) 根据式(3－1)，计算总的信息熵，其中数据中总记录数为 34，销量为“高”的记录数为 18，销量为“低”的记录数为 16，可表示为(18,16)。

$$I(18,16) = -\frac{18}{34}\log_2\frac{18}{34} - \frac{16}{34}\log_2\frac{16}{34} = 0.997\ 503$$

(2) 根据式(3－2)和(3－3)，计算每个测试属性的信息熵。

对于天气属性，其属性值有“好”和“坏”两种。其中，在天气属性值为“好”的条件下，销量为“高”的记录数为 11，销量为“低”的记录数为 6，可表示为(11,6)；在天气属性值为“坏”的条件下，销量为“高”的记录数为 7，销量为“低”的记录数为 10，可表示为(7,10)。则天气属性的信息熵计算过程如下：

$$I(11,6) = -\frac{11}{17}\log_2\frac{11}{17} - \frac{6}{17}\log_2\frac{6}{17} = 0.936\ 667$$

$$I(7,10) = -\frac{7}{17}\log_2\frac{7}{17} - \frac{10}{17}\log_2\frac{10}{17} = 0.977\ 418$$

$$E(\text{天气}) = \frac{17}{34}I(11,6) + \frac{17}{34}I(7,10) = 0.957\ 043$$

是否是周末属性的属性值有“是”和“否”两种。在是否是周末属性值为“是”的条件下，销量为“高”的记录数为 11，销量为“低”的记录数为 3，可表示为(11,3)；在是否是周末属性值为“否”的条件下，销量为“高”的记录数为 7，销量为“低”的记录数为 13，可表示为(7,13)。则是否是周末属性的信息熵计算过程如下：

$$I(11,3) = -\frac{11}{14}\log_2\frac{11}{14} - \frac{3}{14}\log_2\frac{3}{14} = 0.749\ 595$$

$$I(7,13) = -\frac{7}{20}\log_2\frac{7}{20} - \frac{13}{20}\log_2\frac{13}{20} = 0.934\ 068$$

$$E(\text{是否是周末})=\frac{14}{34}I(11,3)+\frac{20}{34}I(7,13)=0.858\ 109$$

是否有促销属性的属性值有“是”和“否”两种。在是否有促销属性值为“是”的条件下，销量为“高”的记录数为 15，销量为“低”的记录数为 7，可表示为（15，7）；在是否有促销属性值为“否”的条件下，销量为“高”的记录数为 3，销量为“低”的记录数为 9，可表示为（3，9）。则是否有促销属性的信息熵计算过程如下：

$$I(15,7)=-\frac{15}{22}\log_2\frac{15}{22}-\frac{7}{22}\log_2\frac{7}{22}=0.902\ 393$$

$$I(3,9)=-\frac{3}{12}\log_2\frac{3}{12}-\frac{9}{12}\log_2\frac{9}{12}=0.811\ 278$$

$$E(\text{是否有促销})=\frac{22}{34}I(15,7)+\frac{12}{34}I(3,9)=0.870\ 235$$

（3）根据式（3－3），计算天气、是否是周末和是否有促销属性的信息增益。

$$Gain(\text{天气})=I(18,16)-E(\text{天气})=0.997\ 503-0.957\ 043=0.040\ 46$$

$$Gain(\text{是否是周末})=I(18,16)-E(\text{是否是周末})=0.997\ 503-0.858\ 109=0.139\ 394$$

$$Gain(\text{是否有促销})=I(18,16)-E(\text{是否有促销})=0.997\ 503-0.870\ 235=0.127\ 268$$

（3）由（3）的计算结果可知，是否是周末属性的信息增益最大，以其两个属性值“是”和“否”作为该根节点的两个分支。然后按照（1）～（3）的方法继续对该根节点的 3 个分支划分节点，针对每一个分支节点继续计算信息增益，如此循环往复，直到没有新的节点分支，最终构成一棵决策树。ID3 生成的决策树模型如图 3－2 所示。

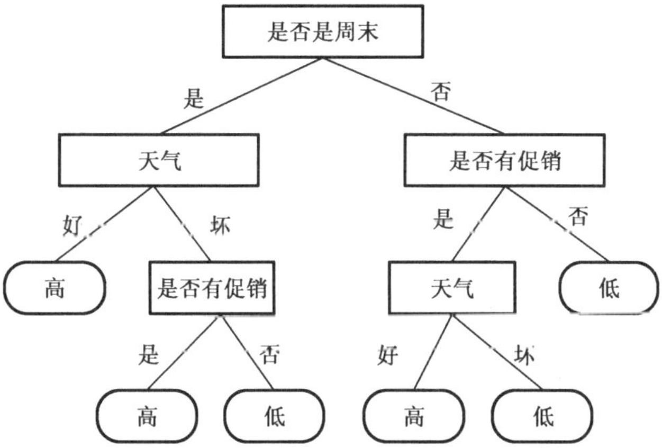

图 3－2 ID3 生成的决策树模型

从上面的决策树模型可以看出门店销量的高低和各个属性之间的关系，并可以提取出以下决策规则：

若是否是周末属性值为“是”，天气属性值为“好”，则销量为“高”；

若是否是周末属性值为“是”，天气属性值为“坏”，是否有促销属性值为“是”，则销量为“高”；

若是否是周末属性值为“是”，天气属性值为“坏”，是否有促销属性值为“否”，则销量为“低”；

若是否是周末属性值为“否”，是否有促销属性值为“是”，天气属性值为“好”，则销量为“高”；

若是否是周末属性值为“否”，是否有促销属性值为“是”，天气属性值为“坏”，则销量为“低”。

由于ID3决策树算法采用信息增益作为选择测试属性的标准，会偏向于选择取值较多的，即所谓的高度分支属性，而这类属性并不一定是最优的属性。同时ID3决策树算法只能处理离散属性，对于连续性的属性，在分类前需要对其进行离散化。为了解决倾向于选择高度分支属性的问题，采用信息增益率作为选择测试属性的标准，这样便得到C4.5决策树算法。常用的决策树算法还有CART算法、SLIQ算法、SPRINT算法和PUBLIC算法等。

3.1.4 Mahout中随机森林算法的实现原理

在Mahout中，随机森林算法由3大部分组成：根据原始数据生成描述性文件；根据描述性文件、输入数据和其他参数应用决策树算法生成多棵决策树；把这些决策树进行转换以生成随机森林模型。使用测试数据对生成的随机森林模型进行评估，分析该模型的好坏。

1. 生成描述性文件

在生成描述性文件之前，先要了解原始输入训练数据集，如每个特征属性的数据格式。数据格式一般指属性是离散的还是连续的。还应知道这个训练数据集是否含有不参与建模的属性列，比如，有些数据集第一列是行号，这一般在建模时是不需要的；还有一些数据集含有一些描述性列。了解诸如此类的前提后，就可以生成描述性文件了。

下面介绍生成描述性文件的策略。

(1)提供每个属性列的描述(不参加建模的属性列用I表示，离散型的属性列用C表示，连续的属性列用N表示，输出类别的属性列用L表示)。

(2)根据这个描述遍历输入训练数据集，针对每条训练数据集中的记录使用属性列描述进行分析，即进行描述一致性检查。具体分析如下：

①如果这列属性的描述是I，则只需要记录这个属性列属于第几个属性列，即属性列下标，然后继续判断其他属性列。

②如果这列属性的描述是N，则把这个属性列的值转换为数值。转换出错，说明这条记录与描述文件不符，退出并分析下一条记录。

③如果这列属性的描述是C，则把这个属性值存入一个不可重复的set中，并用set的下标来表示这个属性值，用于后面的计算。

④如果这列属性的描述是L，则按照C的格式存储，同时记录这个属性列的下标。

(3)如果上面的属性列都通过了描述一致性检查，则把保存输入文件总记录数的变量*Num*进行加1操作。最后把用户提供的属性列描述为I、L的属性列下标记录，属性列描述为C的所有列，以及记录文件总记录条数的变量*Num*全部存入数据描述性文件即可。

一个引用上面的策略生成描述性文件的训练数据如表3-4所示。

表 3-4　随机森林算法的输入训练数据

ID	X1	X2	X3	Y
1	3.9	0.3	Ⅰ	1
2	2.0	4.0	Ⅱ	1
3	3.2A	2.0	Ⅰ	2
4	9.0	2.2	Ⅲ	3
5	2.0	3.9	Ⅰ	2

按照上面生成的描述性文件生成策略可以得到生成的描述性文件的各个变量。提供属性列的描述性字符串[I2NCL],其中[2N]其实就等于[NN]。根据这样的规则,要先将属性列描述性字符串转换为[Ignore,Numerical,Numerical,Categorical,Categerical],然后存入描述性文件。属性列 X3 的列表为[Ⅰ Ⅱ Ⅲ](顺序是随机的),属性列 Y 的列表为[1 3 2](顺序同样是随机的),然后把这两个列表都存入描述性文件。最后输入数据集的记录条数,这里应该是 4,而不是 5,因为第 3 条记录不能作为输入数据集中的一条。

2. 生成随机森林模型

这一步主要包括 3 个操作:建立一棵决策树;把所有建好的决策树转化为随机森林模型;把随机森林模型存入文件。

(1)建立一棵决策树。建立一棵决策树其实是这一步中最重要的操作。建树的过程可以使用图 3-3 所示的算法流程来分析。先对原始数据采用统计学中的 bootstrap 方法进行抽样,形成新的数据集(dataset),然后随机抽取 m 个属性,分别对这些属性进行增益计算(增益计算参考熵计算),得到最大增益属性。这个最大增益属性就是这棵决策树的根节点,依据最大增益属性又可以把数据集分为两个或多个部分(若属性为数值型,则数据集分为两个部分,否则分为多个部分)。把数据分为若干部分后,就可以递归调用建树方法来创造根节点的子树了。

这个算法的结束条件是当整棵树都建立完成时。当数据集容量小于给定阈值时不是算法结束的时候。

(2)将决策树转换为随机森林模式。在建树阶段,每次建立一棵树后就会将其写入文件中,所以到最后,所有的树都在一个文件中。而这一步就是读取这个文件,然后把这些决策树封装在一个链表中并存入一个变量,这个变量就是随机森林变量模型。

(3)存储随机森林模型。存储随机森林模型就是把(2)中产生的随机森林变量模型存入 HDFS 文件系统,方便在后面的评估阶段读取随机森林模型。

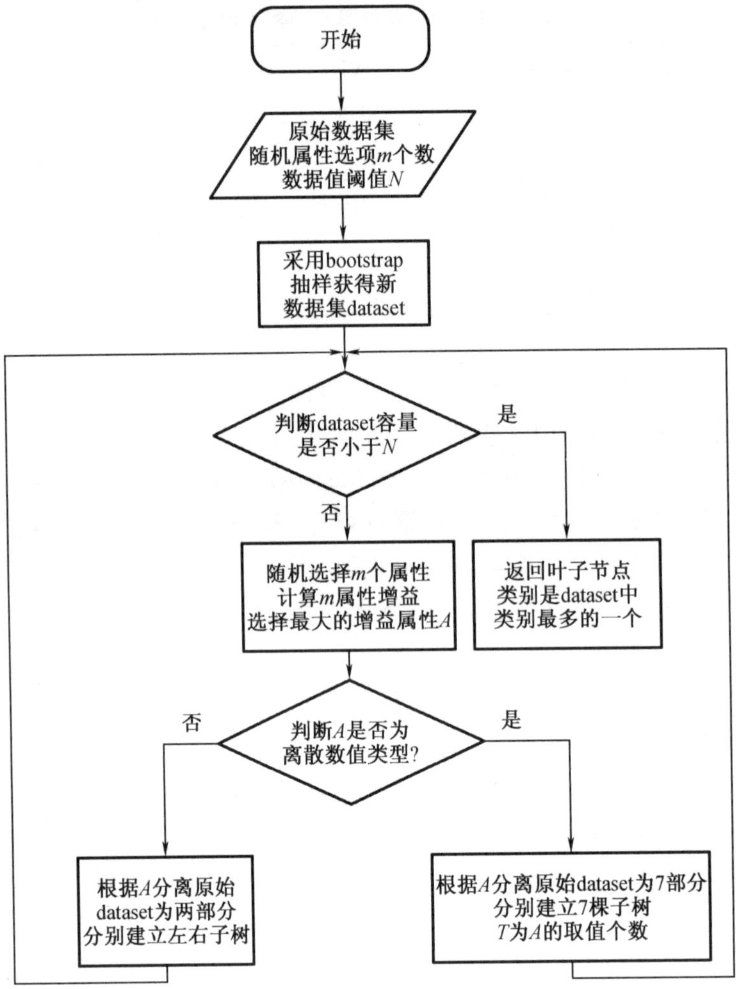

图 3-3 决策树建树算法流程

3. 随机森林模型评价

评价随机森林模型的最主要的参数是分类的正确率，附加输出还有一个混淆矩阵。混淆矩阵的一般形式如表 3-5 所示。

表 3-5 混淆矩阵的一般形式

a	*b*	*c*	*d*	*e*	*f*	< - - Classified as		
15	0	2	0	0	0	17	*a*	=3
0	76	0	0	0	0	76	*b*	=2
0	2	68	0	0	0	70	*c*	=1
0	0	1	28	0	0	29	*d*	=7
0	0	0	0	9	0	9	*e*	=6
0	0	0	1	0	12	13	*f*	=5

这一步的流程如图 3－4 所示，只是在进行 i＋＋操作时，并不是简单的 i＋＋，除了通过 i/N 得到最后的正确率，还要对混淆矩阵进行相应的初始化操作，这样才能得到最后的混淆矩阵。

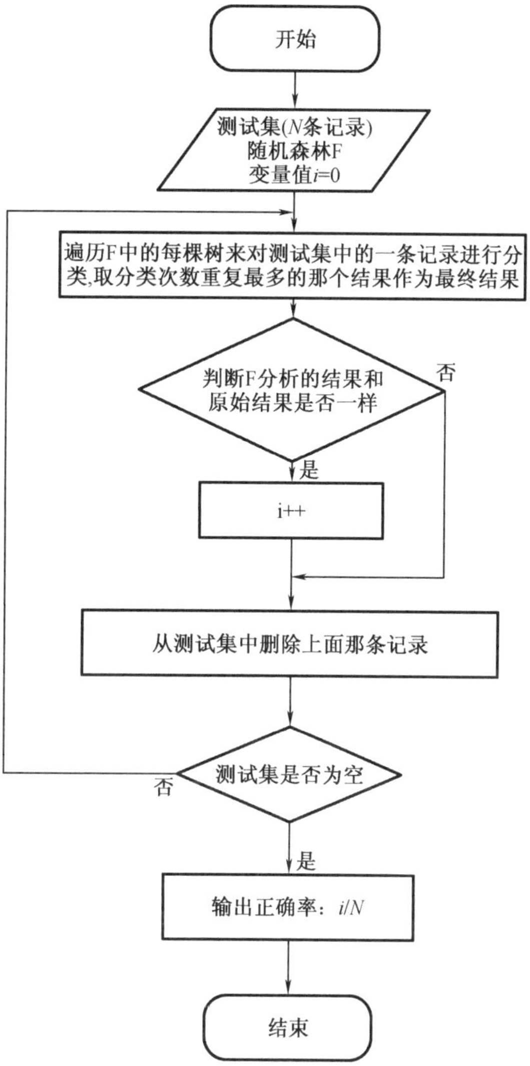

图 3－4　随机森林模型评价的流程图

Mahout 的随机森林算法的基本原理及其分布式策略如图 3－5 所示。

这里先根据提供的分片大小来对原始数据进行分片，分片后可以针对每个分片建立一个 Map 任务，这样可以使集群的所有节点都参与计算，达到并行的目的。但是这里也有不足的地方，关于分片的大小：如果分片太大，那么可能只有一个分片，这样就达不到并行的目的；如果分片太小，每一个分片数据包含的数据不足以涵盖原始数据集的大部分特征，这样得到的随机森林模型的效果会很差。这两种结果都不是我们想看到的，所以对分片大小需要慎重考虑。

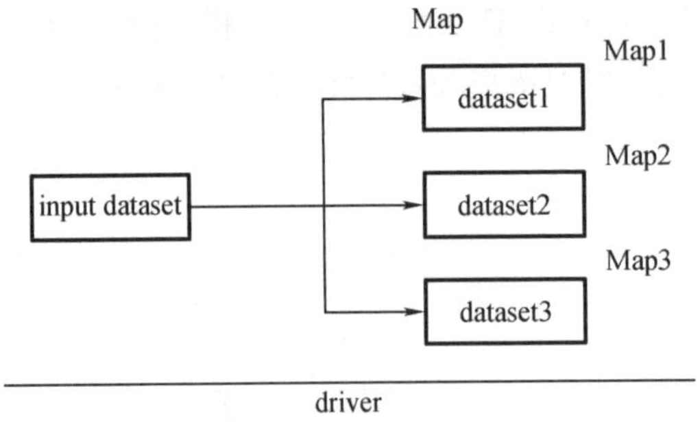

图 3－5 随机森林算法的基本原理及其分布式策略

3.2 聚类分析

餐饮企业经常会碰到如下问题：

如何通过对餐饮客户消费行为的测量，进一步评判餐饮客户的价值和细分餐饮客户，找到有价值的客户群和需关注的客户群?

如何合理分析菜品，以便区分哪些菜品既畅销，毛利又高；哪些菜品不但滞销，而且毛利低?

餐饮企业遇到的这些问题，可以通过聚类分析解决。

3.2.1 常用聚类分析算法

与分类不同，聚类分析是在没有给定划分类别的情况下，根据数据相似度进行样本分组的一种方法。与分类模型需要使用有类标记样本构成的训练数据不同，聚类模型可以建立在无类标记的数据上，是一种非监督的学习算法。聚类的输入是一组未被标记的样本，聚类根据数据自身的距离或相似度将它们划分为若干组，划分的原则是组内样本（内部距离）最小化而组间（外部）距离最大化，如图 3－6 所示。

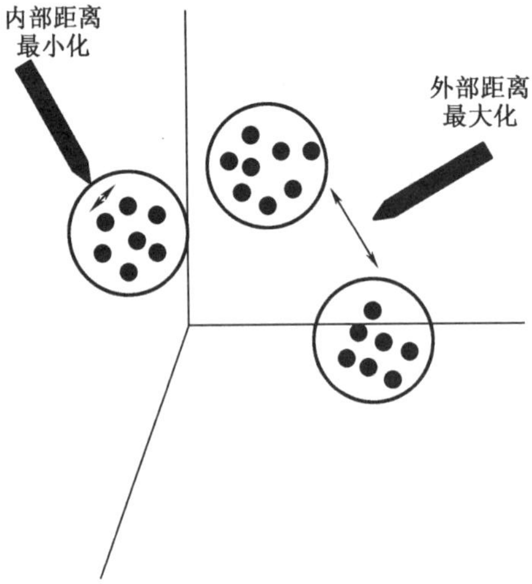

图 3－6 聚类的划分原则

常用的聚类方法如表 3－6 所示。

表 3－6　常用的聚类方法

类别	包括的主要算法
划分(分裂)方法	K－Means 算法(K－均值)、K－MEDOIDS 算法(K－中心点)、CLARANS 算法(基于选择的算法)
层次分析方法	BIRCH 算法(平衡迭代规约和聚类)、CURE 算法(代表点聚类)、CHAMELEON 算法(动态模型)
基于密度的方法	DBSCAN 算法(基于高密度连接区域)、DENCLUE 算法(密度分布函数)、OPTICS 算法(对象排序识别)
基于网格的方法	STING 算法(统计信息网络)、CLIOUE 算法(聚类高维空间)、WAVE－CLUSTER 算法(小波变换)
基于模型的方法	统计学方法、神经网络方法

常用的划分聚类分析算法如表 3－7 所示。

表 3－7　常用的划分聚类分析算法

算法名称	算法描述
K－Means	K－均值聚类也叫快速聚类法,在最小化误差函数的基础上,将数据划分为预定的类数 K。该算法原理简单,而且便于处理大量数据
K－中心点	为了减轻 K－均值算法对孤立点的敏感性,K－中心点算法不采用簇中对象的平均值作为簇中心,而选用簇中离平均值最近的对象作为簇中心
系统聚类	系统聚类也叫多层次聚类,分类的单位由高到低呈树形结构,并且所处的位置越低,其包含的对象就越少,但这些对象间的共同特征越多。该聚类方法只适用于数据量小时,数据量大时速度会非常慢

3.2.2　K－Means 算法

K－Means 算法是典型的基于距离的非层次聚类算法,在最小化误差函数的基础上,将数据划分为预定的类数 K,采用距离作为相似性的评价指标,即认为两个对象的距离越近,其相似度就越大。

1. 算法过程

(1)从 N 个样本数据中随机选取 K 个对象作为初始的聚类中心。

(2)分别计算每个样本到各个聚类中心的距离,将对象分配到距离最近的聚类中。

(3)所有对象分配完成后,重新计算 K 个聚类的中心。

(4)与前一次计算得到的 K 个聚类中心比较,如果聚类中心发生变化,转(2),否则转(5)。

(5)当质心不发生变化时,停止并输出聚类结果。

聚类的结果可能依赖于初始聚类中心的随机选择,可能使得结果严重偏离全局最优分类。在实践中,为了得到较好的结果,通常以不同的初始聚类中心多次运行 K - Means 算法。在所有对象分配完成后,重新计算 K 个聚类的中心时,对于连续数据,聚类中心取该簇的均值,但是当样本的某些属性是分类变量时,均值可能无定义,可以使用 K - 众数方法。

2. 数据类型与相似性的度量

(1)连续属性。对于连续属性,要先对各属性值进行零 - 均值规范,再计算距离。K - Means 算法中,一般需要度量样本之间的距离、样本与簇之间的距离及簇与簇之间的距离。

度量样本之间的相似性时最常用的是欧几里得距离(也称欧氏距离)、曼哈顿距离和闵可夫斯基距离。样本与簇之间的距离可以用样本到簇中心的距离 $d(e_i,x)$ 表示。簇与簇之间的距离可以用簇中心的距离 $d(e_i,e_j)$ 表示。

用 p 个属性来表示 n 个样本的数据,矩阵如下:

$$\begin{bmatrix} \mathrm{x}_{11} & \cdots & \mathrm{x}_{1\mathrm{p}} \\ \vdots & & \vdots \\ \mathrm{x}_{\mathrm{n}1} & \cdots & \mathrm{x}_{\mathrm{np}} \end{bmatrix}$$

欧几里得距离如下:

$$d(i,j) = \sqrt{(x_{i1} - x_{j1})^2 + (x_{i2} - x_{j2})^2 + \cdots + (x_{ip} - x_{jp})^2} \tag{3-4}$$

曼哈顿距离如下:

$$d(i,j) = |x_{i1} - x_{j1}| + |x_{i2} - x_{j2}| + \cdots + |x_{ip} - x_{jp}| \tag{3-5}$$

闵可夫斯基距离如下:

$$d(i,j) = \sqrt[q]{(|x_{i1} - x_{j1}|)^q + (|x_{i2} - x_{j2})^q + \cdots + (|x_{ip} - x_{jp}|)^q} \tag{3-6}$$

式中,q 为正整数,$q = 1$ 时为曼哈顿距离;$q = 2$ 时为欧几里得距离。

(2)文档数据。对于文档数据使用余弦相似性度量,先将文档数据整理成文档 - 词矩阵格式,如表 3 - 8 所示。

表 3 - 8　文档 - 词矩阵

词	lost	win	team	score	music	happy	sad	…	coach
文档一	14	2	8	0	8	7	10	…	6
文档二	1	13	3	4	1	16	4	…	7
文档三	9	6	7	7	3	14	8	…	5

两个文档之间相似度的计算公式为

$$d(i,j) = \cos(i,j)\frac{\boldsymbol{i} \cdot \boldsymbol{j}}{|\boldsymbol{i}| \cdot |\boldsymbol{j}|} \tag{3-7}$$

3. 目标函数

使用误差平方和(SSE)作为度量聚类质量的目标函数,对于两种不同的聚类结果,选择误差平方和较小的分类结果。

连续属性的 SSE 计算公式为

$$SSE = \sum_{i=1}^{k} \sum_{x \in E_i} \text{dist}(e_i, x)^2 \tag{3-8}$$

文档数据的 SSE 计算公式为

$$SSE = \sum_{i=1}^{k} \sum_{x \in E_i} \cos(e_i, x)^2 \tag{3-9}$$

簇的聚类中心计算公式为

$$e_i = \frac{1}{n_i} \sum_{x \in E_i} x \tag{3-10}$$

式(3-7)至式(3-10)中的符号说明如表 3-9 所示。

表 3-9　符号说明

符号	含义
K	聚类簇的个数
E_i	第 i 个簇
x	对象(样本)
e_i	簇 E 的聚类中心
n	数据集中样本的个数
n_i	第 i 个簇中样本的个数

下面结合具体案例来实现本节开始提出的问题。

部分餐饮客户的消费行为特征数据如表 3-10 所示。根据这些数据将客户分成不同的客户群,并评价这些客户群的价值。

表 3-10　部分餐饮客户的消费行为特征数据

ID	R(最近一次消费时间间隔)/天	F(消费频率)/次	M(消费金额)/元
1	37	4	579
2	35	3	616
3	25	10	394
4	52	2	111
5	36	7	521
6	41	5	225
7	56	3	118
8	37	5	793
9	54	2	111
10	5	18	1 086

执行 K－Means 算法的输出结果如表 3－11 所示。

表 3－11　执行 K－Means 算法的输出结果

分群类别		分群 1	分群 2	分群 3
样本个数		120	616	204
样本个数占比		12.77%	65.53%	21.70%
聚类中心	*R*	－1.623 56	－0.116 34	1.306 33
	F	1.820 445	－0.024 46	－0.996 98
	M	2.188 56	－0.121 29	－0.921 13

客户价值分析如下：

分群 1 的特点：*R* 相对较小，主要集中在 0～40 天；消费次数集中在 5～25 次；消费金额在 500～2 000 元。

分群 2 的特点：*R* 处于中等水平，分布在 20～40 天；消费次数集中在 2～10 次；消费金额在 200～1 000 元。

分群 3 的特点：*R* 相对较大，分布在 30～60 天；消费次数集中在 1～6 次；消费金额在 0～200元。

对比分析发现，分群 1 的最近一次消费时间间隔较短，消费次数多，而且消费金额较大，是高消费、高价值人群。分群 2 的最近一次消费时间间隔、消费次数和消费金额处于中等水平。分群 3 的最近一次消费时间间隔较长，消费次数和消费金额处于较低水平，是价值较低的客户群体。

3.2.3　Mahout 中 K－Means 算法的实现原理

在 Mahout 中，K－Means 算法由两大部分组成：外部的循环，即算法的准则函数不满足时要继续进行的循环；循环的主体部分，即算法的主要计算过程。Mahout 中实现的 K－Means 算法和上面对应，分别使用 KmeansDriver 来设置循环，使用 KmeansMapper、KmeansReducer（利用 KmeansCombiner 设置后，算法运行速度会提高）作为算法的主体部分。该算法的输入主要包含两个路径（或文件）：数据的路径和初始聚类中心向量的路径，即包含 *k* 个聚类中心的文件。这里要求数据都是序列化的文件，同时要求将输入数据的 key 设置为 Text（未做硬性要求），将 value 设置为 VectorWritable（硬性要求）。其实在该算法中，可以设置参数来自动提取原始数据中的 *k* 个值作为初始中心点的路径，当然，如果用户要自己提供初始中心点的文件，也可以通过 Canopy 算法（Mahout 中的另一个聚类算法）来得到聚类的中心点作为 K－Means 算法的初始中心点文件[22]。

该算法在 KmeansDriver 中通过不断循环使用输入数据和输入中心点来计算输出（这里的输出都定义在一个 clusters－*N* 的路径中，*N* 是可变的）。输出同样是序列文件，key 是 Text 类型，value 是 Cluster 类型。该算法的原理如图 3－7 所示。

KmeansDriver 通过判断算法计算的误差是否达到阈值或者算法循环的次数是否达到给

定的最大次数来控制循环。在循环过程中,新的聚类中心文件路径(一般命名为"clusters - N")被重新计算得到,这是根据前一次的中心点和输入数据计算得到的。最后一步是通过一个 KmeansMapper 根据最后一次的中心点文件来对输入文件进行分类,将计算得到的结果放入文件名为"clusteredPoints"文件夹中,这次任务没有 Combiner 和 Reducer 操作。

KmeansMapper 在 setup 函数中读取输入数据,然后根据用户定义的距离计算方法把这些输入放入最近的聚类中心簇中,输出的 key 是类的标签,输出的 value 是类的表示值;Kmeans - Combiner 的输入即是 Mapper 的输出,然后把这些输出整合,得到总的输出;KmeansReducer 通过设定一个 Reducer 来计算,接收所有 Combiner 的输出,把相同 key 的类的表示值整合并输出。这 3 个类的输入/输出 < key, value > 对如表 3 - 12 所示。

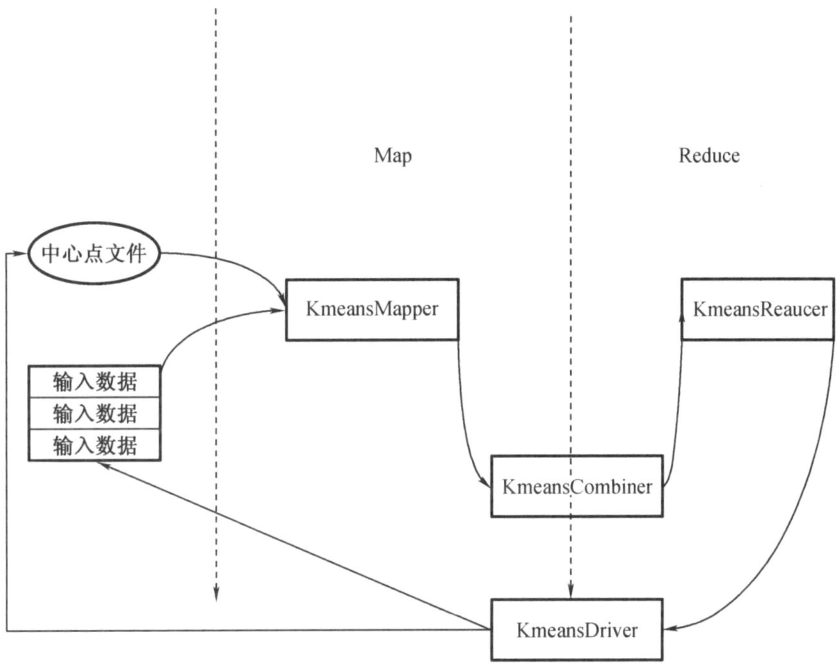

图 3 - 7 K - Means 算法的原理

表 3 - 12 K - Means 算法的输入/输出 < key, value > 对

	input - Key	input - Value	output - Key	output - Value
KmeansMapper	Text	VectorWritallc	Text	ClusterWritable
KmeansCombiner	Text	ClusterWritable	Text	ClusterWritable
KmeansReducer	Text	ClusterWritable	Text	ClusterWritable

通常情况下,Combiner 的输入和输出的 < key, value > 对相同。

3.3 关联规则

下面通过餐饮企业中的一个实际情景引出关联规则的概念。顾客在餐厅点餐时，面对菜单中大量的菜品信息，往往无法迅速找到满意的菜品，既增加了点菜的时间，又降低了顾客的就餐体验。实际上，菜品的合理搭配是有规律可循的，顾客的饮食习惯、菜品的华素和口味，有些菜品之间是相互关联的，而有些菜品之间是对立或竞争的关系（负关联），这些规律都隐藏在大量的历史菜单数据中，如果能够通过数据挖掘发现顾客点餐的规则，就可以快速识别顾客的口味。当顾客下了某个菜品的订单时，为其推荐相关联的菜品，引导顾客消费，可以提高顾客的就餐体验和餐饮企业的业绩水平。

关联规则分析也称购物篮分析，最早用于发现超市销售数据库中不同商品之间的关联关系。例如，一个超市的经理想要更多地了解顾客的购物习惯，如“哪组商品可能会在一次购物中同时被购买?”或者“某顾客购买了个人电脑，那么该顾客 3 个月后购买数码相机的概率有多大?”他可能会发现购买了面包的顾客非常有可能同时购买牛奶，这就导出了一条关联规则“面包⇒牛奶”，其中面包称为规则的前项，牛奶称为后项。通过降低面包的售价进行促销，并适当提高牛奶的售价，关联销售出的牛奶就有可能增加超市整体的利润。

关联规则分析是数据挖掘中最常使用的研究方法之一，目的是在一个数据集中找出各项之间的关联关系，而这种关系并没有在数据中直接表现出来。

3.3.1 常用的关联规则算法

常用的关联算法如表 3 - 13 所示。

表 3 - 13 常用的关联算法

算法名称	算法描述
Apriori	Apriori 是关联规则最常用也是最经典的挖掘频繁项集的算法，核心思想是通过连接产生候选频繁项集及支持度，然后通过剪枝生成频繁项集
FP - Growth	FP - Growth 是针对 Apriori 算法描述事务数据集的缺陷提出的产生候选频繁项（item）集的方法。Apriori 和 FP - Growth 都是寻找频繁项集的算法
Eclat 算法	Eclat 算法是一种深度优先算法，采用垂直数据表示形式，在概念精理论的基础上，利用基于前缀的等价关系将搜索空间划分为较小的子空间
灰色关联法	灰色关联法是在分析和确定各因素之间的影响程度或是若干子因素（子序列）对主因素（母序列）的贡献度时采用的一种分析方法

3.3.2　FP - Growth 关联规则算法

数据库中的部分点餐数据如表 3 - 14 所示。

表 3 - 14　数据库中的部分点餐数据

序列	订单号	菜品 ID	菜品名称
1	101	18491	健康麦香包
2	101	8693	香煎葱油饼
3	101	8705	翡翠蒸香茜饺
4	102	8842	菜心粒咸骨粥
5	102	7794	养颜红枣糕
6	103	8842	金丝燕麦包
7	103	8693	三丝炒河粉
…	…	…	……

先将表 3 - 14 中的事务数据(一种特殊类型的记录数据)整理成关联规则模型所需的数据结构,从中抽取 10 个点餐订单作为事务数据集,为方便起见,将菜品{18491,8842,8693,7794,8705,7898,7890,8970,8824,8765,7654,8908,14890,17865,18908,8234,7234}分别简记为{a,b,c,d,e,f,g,h,i,j,k,l,m,n,o,p,s},如表 3 - 15 所示。

表 3 - 15　部分点餐订单数据集

订单号	菜品 ID	菜品 ID
1	7898,18491,8693,7794,7890,8824,14890, 8234	f,a,c,d,g,i,m,p
2	18491,8842,8693,7898,8908,14890,18908	a,b,c,f,l,m,o
3	8842,7898,8970,8765,18908	b,f,h,j,o
4	8842,8693,7654,7234,8234	b,c,k,s,p
5	18491,7898,8693,8705,8908,8234,14890,17865	a,f,c,e,l,p,m,n

经典 FP - Growth 关联规则算法的主要思想如下:

1. 第一阶段:建立 FP 树

整理表 3 - 15 的数据得到表 3 - 16 的原始数据,对该算法进行分析。先假设频繁项集阈值为 3,第 1 次描述数据库时,计算每个项目出现的次数,然后把这些项目按照出现的次数从大到小排列,得到下面的一维频繁项集:

$$<(f:4),(c:4),(a:3),(b:3),(m:3),(p:3)>$$

可以看到 f 与 c,a 与 b 等出现的次数相同。在这里,当项目出现次数相同时,排列顺序是随机的,这样可以提高效率。

表 3-16　FP-Growth 算法的原始数据集

事务 ID	事务集
100	a,c,d,g,i,m,p
200	a,b,c,f,l,m,o
300	b,f,h,j,o
400	b,c,k,s,p
500	a,f,c,e,l,p,m,n

根据一维频繁项集对原始数据集进行排序和删减，主要操作是把原始数据集中的每条记录按照一维频繁项集进行排序，然后删除没有在一维频繁项集中出现的项目（如果项目出现的次数小于给定的阈值，如前面假设的阈值 3，该项目就被删除），得到如表 3-17 所示的更新数据集。

表 3-17　FP-Growth 算法更新数据集

事务 ID	事务集
100	f,a,m,p
200	f,c,a,b,m
300	f,b
400	c,b,p
500	f,c,a,m,p

根据表 3-16 的更新数据集就可以建立 FP 树了，但是要先明确如何建立 FP 树，即建立的规则是什么。其实建立的规则并不复杂，具体如下：

第一步：创建根节点（root），定义为 null；

第二步：针对事务集的每条事务进行插入节点操作，以每条事务的项目作为一个节点，每个节点包含一个名称、一个次数属性；

第三步：若插入的事务前面 n 个项目在树中有相同的路径，则不用新建节点，直接把相同路径包含节点的数目加 1 即可；

第四步：若插入的事务没有项目在树中存在路径，则直接新建一个节点；

第五步：在建树时附加一个叫作 Header Table 的表（头指针表），该表就是一维频繁项目集，Header Table 中的元素含有指向树中第一次出现同名节点的指针（head of node-links）；

第六步：树中节点都含有指向下一个同名节点的指针，若没有同名节点，则指针指向空。

注意：上面第三步中的路径是指从根节点开始到叶子节点的路径。

根据上面的规则及表 3-17 中的更新数据集，分析建树的过程如下。

（1）插入第一条事务 <f,c,a,m,p> 后，FP 树的形状如图 3-8 所示。

图中的虚线箭头代表指针，由于插入的第一条事务并没有包含 b 项目，因此在树中没有与 Header Table 对应的指针。

（2）插入第二条事务 <f,c,a,b,m> 后，FP 树的形状如图 3-9 所示。

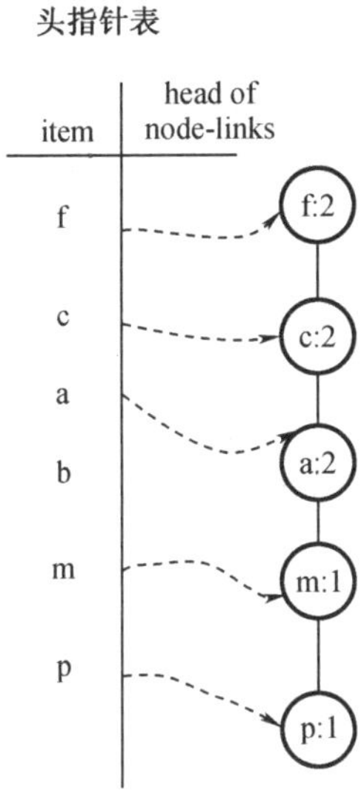

图 3－8　插入第一条事务后的 FP 树

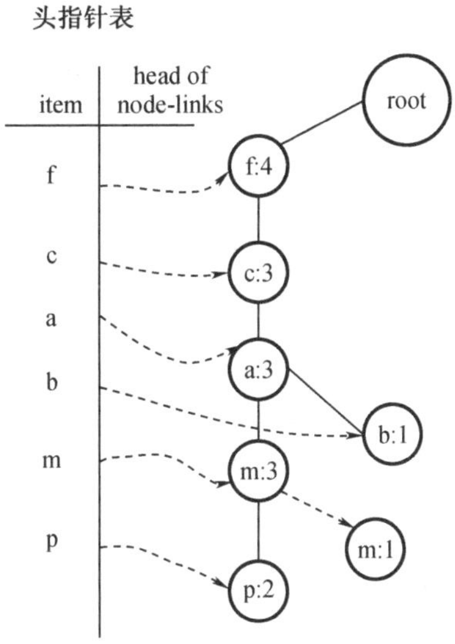

图 3－9　插入第二条事务后的 FP 树

由于插入的第一条事务在图 3－8 的 FP 树中存在相同的路径，因此不再新建节点，而是直接将树中节点的次数属性加 1；同时，在树中，m 项目含有同名的项目，所以要在图中建立从左边 m 节点到右边 m 节点的指针，即图 3－9 中左边（m：3）到右边（m：1）的虚箭头。

（3）插入全部事务后，完整的 FP 树如图 3－10 所示。

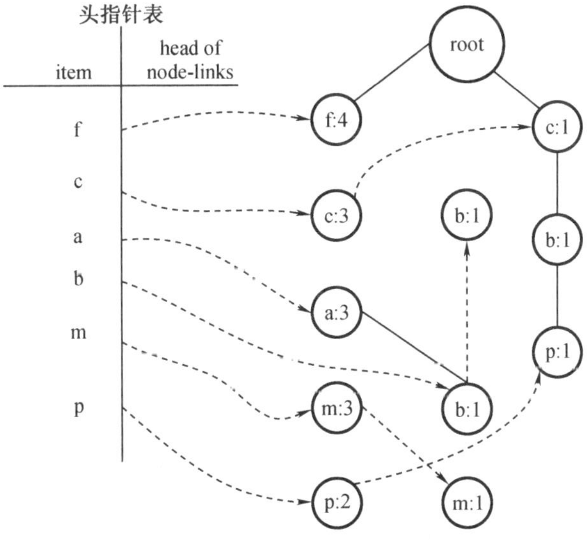

图 3－10　完整的 FP 树

下面就可以针对完整的 FP 树开始挖掘过程了。

2. 第二阶段：挖掘 FP 树

挖掘的步骤如下。

（1）从图 3－10 的 Header Table 中的最后一个项目开始，找 Header Table 中项目在树中的同名节点，然后在此节点往上遍历，直到根节点，得到一条路径。

(2)找下一个同名节点,向根节点遍历得到另外的一条路径,直到没有同名节点为止。

(3)把上面得到的路径作为原始事务集,重新调用第一阶段的建树过程,重新建立一棵FP树,不过这棵树是以 Header Table 中的元素为根节点的,并且每次递归调用建树时,根节点项目叠加。

(4)上面建立好的 FP 树只有一个节点,并且其节点数目小于阈值,则输出该节点和根节点作为频繁项集。

(5)遍历完 Header Table 中所有的项目后,FP 树挖掘完毕。

比如,以 p 项目为例,在例中的同名节点向上遍历到根节点可以得到两条路径: <f:2,c:2,a:2,m:2>和<c:1,b:1>,以这两个事务为原始事务集,调用建树过程,建立的 FP 树如图 3-11 所示。

由于遍历 p 项目只得到一棵 FP 树,所以直接输出频繁项集: <cp:3>。再如,以 m 项目为例,在树中的同名节点向上遍历到根节点可以得到两条路径: <f:2,c:2,a:2>和<f:1,c:1,a:1,b:1>,以这两条事务为原始事务集,调用建树过程,所建立的 FP 树如图 3-12 所示。

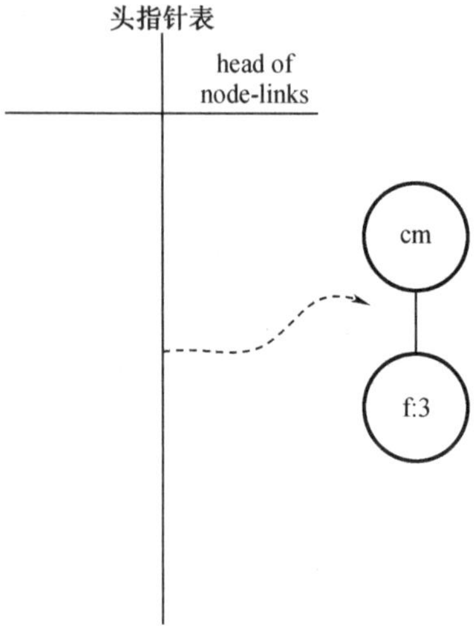

图 3-11　以 p 项目为根节点建立的 FP 树

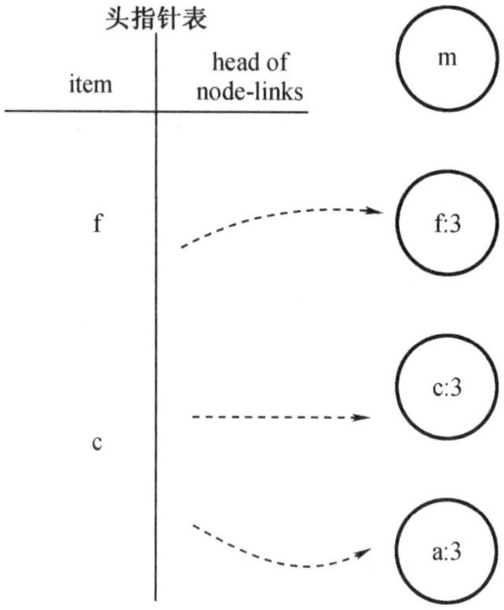

图 3-12　以 m 项目为根节点建立的 FP 树

建好树后,可以对这棵树进行挖掘,挖掘过程和前文一样。所以根据 Header Table 建好的树如图 3-13 所示。

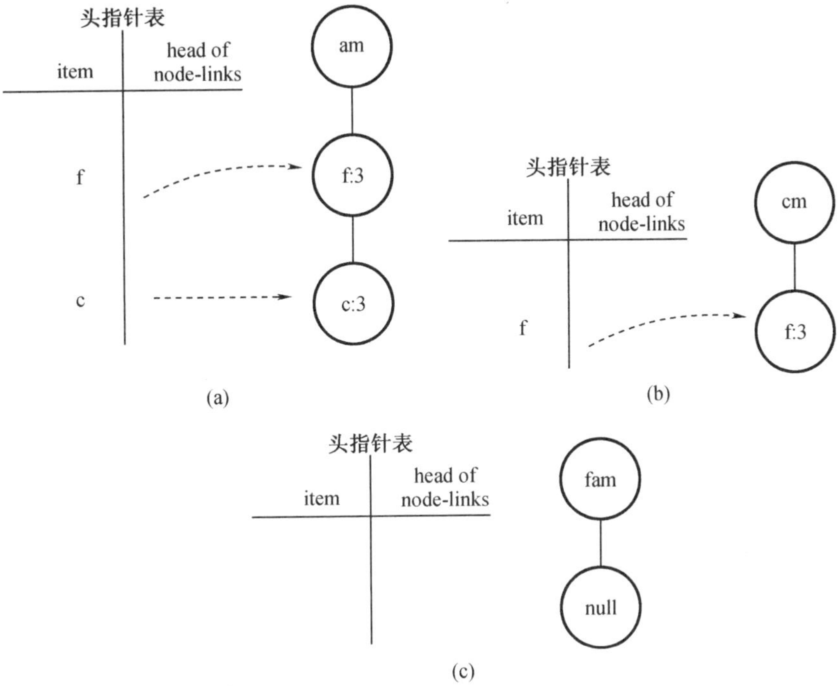

图 3－13 以 m 项目为根节点建立的子 FP 树

根据图 3－13,m 项目输出的频繁项集是: < am:3 > , < cam:3 > , < fam:3 > , < fcam:3 > , < cm:3 > , < fcm:3 > , < fm:3 > 。

按照上面的挖掘过程,挖掘出的所有频繁项集如表 3－18 所示。

表 3－18 频繁项集

项目	频繁项集
p	< cp:3 >
m	< am:3 > , < cam:3 > , < fam:3 > , < fcam:3 > , < cm:3 > , < fcm:3 > , < fm:3 >
b	< ϕ >
a	< ca:3 > , < fa:3 > , < fca:3 >
c	< fc:3 >
f	< ϕ >

就第一条输出结果进行解释:顾客同时点菜品 c 和 p 的支持度是 3,所以顾客点了菜品 c,再点菜品 p 的概率是比较大的。知道了这些,就可以对顾客进行智能推荐,在满足客户需求的同时增加销量。

3.3.3 Mahout 中并行频繁模式挖掘算法的实现原理

在 Mahout 中,并行频繁模式挖掘(parallel frequent pattern mining)算法一共包含以下

5 个步骤。

第一步:由原始数据求出一维频繁项集并进行编码。

第二步:根据编码后的一维频繁项集,对原始数据进行分组。

第三步:针对每一个分组数据分别进行建树操作。

第四步:针对每一棵建好的 FP 树进行频繁项集挖掘。

第五步:整合每棵 FP 树挖掘的频繁项集,得到最终的频繁项集。

并行频繁模式挖掘算法的 MapReduce 流如图 3-14 所示。

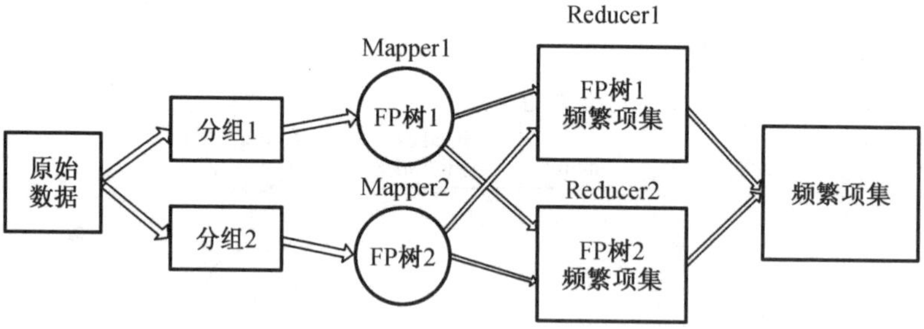

图 3-14 并行频繁模式挖掘算法的 MapReduce 流

根据图 3-14,可以看出并行频繁模式挖掘算法的并行策略:首先,将原始数据集进行分组,针对每组数据可以使用集群中的一个节点来运行 FP 树算法,分别进行建树和挖掘操作,这样可以达到并行的目的。其次,整合每个子节点挖掘频繁项集得到的最终结果。但是,这里有个问题:把数据分组后,对每棵子树进行挖掘得到的频繁项集在最终汇总后会不会有一些被漏掉了?答案是肯定的,如果采用随机分组数据,比如按照文件中数据的位置直接把数据分为两个部分,这样肯定会漏掉频繁项集。所以,这里在 Mahout 中提出了一种数据分组的方案,使用这种方案对原始数据进行分组,之后对分组后的数据进行建树挖掘,得到的频繁项集在整合后是不会被漏掉的[23]。下面根据上面介绍的 5 个步骤一一进行分析。

(1)求一维频繁项集并编码。这里使用表 3-16 的数据集。先求一维频繁项集,利用单词计数算法求出各个项目出现的次数。然后将这个输出文件读取到一个列表中,这个列表是按照项目出现的次数从大到小排序的。接着进行项目编码,将次数出现最多的项目编码为 0,以此类推。最后,把编码后的列表写入 HDFS 文件系统中的一个文件中。这个文件就是一维频繁项集编码后的数据文件。参考前面的一维频繁项集,可以得到表 3-19 的项目编码表。

表 3-19 项目编码表

原始事务	编码事务
f,c,a,m,p	0,1,2,4,5
f,c,a,b,m	0,1,2,3,4

表 3－19(续)

原始事务	编码事务
f,b	0,3
c,b,p	1,3,5
f,c,a,m,p	0,1,2,4,5

(2)分组原始数据。假设把原始数据集分为 2 组,那么组编号就是组 0 和组 1。根据分组的规则(接下来会解释这个规则)可以得到,组 0 包含的项目为 <f,c,a,b,m,p>,组 1 包含的项目为 <b,m,p>。所谓的分组规则就是针对一条事务,若其中包含组 0 和组 1 的项目,则输出两条事务,分别归为组 0 和组 1,组 0 为此条事务,组 1 为截取此条事务相应部分;若其中只含有组 0 的项目而不含有组 1 的项目,则此条事务只归为组 0;若其中只含有组 1 的项目,则此条事务只归为组 1。先根据表 3－17 得到更新数据集的更新数据编码表,如表 3－20 所示。

表 3－20　更新数据编码表

组 0	组 1
0,1,2,4,5－－>f,c,a,m,p	4,5－－>m,p
0,1,2,3,4－－>f,c,a,b,m	3,4－－>b,m
0,3－－>f,b	3－－>b
1,3,5－－>c,b,p	3,5－－>b,p
0,1,2,4,5－－>f,c,a,m,p	4,5－－>m,p

然后根据分组规则对表 3－20 的数据编码表进行分组,分组后的数据如表 3－21 所示。

表 3－21　分组数据表

项目	编码
f	0
c	1
a	2
b	3
m	4
p	5

例如,第一条事务 <f,c,a,m,p> 同时包含了组 0 和组 1 的项目,所以要输出到两个组中,其中组 0 就是 <f,c,a,m,p>,组 1 就是 <m,p>。这里有读者可能会误解:是不是组 0 就是原始事务集呢? 答案是否定的,组 0 不是原始事务集。比如,有一条事务集是 <m,p>,针

对这条事务集进行分组,得到的输出只会是一条记录,并且该输出是组1的,组0没有输出。

按照这样的规则可以保证分别对组0和组1的数据进行建树挖掘而不会漏掉可能的频繁项集,不过最后整合时会有重复的频繁项集记录,需要重新记录。

经过上面的步骤就可以对分组数据进行建树挖掘了。

(3)建立FP树及挖掘FP树。经过(2)分组原始数据过程后,原始数据被分为两组,这样就可以对每个分组中的数据采用FP - Growth算法简介中介绍的方法来建立及挖掘FP树了。

(4)整合频繁项集。针对在(3)中生成的频繁项集,在整合频繁项集这一步中使用一个Job,利用包括Mapper和Reducer来进行操作。Mapper的主要任务是整合所有分组的频繁项集,输出给Reducer进行处理。Reducer的主要任务是对整合后的频繁项集进行去重及排序处理。去重就是去除重复的频繁项集,排序主要是针对频繁项集的次数降序。

3.4 协同过滤

餐饮企业有时会碰到这样的问题:

如何根据会员数据,来对会员进行点餐推荐?

如何针对一般顾客进行点餐推荐?

餐饮企业遇到的这些问题,可以通过协同过滤智能推荐分析解决。

3.4.1 常用的协同过滤算法

协同过滤推荐(collaborative filtering recommendation)与传统的基于内容过滤直接分析内容进行推荐不同,协同过滤分析用户兴趣,在用户群中找到指定用户的相似(兴趣)用户,综合这些相似用户对某一信息的评价,形成系统对该指定用户对此信息的喜好程度预测[24]。

在餐饮系统中,针对会员的数据进行协同过滤分析,可以找到相似(兴趣)用户,使用相似用户的数据进行推荐。

常用的协同过滤算法如表3-22所示。

表3-22 常用的协同过滤算法

类别	包括的主要算法
基于项目的协同过滤	通过用户对不同项目的评分来评测项目之间的相似性,基于项目之间的相似性做出推荐
基于用户的协同过滤	通过不同用户对项目的评分来评测用户之间的相似性,基于用户之间的相似性做出推荐

3.4.2 基于项目的协同过滤算法简介

基于项目的协同过滤算法是根据用户已有的信息(这里的情景是用户已经购买的商

品),推算出用户可能含有或即将含有的信息(在这里就是用户可能会购买的商品)。这个是应用情景,算法就是推导出用户可能会购买哪些商品的过程。基于项目的协同过滤算法,简单来说就是通过项目之间的相似性为用户做推荐。下面介绍该算法的基本原理,基于项目的协同过滤算法数据流程图如图 3－15 所示。

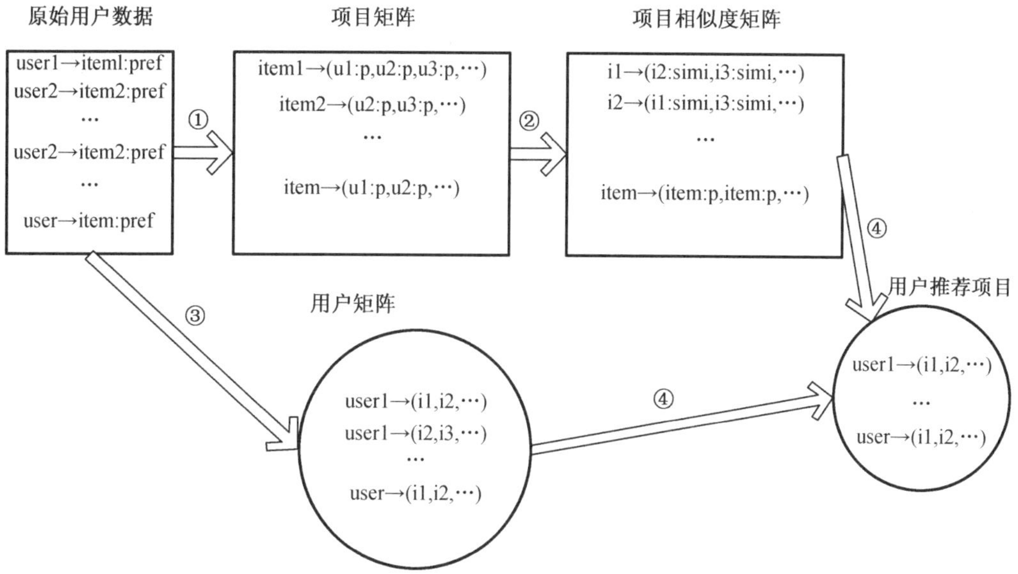

图 3－15　基于项目的协同过滤算法数据流程图

根据图 3－15 可以得到下面基于项目的协同过滤算法原理:

①根据原始矩阵进行抽取,得到项目矩阵。所谓的项目矩阵,就是把评价过某个项目的所有用户全部找出来,作为这个项目的项目向量。所有的项目都按照这种方式求出其对应的项目向量,共同组成项目矩阵。

②针对①中求出的项目矩阵,使用向量距离计算公式(可以使用皮尔逊距离、余弦距离、对数似然距离等计算公式)求得每两个项目向量之间的相似度,得到项目相似度矩阵。

③根据原始数据进行抽取,得到用户矩阵。所谓的用户矩阵,就是整合某个用户评价过的所有项目,作为这个用户的用户向量。对所有的用户都按照这种方式求出对应的用户向量,共同组成用户矩阵。

④根据②、③求出的项目相似矩阵、用户矩阵,找出与某个用户评价过的商品最相似的 K 个项目,作为用户推荐项目矩阵。

对于上面的算法原理,①、②联合过程与③的过程其实是可以互换的,即对先进行哪个步骤没有特定的要求。求得的与用户评价过的商品最相似的 K 个项目,其实最先求得的应该是与用户评价过的商品最相似的一个项目集合,然后排除这个集合中用户已经评价过的项目,最后根据这个集合中剩余项目的相似度大小对项目进行降序排序,取出前面的 K 个项目,即得到用户推荐项目矩阵。

3.4.3 Mahout 中基于项目的协同过滤算法的实现原理

在 Mahout 中,基于项目的协同过滤算法的实现包含以下 6 个步骤。

第一步:求出用户矩阵。

第二步:求出项目矩阵。

第三步:求出项目矩阵的平方和。

第四步:根据项目矩阵、项目矩阵平方和求出项目相似度矩阵。

第五步:整合用户矩阵、项目相似度矩阵,得到用户 - 项目 - 评分原始数据表。

第六步:根据用户 - 项目相似度矩阵求出用户推荐矩阵。

用户 - 项目 - 评分原始数据表如表 3 - 23 所示。

表 3 - 23 用户 - 项目 - 评分原始数据表

用户 ID(userID)	项目 ID(itemID)	评分(prefValue)
1	101	5
1	102	3
1	103	2.5
2	101	2

这 6 个步骤使用了 7 个 Job 任务来进行数据处理,其实第一个 Job 任务是转换项目的数据格式,就是把项目的编号由长整型转换为整型,这里不再进行介绍。下面使用如表 3 - 23 所示的数据分析 Mahout 中该算法的数据流处理流程。

(1)用户矩阵。求用户矩阵,其实就是一个数据抽取的过程,针对用户 - 项目 - 评分原始数据,整合同一个用户评价过的所有项目。针对表 3 - 23 的数据,抽取后的用户矩阵如表 3 - 24 所示。

表 3 - 24 用户矩阵表

userID	itemID:prefValue
1	103:2.5,102:3.0,101:5.0
2	101:2.0,104:2.0,103:5.0,102:2.5
3	101:2.5,107:5.0,105:4.5,104:4.0
4	101:5.0,106:4.0,104:4.5,103:3.0
5	106:4.0,105:3.5,104:4.0,103:2.0,102:3.0,101:4.0

在表 3 - 24 所示的用户矩阵表中,itemID:prefValue 其实是一个向量,该向量的下标是 itemID,值是 prefValue,所以针对用户 1,其用户向量的实际表示应该是(如从下标 101 开始,没有数据则记为 0)[5.0,3.0,2.5,0,0,0,0]。Mahout 中使用了一个 Job 任务来进行上面的数据处理,输出的 < key, value > 对的格式是 < VarLongWritable, VectorWrilable >,这里 Var-

LongWritable 就是 itemID 对应的格式，VectorWritable 对应的就是用户向量的格式。

（2）项目矩阵。项目矩阵的求法其实与用户矩阵一样，只是抽取的规则不同而已。根据表 3－23 可以抽取得到的项目矩阵如表 3－25 所示。Mahout 中同样使用了一个 Job 任务来完成，输出的 <key，value>对的格式是 <IntWritable，VectorWritable>，这里 IntWritable 就是 itemID 对应的格式，VectorWritable 对应的就是项目向量对应的格式。

表 3－25 项目矩阵表

itemID	userID：prefValue
101	5：4.0，4：5.0，3：2.5，2：2.0，1：5.0
102	5：3.0，2：2.5，1：3.0
103	5：2.0，4：3.0，2：5.0，1：2.5
104	5：4.0，4：4.5，3：4.0，2：2.0
105	5：3.5，3：4.5
106	5：4.0，4：4.0
107	3：5.0

（3）项目矩阵平方和（norms）。针对（2）中的项目矩阵，在 Mahout 中使用另外的一个 Job 任务对其进行处理，得到项目矩阵平方和，如表 3－26 所示。

表 3－26 项目矩阵平方和表

itemID	norms
101	76.25
102	24.25
103	44.25
104	56.25
105	32.5
106	32.0
107	25.0

其实项目矩阵平方和就是针对每个项目向量，求其所有项的平方和而已。例如，项目 101 的项目向量为[5.0，2.0，2.5，4.0，5.0]，然后求其平方和得到值 76.25。

（4）项目相似度（similarity）矩阵。在 Mahout 中求项目相似度矩阵是由 2 个 Job 任务共同处理完成的：第一个 Job 任务是其项目与项目之间的相似度，先针对项目 101 进行计算，然后是 102，以此类推（这里的项目是按照升序排序的）。因为在计算项目 101 时，已经计算过项目 101 和项目 102 的相似度，所以在计算 102 项目与其他项目的相似度时就不考虑 101 项目了。第二个 Job 任务是续接，所谓的续接，就是把没有计算的项目也加入到其他项目中。例如，在项目 101 中有项目 101 和 102 的相似度，但是在项目 102 中没有项目 102 和项目 101 的相似度,这时要把项目 101 中项目 101 和 102 项目的相似度续接到项目 102 中,最后输出,输出的数据如表 3 - 27 所示。

表 3 - 27　项目相似度矩阵表

itemID	similarity
101	107:0.10,106:0.14,105:0.11,104:0.16,103:0.15,102:0.14
102	101:0.14,106:0.15,105:0.14,104:0.13,103:0.20
103	101:0.15,106:0.14,105:0.11,104:0.14,102:0.20
104	107:0.13,106:0.18,105:0.16,103:0.14,102:0.13,101:0.16
105	107:0.22,106:0.14,104:0.16,103:0.11,102:0.14,101:0.11
106	101:0.14,105:0.14,104:0.18,103:0.14,102:0.15
107	105:0.22,104:0.13,101:0.10

项目相似度的计算参考下面的公式:

$$dot_{I_1 * I_2} = \sum_{i=1}^{U} P_{u_i I_1} * P_{u_i I_2} \tag{3-11}$$

$$simi_{I_1 * I_2} = \frac{1}{1 + \sqrt{norms_{I_1} - 2 * dot_{I_1 * I_2} + norms_{I_2}}} \tag{3-12}$$

式中,I_1、I_2 分别代表项目 I_1 和项目 I_2,$P_{u_i I_1}$代表用户 u_i 对项目 I_1 的评分,$P_{u_i I_2}$代表用户 u_i 对项目 I_2 的评分,$norms_{I_1}$是 norms 中对应 I_1 的平方和。假设有项目 102 和 103:102 = {5:3.0,2:2.5,1:3.0},103 = {5:2.0,4:3.0,2:5.0,1:2.5},可以得到 $dot_{102*103} = 26$,$norms_{102} = 24.25$,$norms_{103} = 44.25$,代入式(3 - 12),可以得到 $simi_{102*103} = 0.20$,可见计算的项目相似度与表 3 - 26 中的数据相同。

(5)用户 - 项目相似度矩阵。用户 - 项目相似度矩阵其实就是用户矩阵和项目相似度矩阵的一个拼接。在 Mahout 中使用了一个 Job 来进行处理,输出 <key,value> 对的格式为 <VarIntWritale,VectorAndPrefsWritable>,即用户对应的输出格式是 VarIntWritable,用户 - 项目相似度矩阵的格式为 VectorAndPrefsWritable,拼接后的用户相似度矩阵如表 3 - 28 所示。

表 3 - 28　用户 - 项目相似度矩阵表

userID	user - itemID - similarity
1	[3.0,[106:0.15,105:0.14,104:0.13,103:0.20,102:0.12,101:0.14]]
1	[2.5,[106:0.14,105:0.11,104:0.14,103:0.11,102:0.20,101:0.15]]
1	[5.0,[107:0.108,106:0.14,105:0.118,104:0.16,103:0.15,102:0.14,101:NaN]]

由于数据比较多,所以表 3 - 28 只列出了用户 1 的用户 - 项目相似度矩阵向量。

(6)用户推荐矩阵。在 Mahout 中使用一个 Job 任务,根据(5)中产生的用户 - 项目相似度矩阵来计算用户推荐矩阵，最后得到的结果如表 3－29 所示。

表 3－29　用户推荐矩阵表

userID	user－itemID－similarity
1	[104:3.583 812 2,106:3.491 611 5,105:3.473 163]
2	[106:2.814 658 2,105:2.757 371 7,107:2.0]
3	[106:3.694 073,102:3.657 834,103:3.565 668 3]
4	[107:4.716 343,105:4.162 734 5,102:4.013 628 5]
5	[107:3.759 277 3]

表 3－29 的数据是式(3－13)使用表 3－28 的数据得到的。

$$\boldsymbol{U}_1 = \frac{\sum_{m=0}^{M} simi_{I_m} * pref_{I_m}}{\sum_{m=0}^{M} simi_{I_m}} \tag{3-13}$$

式中，$simi_{I_m}$是用户 U_1 针对项目 I_m 的相似度矩阵，$perf_{I_m}$是用户 U_1 针对项目 I_m 的评分，公式求得的只是用户 U_1 的推荐向量，针对所有的用户，同样执行式(3－13)，即可得到用户推荐矩阵。

3.5　本章小结

通过对本章的学习，读者可在以后的数据处理和分析过程中，采用适当的算法实现综合应用。本章重点介绍了大数据高级分析技术，主要包括对应的数据挖掘建模方法及传统和 Mahout 实现过程，以期能给读者一些启发，思考如何改进或创造更好的数据处理方法。具体包括分类与预测、聚类分析、关联规则和协同过滤等。其中，分类与预测部分主要介绍了决策树算法及 Mahout 中决策树算法的实现原理；聚类分析部分主要介绍了 K－Means 算法及 Mahout 中 K－Means 算法的实现原理；关联规则部分主要介绍了 FP－Growth 算法及 Mahout 中该算法的实现原理；协同过滤部分主要介绍了基于项目的协同过滤算法及 Mahout 中该算法的实现原理。

第4章　大数据可视化分析综述

近几年,大数据概念深入人心,大众直接看到的大数据大多是以可视化的方式体现的。可视化是通过把复杂的数据转化为可以交互的图形,帮助用户更好地理解、分析数据对象,发现、洞察其内在规律。可视化实际上已经极大地拉近了大数据和普通民众的距离,即使是对信息技术不了解的普通民众和非技术专业的常规决策者也能够更好地理解大数据及其分析的效果和价值,从而可以从国计、民生两方面都充分发挥大数据的价值。

数据可视化,是关于数据视觉表现形式的科学技术研究。其中,这种数据的视觉表现形式被定义为一种以某种概要形式抽提出来的信息,包括相应信息单位的各种属性和变量。

在可视化图表工具的表现形式方面,图表类型表现得更加丰富多样。除了传统的饼图、柱状图、折线图等常见图形,还有气泡图、面积图、省份地图、词云、瀑布图、漏斗图等酷炫图表,甚至还有地理信息系统(GIS)地图。这些种类繁多的图形能满足不同的展示和分析需求[25]。

数据可视化大屏不仅要做得美观、大气、整洁,最重要的还是要直观地展示出数据的变化,以提高决策分析效率。

可视化数据分析是提供了更简单直观的方法帮助人们得到一些规律,这些规律还是要由人来理解、判断并得到进一步有用的结论。人们通过异常点或规律来判断数据呈现的结论,对于不同数据之间展示的关系也是需要人为选择的。将统计结果用可视化方式呈现出来能让人更直观深入地了解数据的价值,更容易分析出其中隐藏的、人眼不易发现的问题数据。可视化技术的基本思想是将数据库中的每一个数据项作为单个图元元素表示,大量的数据集构成数据图像,同时将数据的各个属性值以多维数据的形式表示,让人们可以从不同的维度观察数据,从而对数据进行更深入的分析。在数据分析的实践中,常常需要人的参与,如银行交易的异常分析,不能把所有转账数额巨大的交易都定义为异常。可视化数据分析需要模型、数据、领域专家三者之间的交互,实现人机互补。

4.1　数据可视化的基本特征

数据可视化是数据加工和处理的基本方法之一,通过图形图像等技术更为直观地表达数据,从而为发现数据中隐含的规律提供技术手段。视觉信息占人类从外界获取的信息的80%,可视化是人们有效利用数据的基本途径。数据可视化使得数据更加友好、易懂,提高了数据资产的利用效率,更好地支持人们在数据认知、数据表达、人机交互和决策支持等方面的应用,在建筑、医学、地学、力学、教育等领域发挥着重要作用[26]。大数据的可视化既有一般数据可视化的基本特征，也有由其本身特性带来的新要求，其特征主要表现在以下 4 个方面。

1. 易懂性

可视化可以使数据更加容易被人们理解，进而更加容易与人们的经验、知识产生关联，使得碎片化的数据转换为具有特定结构的知识，从而为决策支持提供帮助。

2. 必然性

大数据所产生的数据量已经远远超出了人们直接阅读和操作数据的能力，必然要求人们对数据进行归纳总结，对数据的结构和形式进行转换处理。

3. 片面性

数据可视化往往只是从特定视角或需求认识数据，从而得到符合特定目的的可视化模式，所以这只能反映数据规律的一个方面。数据可视化的片面性特征要求可视化模式不能替代数据本身，只能作为数据表达的一种特定形式。

4. 专业性

数据可视化与专业知识紧密相连，其形式需求也是多种多样的，如网络文本、电商交易、社交信息、卫星影像等。专业化特征是人们从可视化模型中提取专业知识的环节，是数据可视化应用的最后流程。

4.2　数据可视化的目标和作用

4.2.1　数据可视化的目标

简单的分析操作、丰富的图形展示，基于业务的数据计算与分析，为企业提供商业智能(BI)一站式解决方案。让用户能够在操作交互过程中发现与理解数据，快速探索和分析数据，更好的回答业务问题。

可视化应用主要根据用户的主观需求展开，最主要用来观察和展示。人们通过观察和人脑分析对数据进行推理和认知，借助可视化发现新知识或得到新结论。可视化界面也可以帮助人们进行人与数据的交互，辅助人们完成对数据的迭代计算，通过若干步的数据计算实验生产系列化的可视化成果。

4.2.2　数据可视化的作用

1. 以更细化的形式表达数据

(1) 丰富的图表元素，支持多维度数据展示，让数据价值更“可视”。把数据转化成有效的可视化形式(任何种类的图表)是让数据发挥作用的第一步，因此图表是可视化的核心。要实现用合适的图表展示合适的数据，需要我们掌握图表的特性。可视化图表按其特性可分为分布类、流程类、占比类、区间类、关联类、趋势类、时间类和地图类。可视化图表形式众多，常用的包括柱图、线图、条图、地图、雷达图、矩形树图、气泡图、饼图、环图、仪表盘等。

(2) 多样的图表交互，提升分析交互性，让数据逻辑更清晰。可视化分析可以对以多维形式组织起来的数据进行联动、钻取、维度切换、链接等各种分析操作，以便剖析数据，使分析者、决策者能从多个角度、多个侧面观察数据库中的数据，从而使其深入了解包含在数据中的信息和内涵。

2. 以更全面的维度理解数据

众所周知，人类的视觉认知能力是有限的，一些高密度的可视化图形虽然看似丰富和具有艺术感，可中间重叠连接的数据往往会导致图形变得复杂和难以理解。如今，人们已不再满足于平面和静态的数据可视化视觉体验，而是越发想要更深入地理解一份数据。传统的数据可视化图表已不再是唯一的表现形式，现代媒介和技术的多样性使人们感知数据的方式也更加多元。

(1)钻取。钻取包括上卷与下钻。上卷是通过在维级别中上升或通过消除某个或某些维来观察更概括的数据。下钻是通过在维级别中下降或通过引入某个或某些维来更细致地观察数据。唯独切换用于实现跨层级的数据钻取。

(2)联动。可视化设计不一定需要将所有的信息同时展示，而是通过筛选随时调取感兴趣的数据绘图，此时就需要图表联动功能。如图 4－1 所示，通过左侧两个筛选器来选择日期和产品类别，右侧柱图部分则根据筛选数据进行绘图。

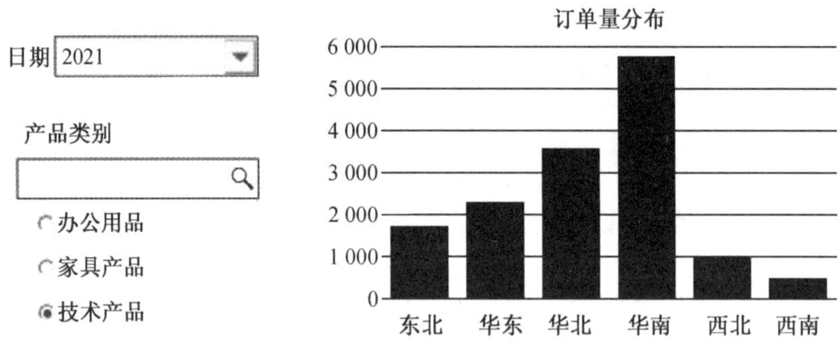

图 4－1　可视化联动展示数据

(3)链接。图表链接用于触发打开新的场景或链接，实现图表超链接功能。目标链接可在弹出窗口、新页面或当前页面中打开。链接功能不仅可以实现页面跳转，还可以通过传递参数值来实现跨页面数据筛选(图 4－2)。

3. 以更美的方式呈现数据

艺术和数据可视化之间一直有着很紧密的联系，随着数据的指数级增长和技术的日趋成熟，一方面，用户对可视化的美学标准提出越来越高的要求，另一方面，艺术家和设计师们也可以采用创造性的方式来表现数据，使可视化更具有冲击力。

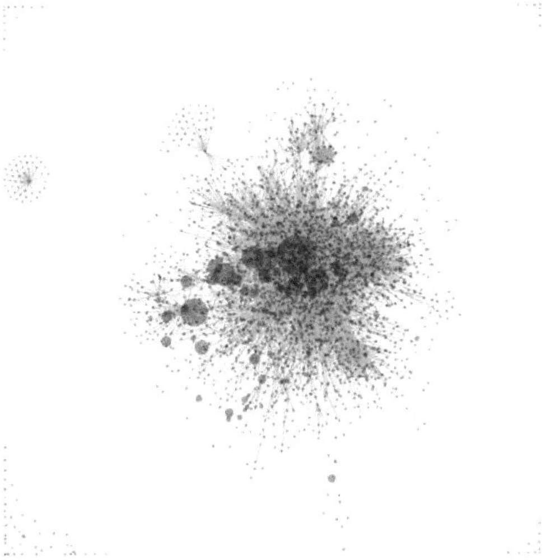

图 4-2　每个节点代表一个维基百科(Wikipedia)页面,每一根线代表页面之间的链接

4.3　数据可视化流程

数据可视化并不是简单的视觉映射,而是一个以数据流向为主线的一个完整流程,主要包括数据采集、数据处理和变换、可视化映射、用户交互和用户感知。一个完整的可视化过程,可以看成数据流经过一系列处理模块并得到转化的过程,用户通过可视化交互从可视化映射后的结果中获取知识和灵感。可视化的基本流程图如图 4-3 所示。

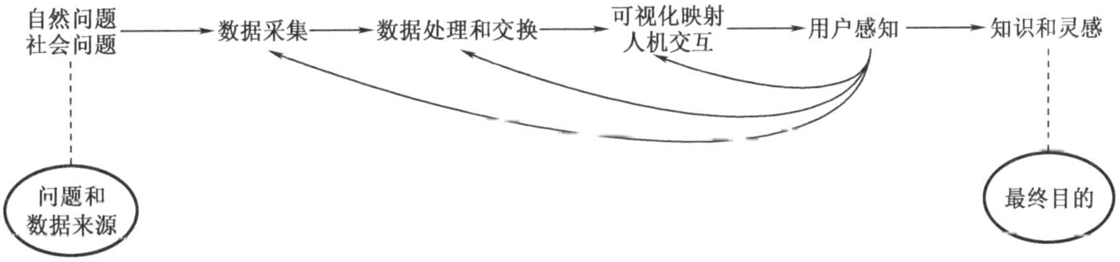

图 4-3　可视化的基本流程图

可视化主流程的各模块之间,并不仅仅是单纯的线性连接,而是任意两个模块之间都存在联系。例如,数据采集、数据处理和变换、可视化编码和人机交互方式的不同,都会产生新的可视化结果,用户通过对新的可视化结果的感知,又会产生新的知识和灵感。

4.3.1　数据采集

数据采集是数据分析和可视化的第一步,数据采集的方法和质量很大程度上决定了数据可视化的最终效果[27]。数据采集的分类方法有很多,从数据的来源看可以分为内部数据采集和外部数据采集。

1. 内部数据采集

内部数据采集指的是采集企业内部经营活动的数据,数据通常来源于业务数据库,如订单的交易情况。如果要分析用户的行为数据、APP 的使用情况,还需要一部分行为日志数据,这个时候就需要用一种名为“埋点”的方法来进行 APP 或 Web 的数据采集。

2. 外部数据采集

外部数据采集指的是通过一些方法获取企业外部的一些数据,具体包括获取竞品的数据、获取官方机构官网公布的一些行业数据等。获取外部数据时通常采用的数据采集方法为网络爬虫。

以上两类数据采集方法得来的数据都是二手数据。通过调查和实验采集的数据属于一手数据,在市场调研和科学研究实验中比较常用,不在此次探讨范围之内。

4.3.2 数据处理和变换

数据处理和变换是进行数据可视化的前提条件,包括数据预处理和数据挖掘两个过程。一方面,通过前期的数据采集得到的数据,不可避免地含有噪声和误差,数据质量较低;另一方面,数据的特征、模式往往隐藏在海量的数据中,需要进一步地数据挖掘才能提取出来。

在数据处理中常见的数据质量问题包括:

(1)数据收集错误,遗漏了数据对象,或者包含了本不应该包含的其他数据对象。

(2)数据中的离群点,即不同于数据集中其他大部分数据对象特征的数据对象。

(3)存在遗漏值,数据对象的一个或多个属性值缺失,导致数据收集不全。

(4)数据不一致,收集到的数据明显不合常理,或者多个属性值之间互相矛盾。例如,体重是负数,或者所填的邮政编码和城市之间没有对应关系。

(5)存在重复值,数据集中包含完全重复或几乎重复的数据。

正是因为有以上问题的存在,所以直接拿采集的数据进行分析或可视化,得出的结论往往会误导用户做出错误的决策。因此,对采集到的原始数据进行数据清洗和规范化是数据可视化流程中不可缺少的一环。

如何从高维、海量、多样化的大数据中挖掘有价值的信息来支持决策,除了需要对数据进行清洗、去除噪声(简称“去噪”)之外,还需要依据业务目的对数据进行二次处理。

常用的数据处理方法包括降维、数据聚类和切分、抽样等统计学和机器学习中的方法。

4.3.3 可视化映射

对数据进行清洗、去噪,并按照业务目的进行数据处理之后,就到了可视化映射环节。可视化映射是整个数据可视化流程的核心,是指将处理后的数据信息映射成可视化元素的过程。

可视化元素由 3 部分组成:可视化空间、标记和视觉通道。

1. 可视化空间

数据可视化的显示空间通常是二维。三维物体的可视化,通过图形绘制技术(如 3D 环形图、3D 地图等),解决了在二维平面显示的问题,如图 4-4 所示。

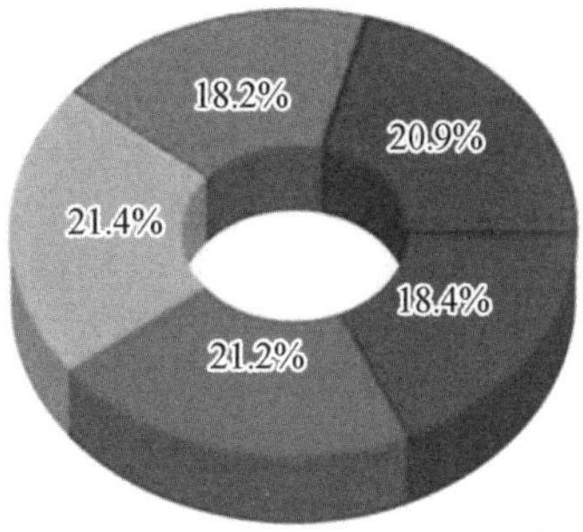

彩图

图 4－4　可视化空间示例(3D 环形图)

2. 标记

标记,是数据属性到可视化几何图形元素的映射,用来代表数据属性的归类。根据空间自由度的差别,标记可以分为点、线、面、体,分别具有零自由度和一维、二维、三维自由度。例如,我们常见的散点图、折线图、矩形树图、三维柱状图,分别采用了点、线、面、体 4 种不同类型的标记,如图 4－5 所示。

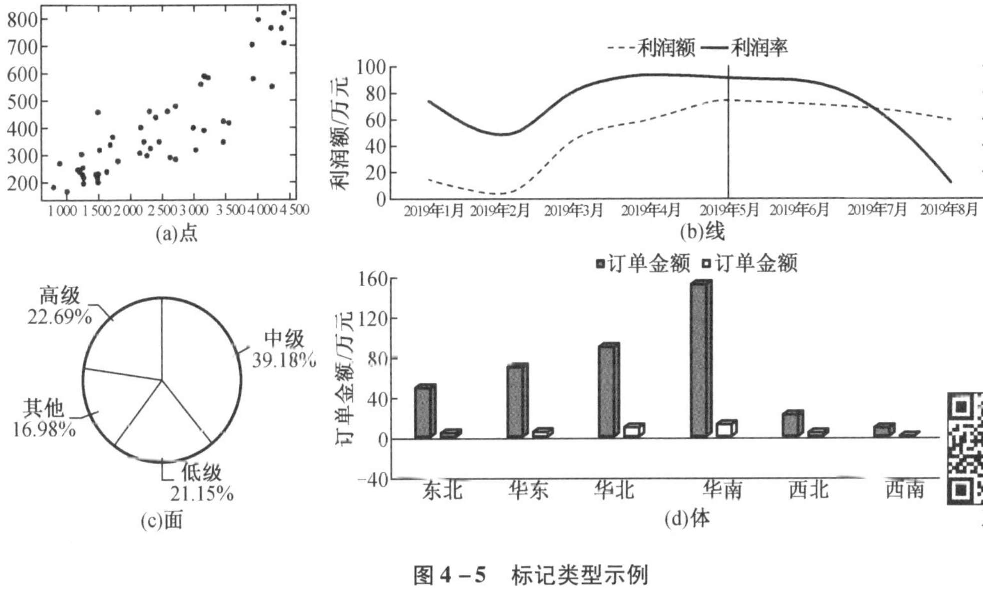

彩图

图 4－5　标记类型示例

3. 视觉通道

数据属性的值到标记的视觉呈现参数的映射叫作视觉通道,通常用于展示数据属性的定量信息。

常用的视觉通道包括标记的位置、大小(长度、面积、体积……)、形状(三角形、圆、立方体……)、方向、颜色(色调、饱和度、亮度、透明度……)等。

标记和视觉通道是可视化编码元素的两个方面,两者的结合可以完整地将数据信息进行可视化表达,从而完成可视化映射这一过程。

4. 人机交互

可视化的目的是反映数据的数值、特征和模式，以更加直观、易于理解的方式将数据背后的信息呈现给目标用户，辅助其做出正确的决策。但是通常，用户面对的数据是复杂的，数据蕴含的信息是丰富的。

如果在可视化图形中，将所有的信息不经过组织和筛选就全部机械地摆放出来，不仅会让整个页面显得特别臃肿和混乱，缺乏美感，而且模糊了重点，分散了用户的注意力，降低了用户单位时间内获取信息的能力。

常见的交互方式如下：

(1)滚动和缩放。当数据在当前分辨率的设备上无法完整展示时，滚动和缩放是一种非常有效的交互方式，如对地图、折线图的信息细节等的展示。但是，滚动与缩放的具体效果除了与页面布局有关系外，还与具体的显示设备有关。

(2)颜色映射的控制。一些可视化的开源工具会提供调色板如 D3，用户可以根据自己的喜好进行可视化图形颜色的配置，这个在自助分析等平台型工具中会相对多一点，但是在一些自研的可视化产品中，一般有专业的设计师负责这项工作，从而使可视化的视觉传达具有美感。

(3)数据映射方式的控制。这个是指用户对数据可视化映射元素的选择，一般一个数据集是具有多组特征的，提供灵活的数据映射方式给用户，便于用户按照自己感兴趣的维度去探索数据背后的信息。这个在常用的可视化分析工具中都有提供，如 Tableau、PowerBI 等。

(4)数据细节层次控制。比如隐藏数据细节，当鼠标悬停或点击时才出现。

5. 用户感知

可视化的结果只有被用户感知之后，才可以转化为知识和灵感。

用户在感知过程中，除了被动接受可视化的图形之外，还通过与可视化各模块之间的交互，主动获取信息。

4.4 数据可视化方法

关于数据可视化，人们已经提出了许多方法，这些方法根据其可视化的原理不同可以划分为基于几何的技术、面向像素技术、基于图标的技术、基于层次的技术、基于图像的技术和分布式技术等[28]。

4.4.1 可视化的数据种类

为了更好地进行可视化，将数据分为分类数据、时序数据、空间数据、多元变量数据 4 大类。

1. 分类数据

分类数据是指反映事物类别的数据，如可以将用户分为 iOS 用户和 Android 用户两种，将支付方式分为支付宝、微信、现金 3 种等。经由诸如此类的分类得到的数据称为分类数据。

2. 时序数据

时序数据也称时间序列数据，是指同一统一指标按时间顺序记录的数据列，如每个月的新增用户数量、某公司近十年每年的商品交易总额(GMV)等。诸如此类按时间顺序来记录的指标对应的数据称为时序数据。

3. 空间数据

空间数据是指用来表示空间实体的位置、形状、大小及其分布特征等诸多方面信息的数据,可以用来描述来自现实世界的目标,具有定位、定性、时间和空间关系等特性。空间数据是一种用点、线、面及实体等基本空间数据结构来表示人们赖以生存的自然世界的数据。

4. 多元变量数据

数据通常以表格的形式出现,表格中有多个列,每一列代表一个变量,将这份数据称为多元变量数据。多元变量常被用来研究变量之间的相关性,即被用来找出影响某一指标的因素有哪些。

4.4.2　基于数据的零部件

在选择完具体的可视化形式、明确了要借助图表传递什么信息以后,就可以着手选择合适的图表了,不是列举柱图、折线图等具体的图表,而是明确一些组成这些图表的零部件。比如,柱状图就是由长度和直角坐标系组成的,只需要选择所需的零部件进行组合即可。基于数据的零部件有视觉暗示、坐标系、标尺、背景信息及这 4 种形式的任意组合。

1. 视觉暗示

视觉暗示是指通过查看图表就可以与潜意识中的意识进行联系,从而得出图表表达的意识。常用的视觉暗示主要有位置(位置高低)、长度(长短)、角度(大小)、方向(方向是上升还是下降)、形状(不同形状代表不同分类)、面积(面积大小)、体积(体积大小)、饱和度(色调的强度,就是颜色的深浅)、色调(不同颜色),如图 4 - 6 所示。

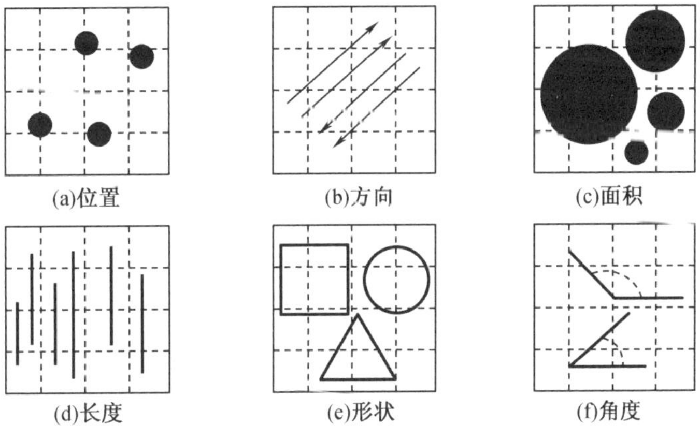

图 4 - 6　常用的视觉暗示

2. 坐标系

这里的坐标系和数学中的坐标系是相同的，只不过坐标轴的意义可能稍有不同。常见的坐标系种类有直角坐标系、极坐标系和地理坐标系，如图 4－7 所示。

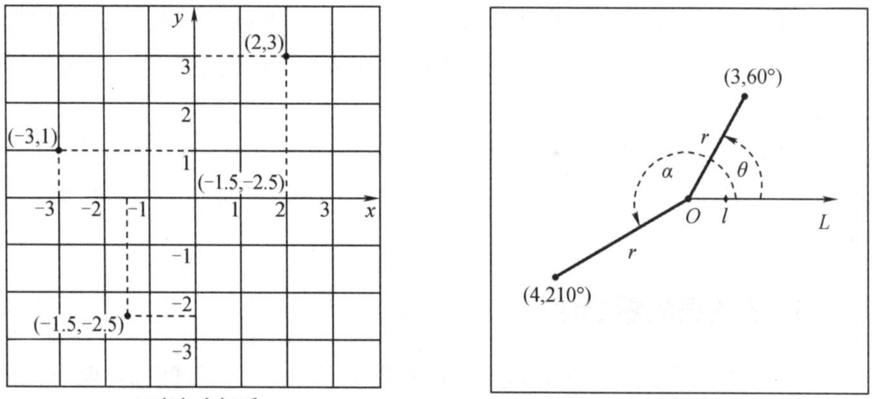

(a)直角坐标系　　(b)极坐标系

图 4－7　直角坐标系和极坐标系

大家对直角坐标系、极坐标系比较熟悉，这里说一下地理坐标系。地理坐标系是使用三维球面来定义地球表面位置，以实现通过经纬度对地球表面点位引用的坐标系。但是我们在进行数据可视化的时候一般用投影的方法把其从三维数据转化成二维的平面图形。

3. 标尺

前面说到的 3 种坐标系只是定义了展示数据的维度和方向，而标尺的作用是衡量不同方向和维度上的大小，与我们熟悉的刻度相像。

4. 背景信息

背景能够说明数据的相关信息（who、what、when、where、why），使数据更加清晰，便于读者更好地理解。

5. 组合组件

组合组件指根据目标用途将上面 4 种信息进行组合，得到最后要呈现的图表样式，具体如何组合视目标而定，组合组件部分示例如图 4－8 所示。

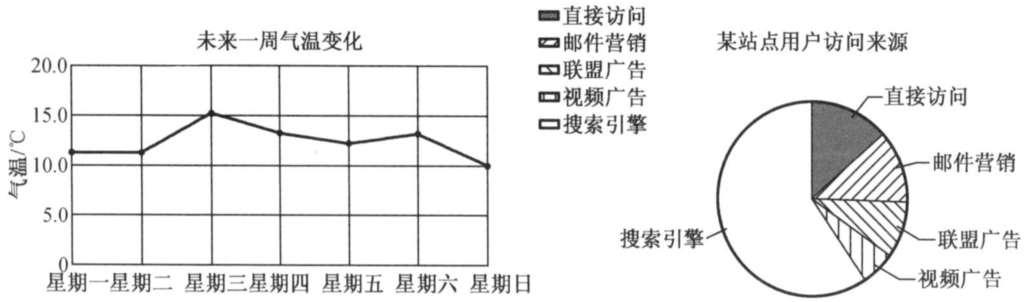

(a)直角坐标系与方向的组合　　(b)极坐标系与颜色的组合

图 4－8　组合组件部分示例

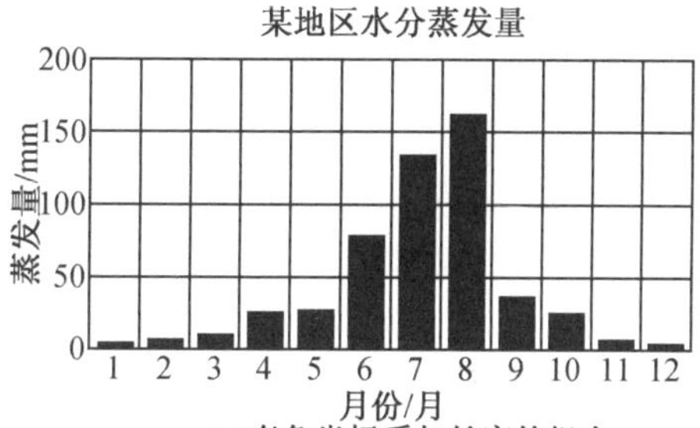

(c)直角坐标系与长度的组合

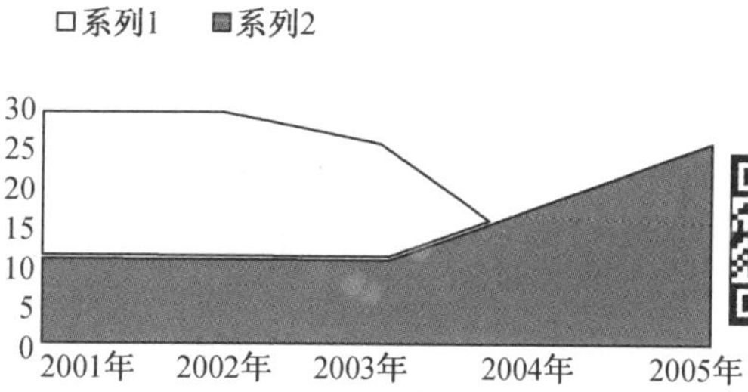

(d)面积与颜色的组合

彩图

图 4－8(续)

4.5　面向大数据主流应用的信息可视化技术

大数据可视化技术涉及传统的科学可视化和信息可视化，从大数据分析将掘取信息和获取知识作为目标的角度出发，信息可视化技术将在大数据可视化中扮演更为重要的角色。Shneiderman 根据信息的特征把信息可视化技术分为一维信息（1－dimensional）、二维信息（2－dimensional）、三维信息（3－dimensional）、多维信息（multi－dimensional）、层次信息（tree），网络信息（network）、时序信息（temporal）的可视化[29]。近年来，研究者基于上述信息特征提出了多种信息可视化的新方法和新技术，并获得广泛应用。

随着大数据的兴起与发展，互联网、社交网络、地理信息系统、企业商业智能、社会公共服务等主流应用领域逐渐产生了几类特征鲜明的信息类型，主要包括文本、网络（图）、时空及多维数据等。这些与大数据密切相关的信息类型和 Shneiderman 的分类交叉融合，成为大数据可视化的主要研究领域。

4.5.1　文本可视化

文本信息是大数据时代非结构化数据类型的典型代表，是人们日常工作和生活中接触最多的数据类型，也是互联网应用中最主要的信息类型，更是物联网各种传感器采集后生成的主要信息类型。文本可视化能够将文本中蕴含的语义特征（如词频与重要度、逻辑结构、主题聚类、动态演化规律等）直观地展示出来[30]。

如图 4－9 所示，典型的文本可视化技术是标签云（word clouds 或 tag clouds），标签云是一套相关的标签及与此相应的权重。标签是单独的词，每个标签的重要程度通过字体的大小或颜色来表示。典型的标签云有 30～150 个标签。权重影响使用的标签的字体大小或其他视觉效果。在互联网应用中，标签云多用于快速识别网络媒体主题的热度。此外，标签云通常是可以交互的，标签是典型的超链接，能够让用户仔细了解它们的内容。

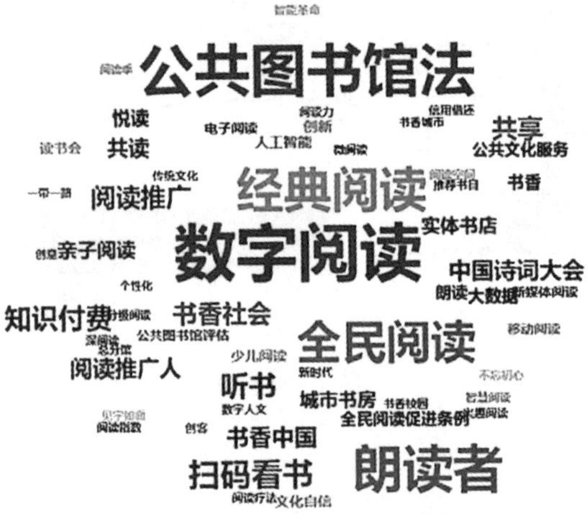

彩图

图 4-9　标签云示例

文本中通常蕴含着逻辑层次结构和一定的叙述模式，为了对结构语义进行可视化，研究者提出了文本的语义结构可视化技术。如图 4-10 所示是两种可视化方法：DAViewer 将文本的叙述结构语义以树的形式进行可视化，同时展现了相似度统计、修辞结构及相应的文本内容；Docu Burst 以放射状层次圆环的形式展示文本结构。基于主题的文本聚类是文本数据挖掘的重要研究内容，为了可视化展示文本聚类效果，通常将一维的文本信息投射到二维空间中，以便对聚类中的关系予以展示。例如，Hipp 提供了一种基于层次化点排布的投影方法，可广泛用于文本聚类可视化。上述文本语义结构可视化方法仍建立在语义挖掘的基础上，与各种挖掘算法绑定在一起。

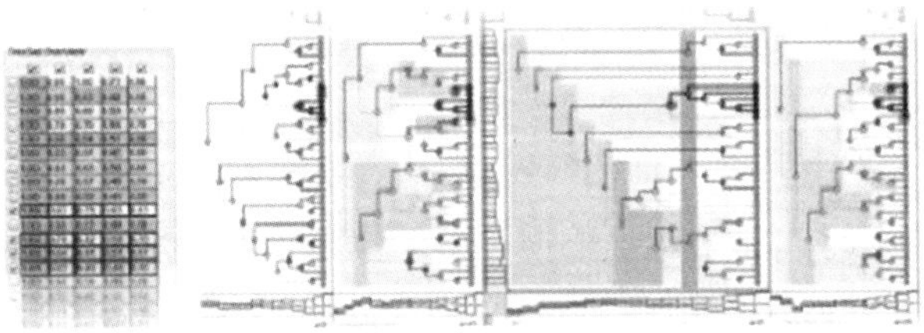

(a)DAViewer

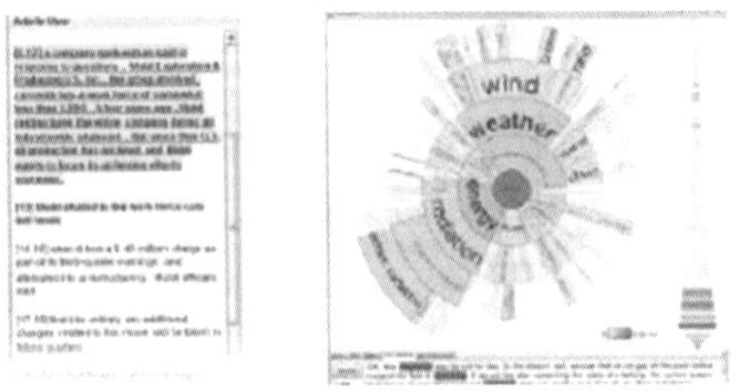

(b)Docu Burst

彩图

图 4-10　DAViewer 和 Docu Burst 文本语义结构树

因文本的形成与变化过程和时间属性密切相关，将动态变化的文本中时间相关的模式与规律进行可视化展示，是文本可视化的重要内容。引入时间轴是一类主要方法，如图 4-11 所示，Theme River 基于河流设计，河流从左至右地流淌代表时间序列，将文本中的主题用不同颜色的色带表示，主题的频度以色带的宽窄表示。基于河流隐喻，研究者又提出了 Text Flow，进一步展示了主题的合并和分支关系以及演变。图 4－11 中还展示了 Event River，将新闻进行了聚类并以气泡的形式展示出来。社会媒体舆情分析作为大数据的典型应用之一，在对文本本身语义特征进行展示的同时，通常需要结合文本的空间、时间属性形成综合的可视化界面。Shreck 等人对现有的文本可视化技术进行集成，建立了针对社会媒体进行可视化分析的原型系统，很好地展示了社会媒体的舆情特征，为舆情管控和分析提供了极大的方便。

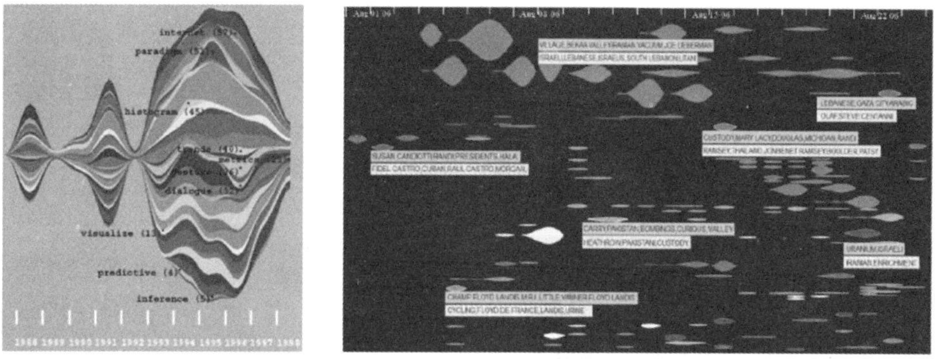

(a)Theme River　　(b)Event River

彩图

图 4－11　动态文本时序信息可视化

4.5.2　网络(图)可视化

网络关联关系是大数据中最常见的关系，对其最常见的应用是互联网与社交网络。基于网络节点和连接的拓扑关系，直观地展示了网络中潜在的模式关系，如节点或边聚集性，是网络可视化的主要内容之一。对于具有海量节点和边的大规模网络，如何在有限的屏幕空间中进行可视化，如何以局域视角和全局视角展示网络(图)，是大数据时代面临的难点和重点问题。除了对静态的网络拓扑关系进行可视化，大数据相关的网络往往具有动态演化性，因此，如何对动态网络的特征进行可视化也是不可或缺的研究内容。

因为网络(图)可视化的广泛应用，研究者提出了大量网络可视化或图可视化技术，Herman 等人综述了图可视化的基本方法和技术，如图 4－12 所示。经典的基于节点和边的可视化是图可视化的主要形式。图 4－12 中主要展示了具有层次特征的图可视化的典型应用技术，如 H 状树(H－tree)、圆锥树(cone tree)、气球图(balloon view)、放射图(radial graph)、三维放射图(3D Radial)、双曲树(hyperbolic tree)等。对于具有层次特征的图，空间填充法也是常用的可视化方法，如树图技术(treemaps)及其改进技术，如图 4－13 所示是基于矩形填充、Voronoi 图填充、嵌套圆填充的树可视化技术。Gou 等人综合集成了放射图、基于空间填充法的树可视化技术，提出了 Tree Net Viz。这些图可视化技术的特点是直观表达了图节点之间的关系，但算法难以支撑大规模图(如百万像素以上)的可视化，并且只有当图的规模在界面像素总数规模范围以内(如百万像素以内)时效果才较好，因此对于大数据中的图，需要对这些方法进行改进，如计算并行化、图聚簇简化可视化、多尺度交互等。

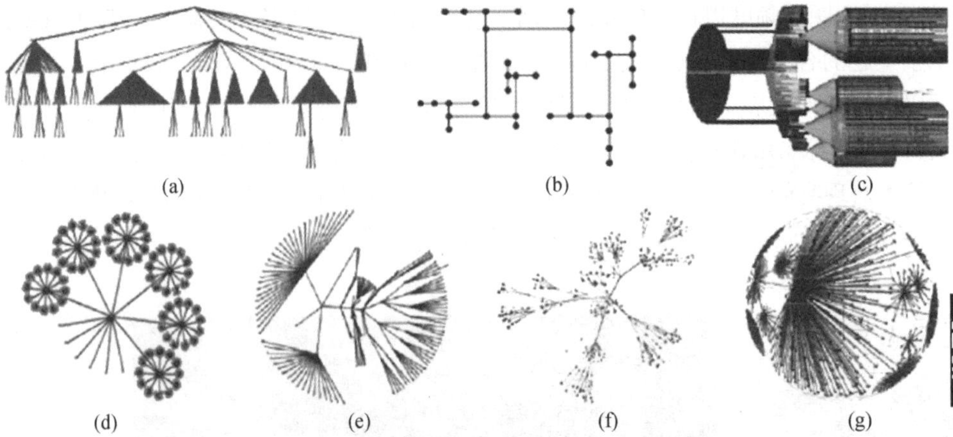

彩图

图 4－12　基于节点连接的图和树可视化方法

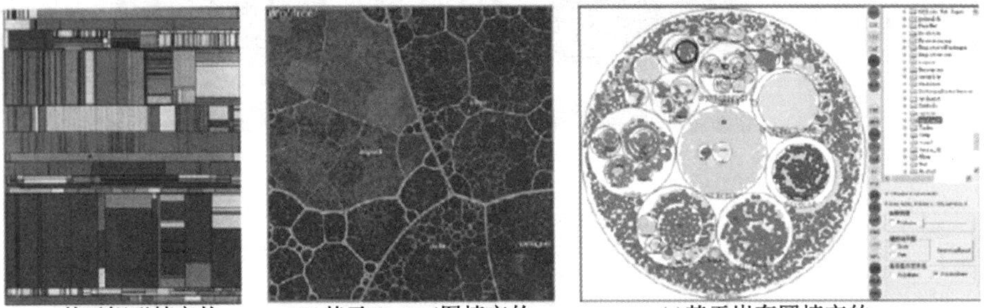

(a)基于矩形填充的树可视化　(b)基于Voronoi图填充的树可视化　(c)基于嵌套圆填充的树可视化

彩图

图 4－13　基于空间填充的树可视化

在大规模网络中，随着海量节点和边的数目不断增多，如规模达到百万以上时，可视化界面中会出现节点和边大量聚集、重叠和覆盖问题，使得分析者难以辨识可视化效果。图简化（graph simplification）方法是处理此类大规模图可视化的主要手段。

一类简化是对边进行聚集处理，如基于边捆绑（edge bundling）的方法，使得复杂网络可视化效果更为清晰，图 4－14 展示了基于边捆绑的大规模密集图可视化技术。此外，Ersoy 等人还提出了基于骨架的图可视化技术，主要方法是根据边的分布规律计算出骨架，然后再基于骨架对边进行捆绑。

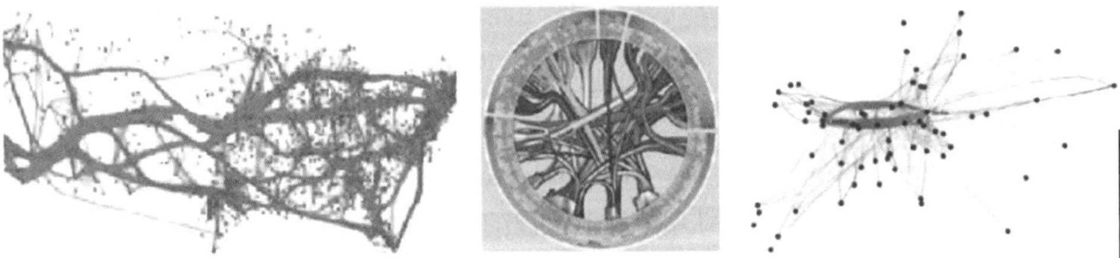

(a)　(b)　(c)

彩图

图 4－14　基于边捆绑的大规模密集图可视化

另一类简化是通过层次聚类与多尺度交互，将大规模图转化为层次化树结构，并通过多尺度交互对不同层次的图进行可视化（图 4－15），如 ASK－Graphview 能够对具有 1 600 万条边的图进行分层可视化。这些技术为大规模图可视化提供有力的支持，交互技术的引入也是提高大规模图可视化能力的不可或缺的手段。

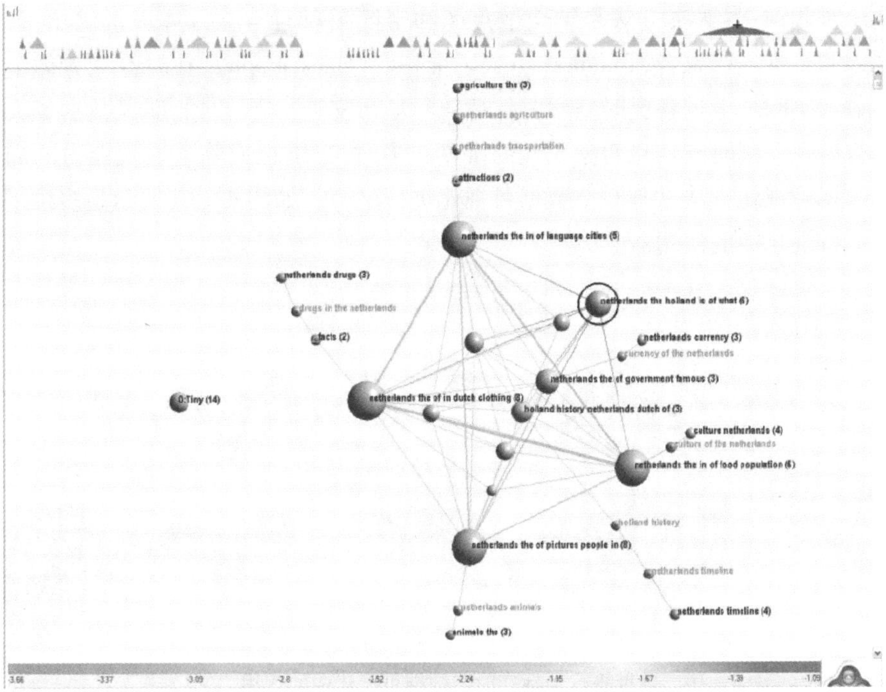

彩图

图 4－15　基于层次聚类与多尺度交互的大规模图可视化工具

动态网络可视化的关键是将时间属性与图进行融合，最基本、最常用的方法是引入时间轴。例如，Story Flow 是一个对复杂故事中角色网络的发展进行可视化的工具，该工具将复杂故事中各角色之间的复杂关系随时间的变化，以基于时间线的节点聚类的形式展示出来。然而，这些例子涉及的网络规模较小。总体而言，目前针对动态网络演化的可视化方法的研究仍然较少，而大数据背景下对各类大规模复杂网络如社会网络和互联网等的演化规律的探究，将推动复杂网络的研究方法与可视化领域进一步深度融合。

4.5.3　时空数据可视化

时空数据是指带有地理位置与时间标签的数据。传感器与移动终端的普及产生了海量的时空数据，成为大数据研究的又一热点。时空数据可视化与地理制图学相结合，重点对时间与空间维度及与之相关的信息对象属性建立可视化表征，对与时间和空间密切相关的模式及规律进行展示[31]。大数据环境下，时空数据的高维性、实时性等特点也是时空数据可视化研究的重点。为了反映信息对象随时间进展与空间位置所发生的行为变化，通常通过信息对象的属性可视化来展现。

流式地图（flow map）是一种典型的方法，将时间事件流与地图相融合。当数据规模不断增大时，传统的流式地图面临大量的图元交叉、覆盖等问题，这也是大数据环境下时空数据可视化面临的主要问题之一。解决此问题可借鉴并融合大规模图可视化中的边捆绑方法。此外，基于密度计算对时间事件流进行融合处理也能有效解决此问题。

为了突破二维平面的局限性，另一种主要方法称为时空立方体（space - time cube），以三维方式将时间、空间及事件直观地展现出来。时空立方体同样面临着大规模数据造成的密集杂乱问题。对此，一类解决方法是结合散点图和密度图对时空立方体进行优化；另一类方法是对二维和三维进行融合，Tominski 引入了堆积图（stack graph），在时空立方体中拓展了多维属性显示空间。上述各类时空立方体适合对城市交通 GPS 数据、飓风数据等大规模时空数据进行展现。当时空信息对象属性的维度较多时，三维也面临着展现能力的局限性，因此，多维数据可视化方法常与时空数据可视化进行融合。如图 4 - 16 所示是多维平行坐标在时空数据可视化中的使用。

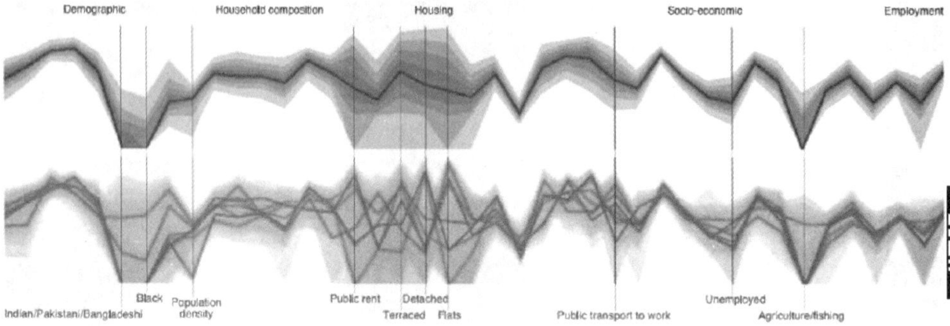

彩图

图 4 - 16　多维平行坐标在时空数据可视化中的使用

4.5.4　多维数据可视化

数据集中特征的数量被称为其维数，多维数据指的是具有多个维度属性的数据变量，广泛存在于基于传统关系型数据库及数据仓库的应用中，如企业信息系统及商业智能系统。多维数据分析的目标是探索多维数据项的分布规律和模式，并揭示不同维度属性之间的隐含关系。Keim 等人归纳了多维可视化的基本方法，包括基于几何图形、图标、像素、层次结构、图结构的多维可视化方法及混合方法。其中，基于几何图形的多维可视化方法是近年来研究者主要的研究方向。大数据背景下，除了由数据项规模扩张带来的挑战，由高维引起的问题也是人们研究的重点。

多维数据可视化是指通过一些手段将高维的数据展示在二维的平面中，在进行探索性数据分析及对聚类或分类问题的验证中有着重要的应用。下面介绍一些常用的多维数据可视化的方法。

散点图是最常用的多维可视化方法。二维散点图将多个维度中的两个维度属性值集合映射至两条轴，在二维轴确定的平面内通过图形标记的不同视觉元素来反映其他维度属性值，例如，可用不同形状、颜色、尺寸等来代表连续或离散的属性值，如图 4 - 17（a）所示。二维散点图能够展示的维度十分有限，研究者将其扩展到三维空间，通过可旋转的 scatter plot 方块(dice)扩展了可映射维度的数目,如图 4－17(b)所示。散点图通常适用于对有限数目的、较为重要的维度进行可视化,不适用于需要对所有维度同时进行展示的情况。

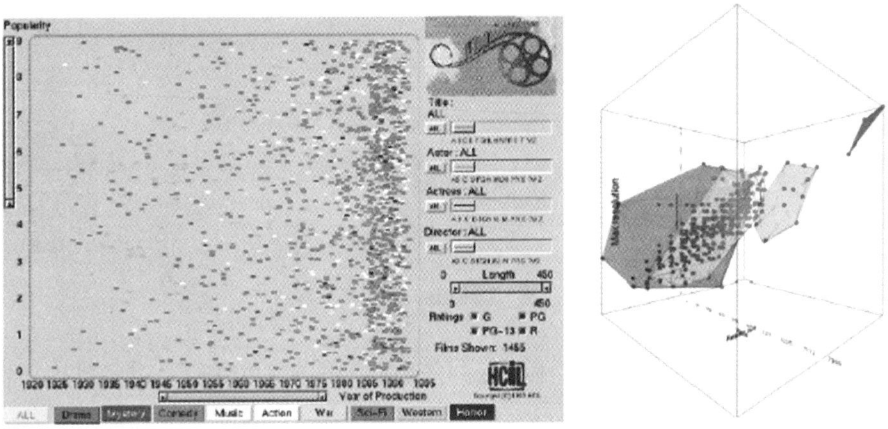

(a)二维散点图　　　(b)三维散点图

彩图

图 4－17　二维散点图和三维散点图

Andrews 曲线将每个样本的属性值转化为傅里叶序列的系数来创建曲线。通过将每一类曲线标记成不同的颜色可以可视化聚类数据,属于相同类别的样本的曲线通常更加接近并构成了更大的结构,如图 4－18 所示。

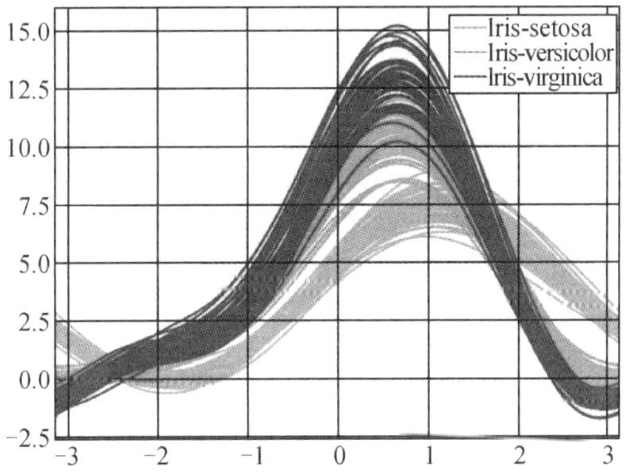

彩图

图 4－18　Andrews 曲线

雷达坐标图(RadViz)是一种可视化多维数据的方式,基于基本的弹簧压力最小化算法(在复杂网络分析中也会经常应用)。简单来说,将一组点放在一个平面上,每一个点代表一个属性,案例中有 4 个点被放在一个单位圆上,接下来可以设想每个数据集通过一个弹簧连接到每个点上,弹力及其属性值成正比(属性值已经标准化),数据集在平面上的位置是弹簧的均衡位置。不同类的样本用不同的颜色表示,如图 4－19 所示。

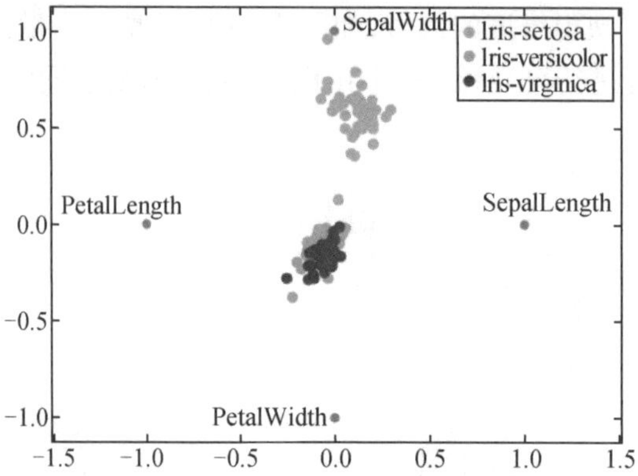

彩图

图 4 - 19 RadViz

投影(projection)具有能够同时展示多维数据的能力。如图 4 - 20 所示,将各维度属性列集合通过投影函数映射到一个方块形图形标记中,并根据维度之间的关联度对各个小方块进行布局。基于投影的多维可视化方法一方面反映了维度属性值的分布规律,另一方面也直观展示了多维度之间的语义关系。

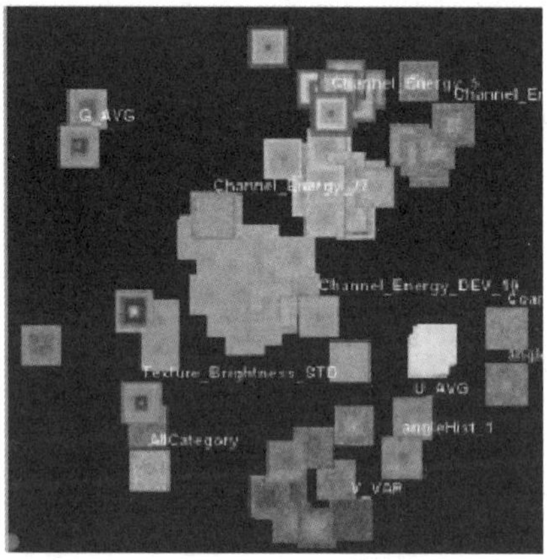

彩图

图 4 - 20 基于投影的多维可视化

平行坐标(parallel coordinates)是研究和应用得最为广泛的一种多维可视化技术,如图 4 - 21 所示,将维度与坐标轴建立映射,在多个平行轴之间以直线或曲线映射表示多维信息。近年来,研究者将平行坐标与散点图等其他可视化技术进行集成,提出了平行坐标散点图 PCP(parallel coordinate plots)。从平行坐标中可以看到数据中的类别且可从视觉上估计其他的统计量。使用平行坐标时,每个点用线段连接,每个垂直的线代表一个属性,一组连接的线段表示一个数据点,可能是一类的数据点会更加接近。平行坐标图以多个垂直平行的坐标轴表示多个维度,以维度上的刻度表示在该属性上对应值,以颜色区分类别。每个样本在各个维度上对应一个值,相连而得的一个折线表示该样本。如图 4 - 22 所示,将散点图和柱状图集成在平行坐标中,支持分析者从多个角度同时使用多种可视化技术进行分析。再如,Geng 等建立了一种具有角度的柱状图平行坐标,支持用户根据密度和角度进行多维分析。大数据环境下,平行坐标面临的主要问题之一是大规模数据项造成的线条密集与重叠覆盖问题,根据线条聚集特征对平行坐标图进行简化,形成聚簇可视化效果,如图 4－23所示,将为这一问题提供有效的解决方法。

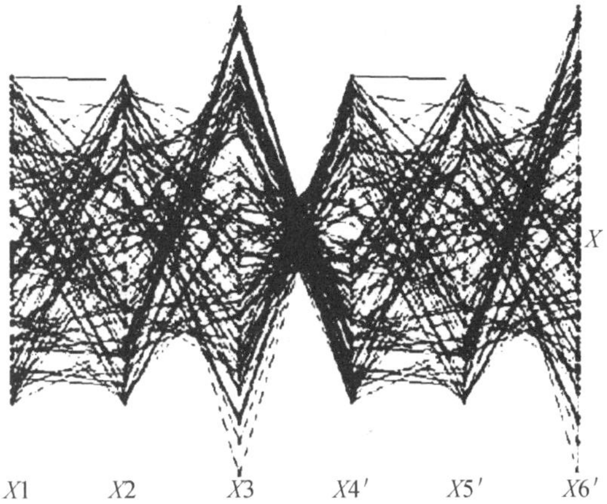

图 4－21　平行坐标多维可视化技术

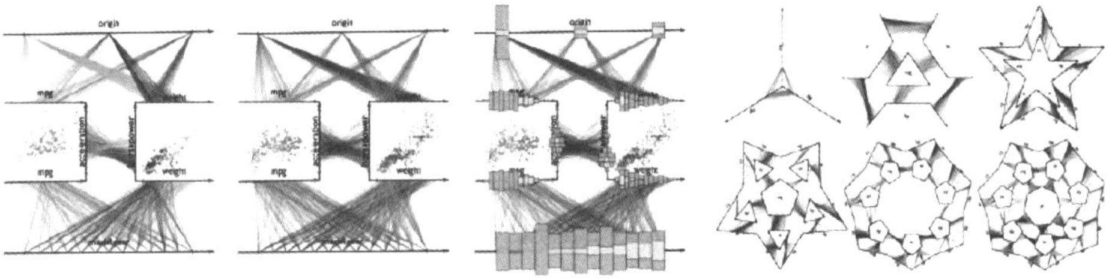

彩图

图 4－22　集成了散点图和柱状图的平行坐标工具

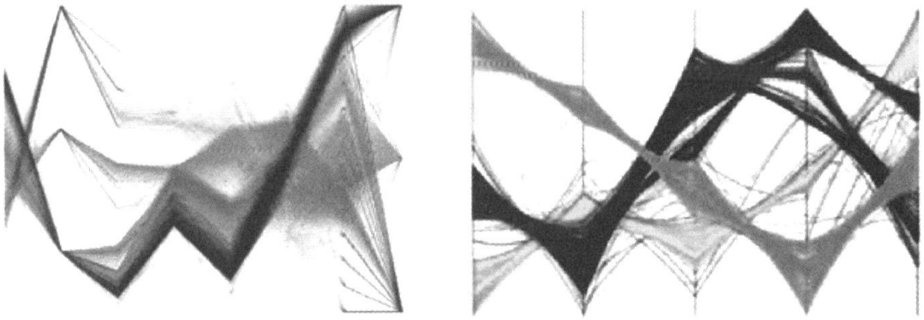

彩图

图 4－23　平行坐标图聚簇可视化

4.6 问题与挑战

1. 多源、异构、非完整、非一致、非准确数据的集成与接口

大数据可视化与可视化分析所依赖的基础是数据，而大数据时代中数据的来源众多且多来自异构环境，即使获得数据源，得到的数据的完整性、一致性、准确性都难以保证，数据质量的不确定问题将直接影响可视化分析的科学性和准确性。大数据可视化的前提是有集成的数据接口，并且与可视化分析系统形成松耦合的接口关系，以方便地供各种可视化算法调用，使得可视化分析系统的研发者和使用者不需要了解关系数据接口背后的复杂机理。可见，大数据的集成和接口问题将是大数据可视化分析面临的第一个挑战。

2. 匹配心理映像的可视化表征设计与评估

科学可视化和信息可视化领域经过几十年的发展，积累了大量各具特色的可视化表征，这将为大数据可视化提供有力的支持。然而，绝大多数在当时看来是创新的可视化技术，却只能被少部分研究者接受，难以获得研究者们广泛的认可和应用。原因在于大量的可视化表征的创造仅仅是追求技术角度的创新，而忽视了可视化尤其是信息可视化领域的本源——符合人的认知规律和心理映像。针对大数据固有的特点，未来仍将涌现出更多的可视化表征。然而目前仍缺乏公认的科学评价机制，对可视化表征设计的合理性、自然性、直观性及有效性等进行评估。未来，随着认知科学的发展，如何创造匹配心理映像的大数据可视化表征，真正能够让分析者一眼看穿大数据，将是大数据可视化面临的最大挑战。

3. 最大限度发挥人、机各自优势的人机交互与最优化协作求解

如前所述，人和计算机各自拥有无可替代的优势，人具有机器所不具备的视觉系统及强大的感知和认知能力，并且具有非逻辑理性的直觉判断和分析解读能力，但是人的工作记忆却只有7个左右的信息块；而计算机拥有巨大的存储系统和强大的数据处理能力，能够根据数据挖掘模型在短时间内完成大规模的计算量。因此，大数据可视化分析的过程就是充分利用人和计算机各自的优势并使二者紧密协作的过程。然而，目前大数据可视化分析领域仍未能十分清晰和细致地界定在问题分析过程中，人机交互的多层次、多粒度任务应该如何最优化地分布在人、机两侧。而且，目前正处于从 WIMP 走向 Post - WIMP 的过渡期，各种交互技术如何最优地匹配具体的分析任务，仍有待于深入地研究与验证。

4. 以用户为中心的系统设计与开发方法论、框架以及工具

随着互联网、物联网、云计算的迅猛发展，数据随处可见、触手可及。政府的政策制定、经济与社会的发展、企业的生存与竞争，以及每个人日常生活的衣、食、住、行无不与大数据有关。因此，未来任何领域的普通个人均存在着大数据分析的需求。"人人都懂大数据、人人都能可视化"是大数据领域的发展目标之一。可视化领域中大量极具潜力的创新技术之所以未能从学术界推广至产业界，一个重要的原因是缺乏简单易行的、以用户为中心的系统设计与开发方法论、框架及工具。具体应用领域的用户往往不懂看起来较为高深的可视化和交互技术，他们通常只提出问题、需求或提供大数据。如何能使用户快捷方便地、自助式地实现大数据可视化分析，满足其个性化需求，将是大数据可视化分析走向大范围应用

并充分发挥价值的关键。

5. 可扩展性问题

目前,大数据的数据规模呈现爆炸式增长,数据量的无限积累与数据的持续演化,导致普通计算机的处理能力难以达到理想的范围。同时,主流显示设备的像素数也难以跟上大数据增长的脚步,造成像素的总和还不如要可视化的数据多。而且,大量在较小的数据规模下可行的可视化技术在面临极端大规模的数据时无能为力。大数据可视化分析系统应具有很好的可扩展性即感知扩展性和交互扩展性,只取决于可视化的精度而不依赖于数据规模的大小,以支持实时的可视化与交互操作。因此,如何对超高维数据降维以降低数据规模、如何结合使用大规模并行处理方法与超级计算机、如何将目前有价值的可视化算法和人机交互技术提升并拓展到大数据领域,将是未来最严峻的挑战。

4.7　本章小结

可视化分析是大数据分析的重要方法,能够有效地弥补计算机自动化分析方法的不足。大数据可视化分析将人们面对可视化信息时强大的感知认知能力与计算机的分析计算能力的优势进行有机融合,在数据挖掘等方法的基础上,综合利用认知理论、科学可视化和信息可视化、人机交互技术,辅助人们更为直观和高效地洞悉大数据背后的信息,获取知识与智慧。可视化分析建立在可视化技术的基础上,主要强调认知、可视化、人机交互的交叉与融合。本章正是从这一角度出发,分析了支持大数据可视化分析的基础理论,在此基础上,讨论了面向大数据主流应用的数据可视化方法,主要包括文本可视化、网络(图)可视化、时空数据可视化、多维数据可视化;同时探讨了支持可视化分析的人机交互技术,并在最后讨论了大数据可视化分析领域面临的瓶颈问题和技术挑战。

当前,国内数据可视化与可视化分析的研究成果仍十分鲜见,中国科学院软件研究所、北京大学、浙江大学、天津大学、香港科技大学、燕山大学、微软亚洲研究院等高校和研究机构中相关领域的学者的规模也十分有限,迫切需要更多专家学者对数据可视化与可视化分析的关注与支持。同时,研究者们也需要结合大数据深入开展实践。

第 5 章　云计算与大数据

5.1　云计算概念

云计算(cloud computing)是网格计算(grid computing)、分布式计算(distributed computing)、并行计算(parallel computing)、效用计算(utility computing)、网络存储(network storage technologies)、虚拟化(virtualization)、负载均衡(load balance)等传统计算机技术和网络技术的发展融合产物。狭义的云计算是指 IT 基础设施的交付和使用模式,指用户通过网络以按需、易扩展的方式获得所需的服务。这种服务可以是和软件、互联网相关的,也可以是任意其他的服务,具有超大规模、虚拟化、可靠安全等特点[32]。

云计算是一种基于互联网的新计算方式,通过互联网上异构、自治的服务为个人和企业用户提供按需即取的计算。著名咨询机构 Gartner 将云计算定义为“利用互联网技术将庞大且可伸缩的 IT 能力集合起来作为服务提供给多个客户的技术”;而 IBM 则认为“云计算是一种新兴的 IT 服务交付方式,应用、数据和计算资源能够通过网络作为标准服务在灵活的价格下快速地提供给最终用户”。现阶段广为接受的是美国 NIST 的定义:云计算是一种按使用量付费的模式,这种模式提供可用的、便捷的、按需的网络访问,进入可配置的计算资源共享池(资源包括网络、服务器、存储、应用软件、服务等),这些资源能够被快速提供,用户只需要投入很少的管理工作或与服务供应商进行很少的交互,就能快速获取到这些资源。这种云计算技术的机构模型一共包括 3 种服务模式和 3 种部署方式,如图 5 - 1 所示。

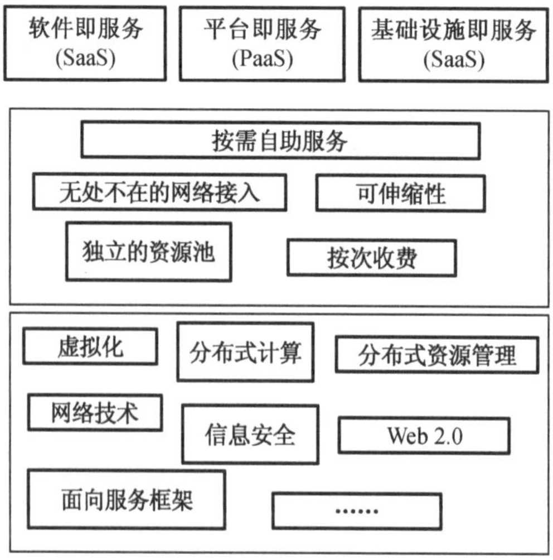

图 5 - 1　云计算技术的结构模型

5.2 云计算演变过程

2003 年,美国多所一流的大学提出了“VGrADS”项目,美国国家科学基金会(NSF)为支持这个项目共投资了 800 多万美元,至此,正式开启云计算的研究工作,云计算技术进入初始的研发阶段。自 2004 年以来,美国 Amazon 公司基于云计算技术,不断研发了各种云计算服务层的一些软件服务,如 simple array service、Mechanical Turk 等云服务。到 2006 年,Amazon 推出了一款简单的存储服务,简称 S3;后来又推出了一款弹性计算的云服务,简称 EC2。这两款云服务使得云计算的服务层逐步走向成熟。Google 公司是云计算的提出者和探索的先驱,在云计算方面居世界领先地位,积累了雄厚的技术资源。Google 公司不仅可以让用户体验云计算的各种在线应用功能,也能够充分运用自身数据库的优势,使云计算技术发展成一种统一化的云计算在线使用平台。

2006 年 8 月,Google 公司率先提出了“云计算”这个新科技的概念;同年,Amazon 公司为用户提供了 S3 和 EC2 等在线云服务。2007 年 11 月,IBM 公司提出“蓝云”计划,该计划是依据公司内部的需求提出的。此外,云计算中的私有云、混合云、公有云等概念也被相应提出。在云计算的这些概念中,公有云的安全问题需要得到有效的解决,如数据的存储、信息的传输安全等问题。IBM 是一家在服务器领域拥有绝对优势的公司,所以它能够使云计算技术从软、硬件到云服务等都由自己的公司研发与生产。Google 和 Amazon 为云计算时代的来临拉开了大幕。云计算是以互联网为基础,用户进行交付和使用的一种平台交易模式,是指用户通过网络平台按照自己的需求和扩充方式获得所需要的资源(虚拟的硬件、跨平台的软件等)。提供这些网络资源的平台称为“云(cloud)”。“云”中的信息资源在用户看来是能够无限自由扩展的,同时能够按照自己的意愿进行信息获取,按照自己的要求使用,按照自己的使用情况进行付费。从广义的角度进行分析,云计算技术是指提供云服务的一种信息交付和使用方式,具体指通过 IT 网络模式,用户按照使用需求和平台的扩展来获取所需的各种云服务。这种云服务一般是 IT 信息、平台软件以及网络查询、存储等相关的服务,同时也包括其他各种各样的服务(如大数据计算等)。

2008 年 9 ~ 10 月,微软公司发布了 Windows Azure 操作系统。位于微软公司的云计算服务器上的 Cloud OS 操作系统就是由 Windows Azure 系统提供的,能够给很多研发者、开发者等提供必要的一些服务。由于微软公司具有庞大的 Windows 用户群体,因此它试图通过 Window Azure 操作系统从 PC 中延伸出来,重新建立一个新型的云计算应用平台。在 2010 年 10 月,NSF 启动了 Di - Cloud 云计算全球网络创新环境技术攻关项目(GENI)。

在云计算研发的初期,云计算主要是被作为一种由互联网提供的 IT 资源和服务的应用模式。处于初期阶段的云计算主要有虚拟化、弹性(可按需供应)、非静态(可动态资源调配)等特点。IBM 公司于 2008 年在江苏省无锡市成立了中国第一个云计算中心,不久之后,在北京建立了大中华区云计算中心。我国于 2009 年在南京建立了电子商务云计算中心。我国最大的电信中立互联网基础设施服务商——世纪互联在 2010 年推出了互联网云主机服务“Cloud Ex”。“Cloud Ex”云主机具有对客户需求可快速供应和部署、安全可靠、可快速恢复资源、可提高资源利用率和降低能耗、弹性高、可伸缩性高、人性化管理更加灵活、计费模式较为丰富等多种优点。

在云服务的各个系统之间,用户需要进行互操作等,即需要将部分应用程序迁移到另一个云服务系统的平台上,这样就需要提出云计算的公共共享标准。由于云计算技术有其自身特点,涉及的IT技术及其相关领域之间的技术比较广泛,如操作系统的软硬件基础设施、各种服务平台、应用层的相关技术等,因此,形成一个统一的云计算国际标准需要一定的时间,这是一个阶段性的过程。目前,云计算国际标准组织定义了专用的API接口来解决云计算各个系统之间的兼容性问题。很多公司根据自身的特点提供了许多不同的云计算解决方案,导致不同的云设备之间出现了联通和操作系统、硬件转移等各个方面不兼容的问题,所以用户也就很难将他们的数据信息从一个云服务站点转移到另一个云服务站点。

5.3 云计算与大数据

目前融合已经成为大数据技术发展的重要特征,当前大数据体系的底层技术框架已基本成熟。大数据技术正逐步成为支撑型的基础技术,其发展方向也开始向提升效率转变,逐步向个性化的上层应用聚焦,技术的融合趋势越发明显,大数据基础设施向云上迁移是一个重要的趋势。各大云厂商均开始提供各类大数据产品以满足用户需求,并纷纷构建自己的云上数据产品,如Amazon Web Service(AWS)和Google Cloud Platform(GCP)很早就开始提供受管理的MapReduce或Spark服务,以及国内阿里云提供的MaxCompute、腾讯云提供的弹性MapReduce等。大规模可扩展的数据库服务也纷纷上云,如Google Big Query、AWS Redshift、阿里云的PolarDB、腾讯云的Sparkling等,来为PB级的数据集提供分布式数据库服务。早期的云化产品大部分是对已有大数据产品的云化改造,现在越来越多的大数据产品从设计之初就遵循了云原生的概念进行开发,生于云、长于云,更适合云上生态。

"向云化"解决方案演进的最大优点是用户不用再操心如何维护底层的硬件和网络,能够更专注于数据和业务逻辑,在很大程度上降低了大数据技术的学习成本和使用门槛。

大数据离不开云处理,云处理为大数据提供了弹性可拓展的基础设备,是产生大数据的平台之一。自2013年开始,大数据技术已和云计算技术紧密结合,预计未来两者的关系将更为密切。

很多行业受益于"将数据中心作为一个枢纽",越来越多的以云计算为中心的生态系统合作伙伴集中在一个关键的数据中心,如金融交易、网页和在线服务或提供媒体内容的企业。众所周知,这些企业有大量的数据需要进行处理和管理。随着移动智能设备的普及,云计算服务和云应用在云平台的支撑下,让这些庞大的数据得以保存和处理,数据的价值不在于多,而在于如何在数据中挖掘到有价值的信息,这需要借助云服务和云应用的能力。这也是业界将云计算和大数据相提并论的原因所在。到底云计算与大数据是什么样的关系呢?

云计算已然开始步入应用阶段,而大数据的产生反过来体现了云计算的价值。很多IT技术人员想必已经注意到业界对于新趋势的关注已由原来的云计算转移到大数据上,越来越多的企业开始推广大数据相关的服务和产品，将企业数据作为企业资产进行管理和变现，已经开始从数据抽象、数据共享和数据估值方面启动大数据战略。人们对于大数据的讨论并不像对云计算那样主要集中在概念层面，而主要集中在技术层面的研究上。企业视大数据为生命和新竞争力。企业要想在行业中脱颖而出并赢得市场，大数据的支持是必不可少的，所以企业纷纷制定大数据战略。无论是互联网企业还是传统企业都在大数据时代不甘示弱，而大数据时代的特性注定了它与云计算的不解之缘。大数据推动云计算的落地，云计算促进大数据的应用。

5.3.1 云计算与大数据的关系

云计算的关键词在于“整合”，无论是通过现在已经很成熟的传统的虚拟机切分型技术，还是通过 Google 后来使用的海量节点聚合型技术，都是将海量的服务器资源通过网络进行整合，再调度分配给用户，从而为客户解决由存储计算资源不足带来的问题。

大数据正是由数据的爆发式增长带来的新的课题内容，如如何存储如今互联网时代所产生的海量数据，如何有效地利用和分析这些数据等。

对云计算与大数据之间的关系可以这样来理解：云计算技术就是一个容器，大数据正是存放在这个容器中的水，大数据是要依靠云计算技术来进行存储和计算的。

关于云计算与大数据之间的关系众说纷纭，“云端互通”关于云计算和大数据之间的关系有以下 3 点认识。

第一，云计算与大数据之间是相辅相成、相得益彰的关系。大数据的挖掘处理需要以云计算为平台，而大数据涵盖的价值和规律则能够使云计算更好地与行业应用结合并发挥更大的作用。云计算将计算资源作为服务来支撑对大数据的挖掘，而大数据的发展趋势为实时交互的海量数据查询、分析提供了价值信息[33]。

第二，云计算与大数据的结合将可能成为人类认识事物的新工具。实践证明，人类对客观世界的认识是随着技术的进步及认识世界的工具的更新而逐步深入的。过去，人类先认识的是事物的表面，通过因果关系由表及里，由对个体的认识到找到共性规律。现在将云计算和大数据结合，人们就可以利用高效、低成本的计算资源分析海量数据的相关性，快速找到共性规律，加速人们对于客观世界的有关规律的认识。

第三，大数据的信息、隐私保护是云计算、大数据快速发展和被运用的重要前提。没有信息安全也就没有云服务的安全。产业及服务要健康、快速地发展就需要得到用户的信任。因此研究者应更加重视云计算的安全问题，更加注意大数据挖掘中的隐私保护问题，从技术层面进行深度的研发，严防和打击黑客等的攻击；同时国家应加快立法的进度，营造良好的信息服务环境。

5.3.2 云计算和大数据的安全隐私

大数据、云计算是目前互联网发展的重要方向，更是信息和网络安全发展的重要方向。用户为了能够方便地管理、存储单位或个人的大量敏感信息，往往将这些信息寄存在一些专营计算公司的“存储云片”上，而这些所谓的“云片”在什么地方、掌握在何人手里，用户实际上根本不知道。所谓的“云片”，其实就是一个信息的“小件或大件寄存器”，存储在这些

“云片”上的信息毫无安全性和保密性而言。

1. 云计算的安全隐私

云计算的出现给信息技术领域带来了重大变革，为用户提供了很好的服务，但是这种变革也给信息安全和网络安全带来了很大的冲击，云计算的安全问题越来越成为云计算各界关注的重点。云计算涉及的资源为多个管理者所有，各管理者之间存在利益问题、信任问题，面对各种各样的冲突，我们无法提供统一的规则来部署安全防护措施。另外，由于云计算没有统一的基础设施、用户管理要求、安全边界，因此这对用户数据的安全与隐私保护而言是极大的威胁。

关于云计算的安全问题，从数据存储方面来讲，主要包括用户放在云平台的数据是否安全，如是否被修改、被泄露、被损毁；从计算方面来讲，主要指用户在云平台上的操作是否会被监视、被重演、被篡改等；从云平台的生态系统来讲，主要说的是云平台本身是否可靠、云平台提供的服务是否正确、云平台及云服务提供商是否乱收费等。云计算的这些安全问题，主要来自两个方面：一方面，某些云服务提供商是不诚实、不可靠的，它们随意窃取用户的信息或随意使用用户部署在云平台上的应用程序，因此可以通过采用独立于云服务提供商的第三方来对此进行有效防范；另一方面，也是最关键的一面，是云平台可能会受到外部的攻击或侵入，通常可通过云服务提供商设置的各种访问控制、身份认证，以及数据加密的机制来对此予以防护。

2. 大数据的安全隐私

在大数据环境中，各行各业的安全需求正在发生改变，从数据采集、数据整合、数据存储、数据分析、数据挖掘到数据发布，这一流程已经成为新的完整链条。随着数据量的增大和集中，整个链条中数据的安全威胁也越来越多，数据的安全隐私保护也越来越困难，大数据的安全隐私问题已经成为各企业关注的重点。另外，大数据的发展对用户个人造成了隐私与便利性的冲突：消费者从大数据技术中获益，会以更低的价格买到更符合自己需求的商品；但同时，随着个人购买偏好、健康和财务状况等信息的海量数据被收集，人们的隐私也被破坏。整体来说，目前的大数据主要存在基础设施安全、存储安全、网络安全、隐私安全四方面的安全问题。

隐私性指的是一些数据的信息保护。在云计算的大环境下，隐私性的定义比传统意义上更加复杂，不仅仅指数据的内容本身，还包括数据的结构信息、用户的访问模式、访问历史等。对于云端数据的检索来说，需要保护用户的搜索内容的隐私性，数据拥有者建立在云端索引的隐私性；对于云端数据的存储来说，要保证用户数据在云端的隐私性，要保证数据在存储到云端后是完整的，当数据信息不完整时能够被及时恢复；对于云端数据的计算来说，既要保证计算结果的安全隐私，又要保证计算内容的安全隐私。整体来说，由于云计算环境具有多租户及开放性等原因，因此对云端数据安全隐私性的保护变得异常困难，但又非常重要。

当前，云端数据安全隐私服务主要提供两种模式：一是用户将自己本地的数据存储至云服务提供商处，云服务提供商为其提供数据的存储、管理等服务，同时将数据提供给经授权的其他合法用户来检索、下载；二是用户可以使用云服务提供商提供的强大的计算资源，对数据进行计算以得到相应结果，从而节省用户自己的计算资源。

5.3.3　云计算和大数据的区别

云计算是基于互联网的相关服务的增加,是一种使用和交付模式,通常涉及通过互联网来提供动态易扩展且经常是虚拟化的资源,具有超大规模、虚拟化、高可靠性、通用性、高可扩展性、按需服务等特征。

大数据是指无法在一定时间范围内用常规软件工具进行捕捉、管理和处理的数据集合,是需要新处理模式才能具有更强的决策力、洞察力、发现力和流程优化能力的,海量、高增长率和多样化的信息资产,具有容量大、种类多、速度快、可变性、真实性、复杂性、价值高等特点。

云计算和大数据的区别在于,云计算注重资源分配,是硬件资源的虚拟化,可以说是一种互联网的虚拟资源存贮;而大数据是海量数据的高效处理,可以说是一种信息资产。大数据与云计算并非是独立的概念,二者的关系非比寻常,无论在资源的需求上还是在资源的再处理上,对二者共同运用能产生 1 +1 >2 的效果。

5.3.4　大数据成就云计算的价值

当大数据遭遇云计算,从技术上看,大数据与云计算的关系就像一枚硬币的正反面一样密不可分。大数据必然无法用单台的计算机进行处理,而必须采用分布式计算架构。它的特色在于对海量数据的挖掘,但它必须依托于云计算的分布式处理、分布式数据库、云存储和虚拟化技术。

通常情况下,人们容易将大数据与云计算混淆。著名的麦肯锡全球研究所给出的大数据的定义是一种规模大到在获取、存储、管理、分析方面大大超出传统数据库软件工具能力范围的数据集合,具有数据规模海量、数据流转快速、数据类型多样和价值密度低四大特征。云计算则是一种基于互联网的计算方式,通过这种方式,共享的软、硬件资源和信息可以按用户需求提供给计算机和其他设备。直截了当地说,云计算是硬件资源的虚拟化,而大数据是海量数据的高效处理。从结果来分析,云计算注重的是资源分配,大数据注重的是资源处理。一定程度上讲,大数据需要云计算的支撑,云计算为大数据处理提供平台。图 5 -2 为大数据与云计算的关系。

从二者的定义范围来看,大数据比云计算涵盖得更加广泛。大数据这个强大的数据库拥有 3 层架构体系,包括数据存储、处理与分析。简言之,需要通过存储层先将数据存储下来,之后根据要求建立数据模型体系,对数据进行分析并获取相应的价值。其中,不可或缺的是云计算提供的中间数据处理层的强大的并行计算和分布式计算能力。

据了解,云计算的历史比大数据更长。云计算是继 1980 年从大型计算机到客户端服务器转变之后的一种巨变。云计算可以实现每秒 10 万亿次的运算,能够模拟核爆炸、分析市场发展趋势、预测气候变化等。

由此看来,大数据与云计算相辅相成,没有大数据,云计算就没有用武之地,而没有云计算,也成就不了大数据。无论是在资源的需求上还是在资源的再处理上,二者都不可或缺。因此,与其计较大数据与云计算之间如何区分,不如将二者规划在一起,让云计算为大数据提供强大的平台,以大数据分析出的结论成就云计算的价值。

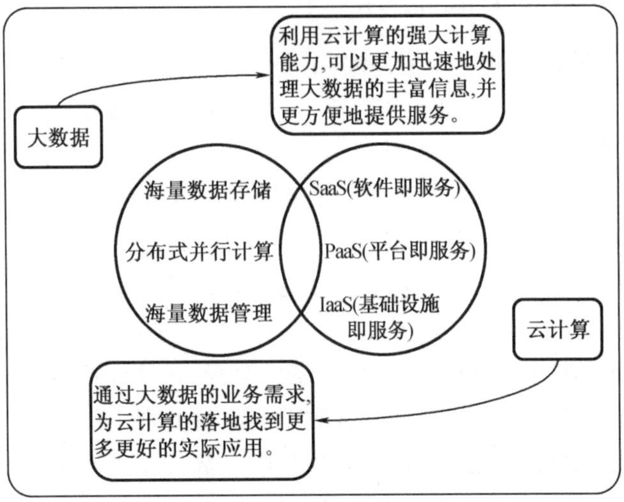

图 5-2　大数据与云计算的关系

5.3.5　数据向云计算迁移

尽管将数据中心设施迁移到云有诸多的原因,但这一过程仍然充满各种风险。以前,当需要结束一段与数据中心或云服务提供商的失败的合作关系,或者云服务提供商本身出现故障的时候,我们需要一套“B 计划”。通常的建议是,IT 管理人员应确保他们所在的企业在和云服务提供商之间的合同内要规定好数据的所有权是属于企业的。然而,这只是问题的一部分,依然存在如何在事后处理数据的问题。

随着数据逐渐成为企业的核心资产,数据的存储、迁移成为企业时刻关注的问题。Gartner统计数据表明,95% 的受访企业都认为数据迁移是个“硬骨头”,让人头痛却又不得不面对。

在传统数据迁移的过程中,有接近 64% 的客户经历过业务下线时间超过计划和预期的情况;超过 50% 的客户在实施数据迁移的过程中,面临由技术升级或架构革新带来的兼容性风险。而在架构升级之后,性能不升反降、数据受损、数据丢失等如梦魇一般,也时刻困扰着实施数据迁移行为的客户。

数据迁移是一个非常复杂和细致的过程,要求设计与实施人员具备多元化的知识结构,否则可能陷入顾此失彼的境地。一个完整和成功的数据迁移解决方案包含 6 个部分:

(1)具备专业技能的人员。

(2)经过验证的解决方案。

(3)稳健可靠的流程和方法论。

(4)交付前实验室模拟验证。

(5)高效的迁移工具。

(6)应急的回滚措施。

任意一个条件的缺乏都有可能导致数据迁移不成功。以华为融合数据迁移为例,融合数据迁移解决方案自上而下,支持基于应用软件与数据库、卷管理软件、虚拟机、主机、网络及存储6 种层级功能的数据迁移方案,从不同维度、不同层面保障客户数据迁移过程的可靠与高效。图 5 -3 为数据迁移建模设计。

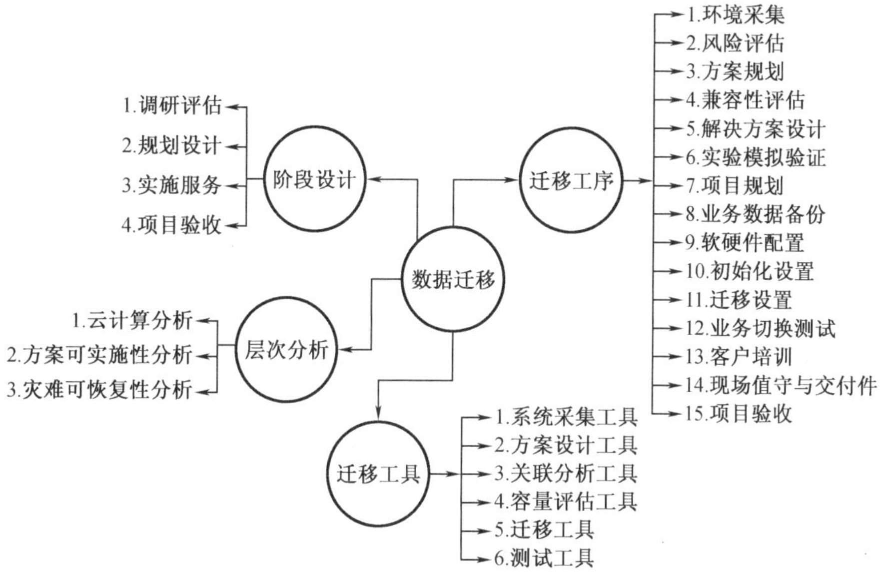

图 5 -3　数据迁移建模设计

融合数据迁移解决方案分为 4 大阶段与 15 道工序,从调研评估、规划设计到实施服务,再到最后的项目验收,严格地遵循这样的服务流程与方法论,为客户提供规范、标准、无差别的高质量数据迁移。

在方案设计阶段提供 3 次深入、细致的业务分析用于建模。对现网环境及云环境分析有助于工程师全面、细致地掌握客户现场情况,以应对后续的兼容性等多方面风险;对方案可实施性分析,为用户后续迁移工作的有序开展提供必要的数据支撑;风险分析作为最关键的一道保护措施,在数据迁移出现不可接受的偏差时,可及时、安全、有序地恢复用户业务。在数据迁移完成后检验数据移动的情况,通过特有的校验算法来验证数据的一致性,保证数据的完整性、正确性、有效性,增强客户对关键信息安全性的分析。

5.4　云计算的体系结构及云平台

5.4.1　云计算的体系结构

云计算的体系结构主要包含 5 部分,分别是应用层、平台层、资源层、用户访问层、管理层。云计算的本质是通过网络提供用户服务,因此应构建以服务为核心的云计算体系结构,IaaS、PaaS、SaaS 分别对应资源层、平台层和应用层[34],云计算体系结构如图 5 -4 所示。

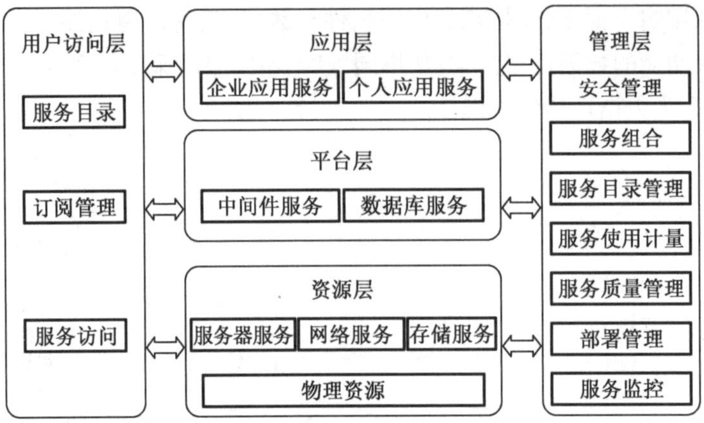

图5-4　云计算的体系结构

1. 资源层

资源层是虚拟化远程的物理资源通过网络提供给用户的各种功能，如存储、网络、服务器、操作系统等，用户可以基于这些服务开发自己的应用。物理资源主要是指网络设备、存储设备、CPU、内存等。服务器服务为用户提供服务器系统和各种软件环境；网络服务为用户提供各种网络设备和网络管理的服务；存储服务为用户提供大规模存储，一般都是文件级的。具体如下：

(1)物理资源是指支撑云计算上层服务的各种物理设备，如服务器、网络设备、存储设备等。

(2)服务器服务为用户提供一个服务器环境，如 Windows、Linux、Unix，是一个集群。

(3)网络服务为用户提供网络处理能力，如防火墙、虚拟局域网(VLAN)、负载均衡，以及路由、交换等。

(4)存储服务为用户提供存储能力，如文件级存储或块设备级存储。

2. 平台层

平台层为用户提供对资源层服务的封装，使得用户可以使用更高级的服务来构建自己的应用。

(1)数据库服务为用户提供可扩展的数据库处理能力。

(2)中间件服务为用户提供可扩展的消息中间件或事务处理中间件等服务。

3. 应用层

应用层为用户提供软件服务。

(1)企业应用服务是面向企业用户的应用，如财务管理、客户管理、商业智能等。

(2)个人应用服务是面向个人用户的应用，如电子邮件、文本处理、个人信息存储等。

4. 用户访问层

用户访问层是方便用户使用云计算服务所需的各种支撑服务，针对每个层次的云计算服务都需要提供相应的访问接口。

(1)服务目录是一个服务的列表，用户可以从中选择需要使用的云计算服务。

(2)订阅管理提供给用户管理功能，用户可以查阅自己订阅的服务或终止订阅的服务。

(3)服务访问是针对每种层次的云计算服务提供的访问接口。例如,针对资源层的访问,提供的接口可能是远程桌面或是 XWindows;针对应用层的访问,提供的接口可能是 Web。

5. 管理层

管理层提供对所有层次云计算服务的管理功能。

(1)安全管理提供对服务的授权控制,用户认证、审计,一致性检查等功能。

(2)服务组合提供对已有云计算服务进行组合的功能,使得新的服务可以基于已有服务被创建。

(3)服务目录管理是指管理服务提供目录和服务本身的管理功能。管理员可以增加新的服务或从服务目录中去除服务。

(4)服务使用计量是指对用户的使用情况进行统计,并以此为依据对用户进行计费。

(5)服务质量管理提供对服务的性能、可靠性、可扩展性的管理。

(6)部署管理提供对服务实例的自动化部署和配置。当用户通过订阅管理增加新的服务订阅后,部署管理模块自动为用户准备服务实例。

(7)服务监控提供对服务的健康状态的记录。

云计算的体系结构和网格计算的体系结构类似,都是利用底层的资源为用户提供服务,区别在于云计算提供的服务类型更多、服务管理能力更强。

5.4.2　云计算的服务模式

近几年,云计算得到快速发展,这得益于各国政府和企业在云计算方面的投资力度的加大。云计算的主要服务模式为软件即服务(SaaS)、平台即服务(PaaS)、基础设施即服务(IaaS),如图 5－5 所示。

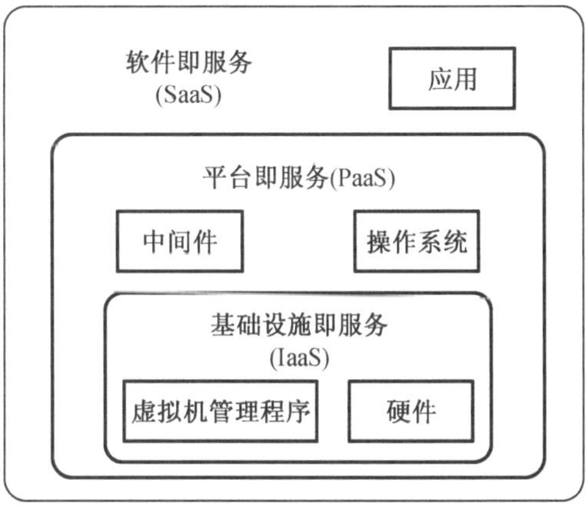

图 5－5　服务模式

软件即服务(SaaS),即软件服务层。无须本地安装软件,将软件存放在云端,通过网络将服务提供给用户,这样可以减少本地用户对机器的维护等工作。

平台即服务(PaaS),即平台服务层。可以为用户提供各种软件开发环境、运行环境等,用户可以根据自己的需求来选择服务,同时也可以在平台上开发自己的应用。从用户的角度来说，用户不需要建立本地开发平台，也不需要考虑不同平台的兼容性问题，这样可大大提高开发效率。

基础设施即服务(IaaS)，即基础架构层。通过互联网，用户可以根据自身需求使用IaaS提供的软硬件资源。该服务将本身的存储、内存、I/O设备及其他资源整合到虚拟资源池中以供用户使用，但是用户无法知道服务器上的具体配置[35]。

5.4.3 典型云计算平台

2006年“云计算”的概念被首次提出以后，对云计算的研究吸引了不同的互联网IT技术巨头，因此不同云计算平台的云计算理论及实现架构是不同的。

1. 基础架构层(IaaS)云计算平台

国外最典型的IaaS云计算平台的企业就是Amazon，它提供了EC2和S3，主要是虚拟计算环境和云存储。Amazon是第一家将基础设施作为服务出售的企业，它将自己的弹性计算云建立在公司内部的大规模集群计算的平台上，用户可以通过弹性计算云的网络界面去操作在云计算平台上运行的各个实例。用户使用实例的付费方式由用户的使用状况决定，即用户只需要为自己所使用的计算平台实例付费，运行结束后，计费也随之结束。这里所说的实例即为由用户控制的完整的虚拟机运行实例。通过这种方式，用户不必自己建立云计算平台，节省了设备与维护费用。

其实，Amazon同样提供PaaS，包括应用部署平台服务等，只不过它从2006年开始就做IaaS，可以算作云计算的鼻祖之一。微软的Windows Azure也提供IaaS服务。

国内典型的IaaS云计算平台包括盛大云，还有一些电商和各地软件园合作的各种云基地，不过大多仍处于测试阶段或前期宣传阶段，国内真正有巨大收益的IaaS云计算平台不多。因为云计算中的应用才是最有价值的，没有应用开发和部署的环境，服务器和存储空间的作用也就无从谈起。

2. 平台服务层(PaaS)云计算平台

国外最典型的PaaS云计算平台的企业就是Google。用户可以把自己开发的应用部署在Google提供的平台中，也可以使用Google提供的服务来开发新的应用。Google由于提供这一服务，因此也可算是云计算的鼻祖之一。Google具有硬件条件优势，如大型的数据中心、搜索引擎的支柱应用，这些促进了Google云计算的迅速发展。Google的云计算主要由MapReduce、Google文件系统(GFS)、BigTable组成，它们是Google内部云计算基础平台的3个主要部分。Google还构建了其他云计算组件，包括领域描述语言及分布式锁服务机制等。Sawzall是一种建立在MapReduce基础上的领域语言，专门用于大规模的信息处理。Chubby是一个高可用、分布式数据锁服务，当有机器失效时，Chubby使用Paxos算法来保证备份。Salesforce提供了类似的服务，其他的还有vmforce.com、cloudfoundry.com，微软的Windows Azure等。

国内的典型平台包括新浪、百度等互联网提供商提供的应用引擎，开发者可以购买应用并将应用部署在平台上，也可以通过其开放的服务接口编写应用。

3. 软件即服务(SaaS)云计算平台

国外最典型的SaaS云计算平台是Salesforce提供的在线客户关系管理(CRM)，用户不需要购买服务器和安装应用软件,就可以通过 Web 使用该平台。其他的同类平台还有 Oracle 的 CRM on demand,微软的 Windows Live,Google 的 Docs,IBM 的 Lotus Live 等。

国内比较典型的 SaaS 云计算平台是八百客,提供在线 CRM。还有金蝶、用友等提供的在线财务软件等。其实,早期的企业级邮箱也可算作 SaaS 云计算平台。SaaS 的不同之处在于其提供的在线应用种类繁多,每家企业的产品主要集中于某个领域,没有哪个产品能够覆盖所有领域的。

除了公共云,也有一些厂商提供平台帮助用户构建公共云服务或内部私有云服务,其中的代表是 Oracle,提供 IaaS/PaaS/SaaS 一揽子解决方案,还提供集成化的大数据分析,以及数据库和中间件一体机。IBM 也提供了 IaaS/PaaS 的解决方案。其他的厂商如 VMware、HP、Dell 主要集中在 IaaS 方面。

IaaS 的应用发展目前正如火如荼,因为各家企业都有解决方案,而且都可以实施,但是可以看出,Amazon、VMware 等提供的服务正从 IaaS 向 PaaS 扩展,而 Google、新浪、Salesforce、八百客等提供的服务则正在从 SaaS 向 PaaS 扩展,因此具有普适性的 PaaS(SaaS 只对应某个领域)在未来相当长的阶段里才是云计算的价值之所在。

5.5　云计算的关键技术

5.5.1　虚拟化技术

虚拟化技术是云计算的关键技术,云计算的应用必定要用到虚拟化技术。虚拟化是实现动态的基础,只有在虚拟化的环境中,云才能实现动态。

虚拟化技术已经成为一个庞大的技术家族,形式多种多样,实现的应用也已形成体系。但对虚拟化进行分类,从不同的角度有不同的方法,如图 5 -6 所示。

虚拟化技术实现了物理资源的逻辑抽象和统一表达。利用虚拟化技术可以提高资源的利用率,并能够根据用户业务需求的变化快速、灵活地进行资源部署,如图 5 -7 所示。

5.5.2　分布式存储

云存储是一种存储技术,它通过集群应用、网格技术和分布式处理等技术将数量庞大、分布在不同地域、类型不同的存储设备整合起来并使之协同工作,共同对外提供数据存储功能和业务访问功能。

云存储不再是一个简单的存储设备,而是一个完整的系统架构。它由网络设备、存储设备、服务器、应用软件、访问接口和客户端程序等多个部分组成。其中,存储设备是云存储最基础的部分且数量巨大,分布在不同的地域,通过虚拟化技术组合在一起。

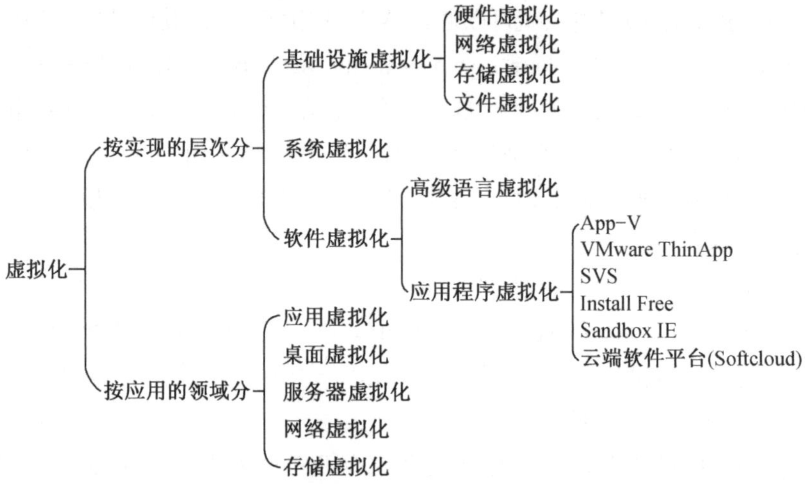

图5－6　虚拟化的分类

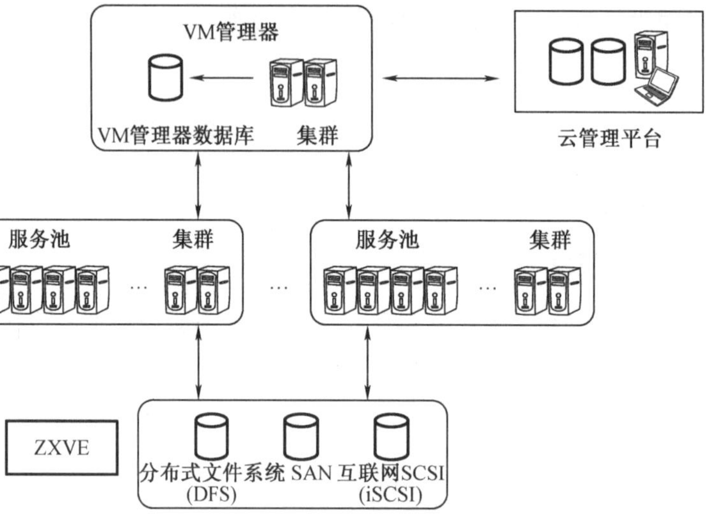

图5－7　虚拟化平台物理部署

分布式存储是指将数据分割为若干部分，分别存储在不同的设备上。这些设备可能不在同一地点，此时，机器不再与存储设备直接相连，而是通过网络使用应用程序访问接口，进而使用这些存储设备[36]。

使用分布式存储可以获得比本地存储更高的性能：

(1)高扩展性。分布式存储可以使存储设备按需增加，满足随时增长的存储要求。

(2)高传输速度。将数据分散存储，突破了单台服务器网络带宽的瓶颈，提高了传输速度。

(3)高可靠性。数据被复制为几个副本并存储在不同的服务器上，单台服务器的故障不影响数据安全。

既要将数据分散存储，又能对数据进行有机整合、高效管理，那就要使用分布式文件系统了。分布式文件系统是指可以通过网络访问存储在多个存储设备中的数据的文件系统。

5.5.3　分布式数据库

分布式数据库能实现动态负载均衡、故障节点自动接管，具有高可靠性、高性能、高可用、高可扩展性，在处理 PB 级以上的海量结构化数据的业务上具备明显的性能优势[37]。图 5 -8 所示为分布式数据库的系统架构，图中，Standby 指待机状态，Active 指活跃状态，ODBC 为开放式数据库互连，JDBC 为 Java 数据库互连。

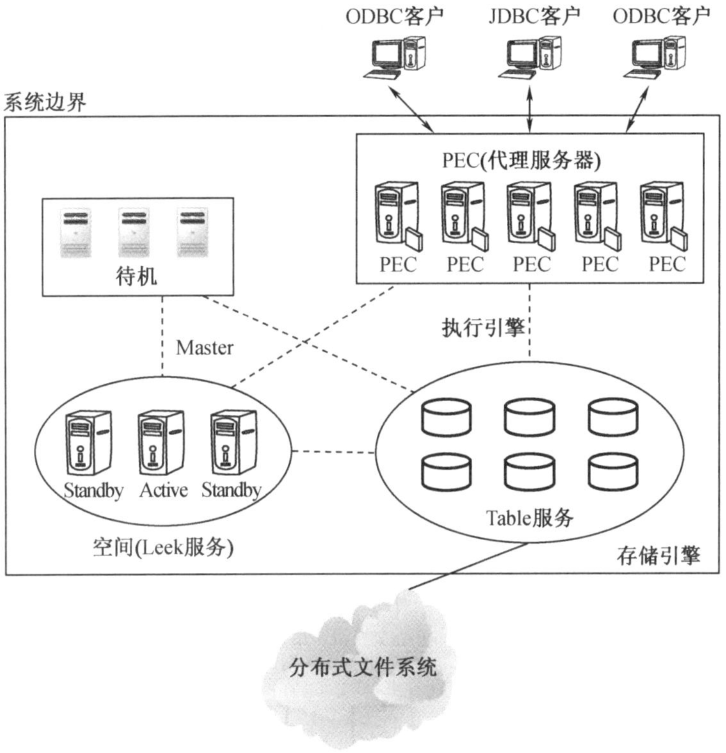

图 5 -8　分布式数据库的系统架构

5.5.4　资源管理技术

云系统的出现使软件供应商对大规模分布式系统的开发变得简单。云系统为开发商和用户提供了简单通用的接口，使开发商能够将注意力更多地集中在软件本身，而无须考虑底层架构。当前的云系统试图通过提高并行度来提升性能，有的学者提出了一个新的解决方案——单个基于结构化覆盖的云系统索引框架。该框架可以减少云内部数据的传输量，便于数据库后台应用的开发。云系统依据用户的资源获取请求，动态分配计算资源。

有的学者研究并提出了一个通用的云系统索引框架，如图 5 -9 所示。

有的学者提出了一种网络资源管理（Network Resource Management，NRM）系统，引入了一个不断变化的基于 CHAMELEON 的软件模块及一个带有虚拟节点的多节点网络拓扑结构。这种基于软件架构的网络资源管理系统 NRM 能够通过接入相应的库来管理不同种类的网络设备。设计的 CHAMELEON 软件模块使得网络资源管理系统 NRM 能够支持对网络基础设施的扩展,并在实验中运用 NRM 控制 6 种不同的网络设备且不做任何修改。大部分传统的 NRM 仅能控制一种特定的网络设备,如图 5－10(a)所示。不同的网络设备可以对实现弹性可变的、保证带宽的虚拟私有云至关重要。图 5－10(b)为持续的 NRM(sustainable NRM),通过导入对应的控制库实现对不同种类的网络设备的管理。当需要添加新的网络设备时,利用基于 CHAMELEON 的软件模块在 NRM 中上传一个新的控制库到库管理服务器(repository server),NRM 无须做任何改变即可管理新加设备。

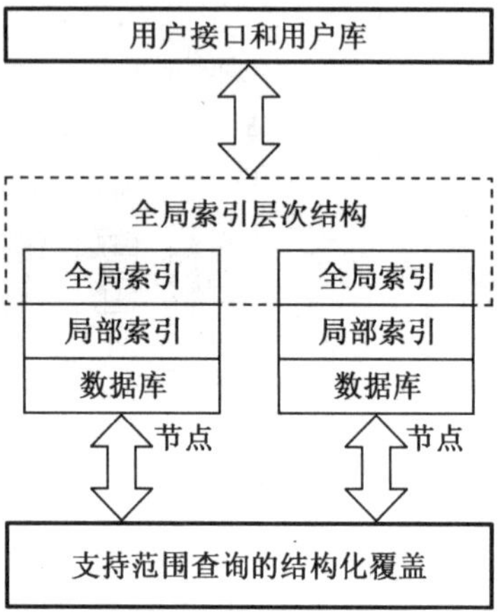

图 5－9　云系统索引框架

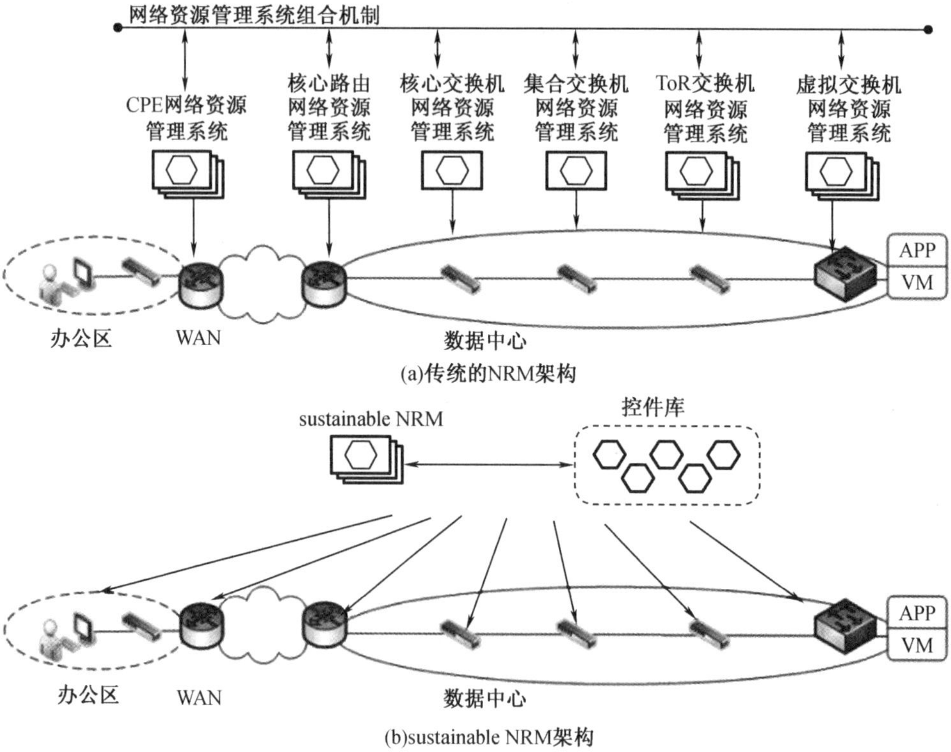

图 5－10　传统的 NRM 架构与 sustainable NRM 架构

传统的虚拟私有云不能保证网络吞吐量,在虚拟机之间采取的是一种提供点对点的网络的措施。这种完全网格结构需要虚拟机之间完全连通,并且这种带宽的分配不可扩展。如图 5－11(a)所示,总体物理网络带宽可达到 1 Gb/s,而对于两个虚拟机之间的平均带宽却仅分配了 250 Mb/s,则虚拟机之间的带宽就限制在 250 Mb/s 之下。当需要有新的虚拟机加入时,需要重新计算和重新分配所需的带宽。这种方法较为低效且不够灵活。持续的 NRM 提出的策略如图 5－11(b)所示。类似于星型的拓扑结构,将虚拟网络节点作为云网络的中心节点,以虚拟机与虚拟网络节点为两终端节点,当需要添加新的虚拟机时,只需要在虚拟机与虚拟网络节点之间开辟新的网络路径即可。

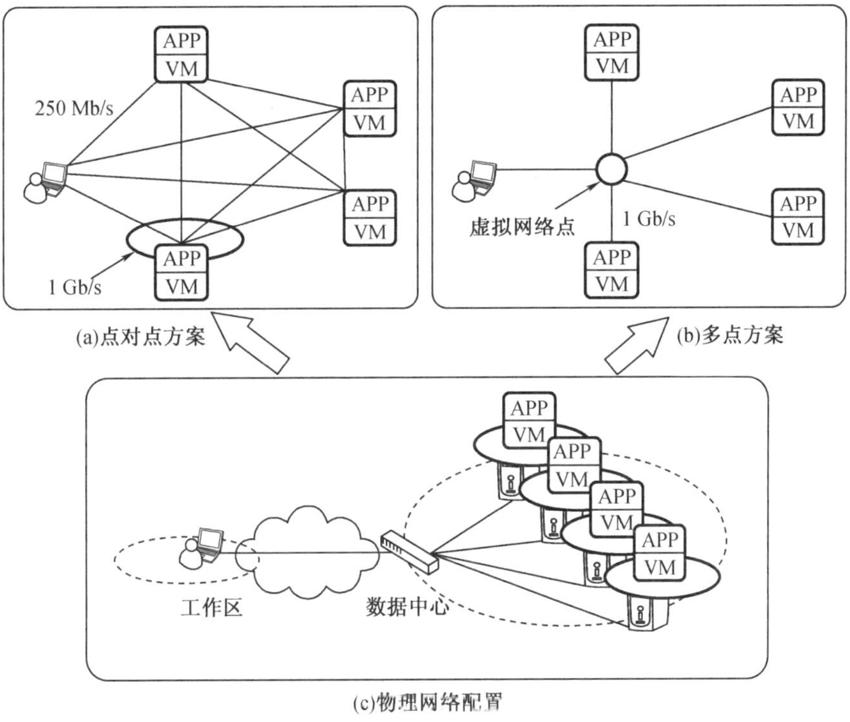

图 5－11　点对点的网络提供与多点网络提供

5.5.5　能耗管理技术

云计算基础设施中包括数以万计的计算机,何有效地整合资源、降低运行成本、节省运行计算机所需要的能源成为人们关注的热点问题。

Shekhar Srikantaiah 等研究了云计算中能源消耗、资源利用率及整合后的工作性能之间的内在关系,对云平台中的能源优化问题做出了实践和探索。

图 5－12 为一个研究资源利用率、计算机工作性能和能源消耗的实验步骤。云中包括 k 台服务器(即服务端),它们控制来自客户端的 k 个应用程序服务,每个服务器都连接一个测定能量的功率测量计和一个监控资源利用率的 OS 事件跟踪器。

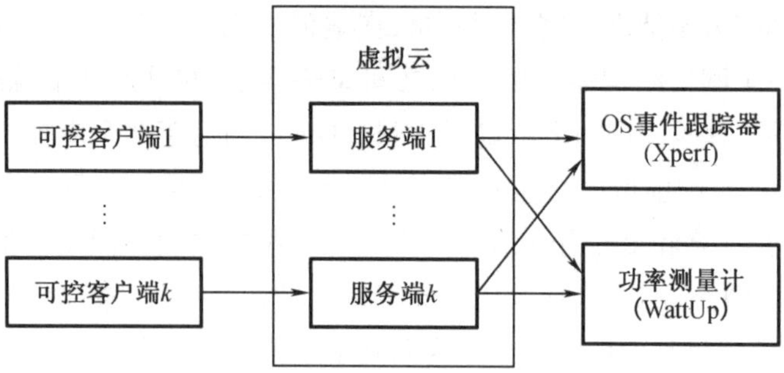

图 5-12　实验步骤

经测试发现，计算机性能受磁盘利用率的影响大于受 CPU 利用率的影响，当 CPU 利用率一定时，计算机性能随磁盘利用率的增高而线性降低。

降低能源消耗的资源整合算法如表 5-1 所示。假如服务器 A 的 CPU 资源利用率是 30%，磁盘利用率是 30%，表示为[30,30]，服务器 B 为[40,10]，两台服务器能源消耗最低的资源利用标准是[80,50]，此时一个新的作业请求需要[10,10]的资源。该算法先计算欧几里得距离 δ，服务器 A 初始的距离为[30,30]-[80,50]=53.8，服务器 B 的初始距离为[40,10]-[80,50]=56.6。如果将新的作业请求分配给服务器 A，则服务器 A 的距离变为[40,40]-[80,50]=41.2；如果将新的作业请求分配给服务器 B，则服务器 B 的距离变为[50,20]-[80,50]=42.4。经过比较，把作业请求分配给服务器 A 后使得服务器 A 和 B 的总距离 $\sum\delta$ 更大，所以选择此方案。

表 5-1　资源整合算法

分配情况	实际 CPU 利用率/%	实际磁盘利用率/%	目标 CPU 利用率/%	目标磁盘利用率/%	欧几里得距离 δ	总距离 $\sum\delta$
A(初始)	30	30	80	50	53.8	97.8
A(分配后)	40	40	80	50	41.2	
B(初始)	40	10	80	50	56.6	96.2
B(分配后)	50	20	80	50	42.4	

为了满足更多的网络服务需求，降低能耗，减少数字媒体下载量，可通过以减少数字垃圾、进行策略性的界面设计、提供使用意识、避免使用高峰期等措施实现。

5.5.6　云监测技术

为了更好地体现云计算强大的处理海量数据的能力，监测和分析云计算系统、虚拟机的行为变得尤为重要和关键。

1. 大规模监测系统 Chukwa

Chukwa 是建立在 Hadoop 上的数据收集系统，用以监测和分析大规模分布式系统。同时，Chukwa 还包括可扩展的功能强大的工具集，为用户显示监测和分析的结果，这样有利于用户更好地使用该数据收集系统。

Chukwa 有广泛的适用范围，适合 Hadoop 的用户、运营商、管理员和开发者使用。Hadoop 用户能运行 Chukwa 监测其工作的进程，掌握设备的使用状况，同时可以获得相关的日志信息；运营商可以使用 Chukwa 监测设备的性能、发现故障；管理员可以使用 Chukwa 分析设备的使用情况，并对未来的需求做出预测和判断；Hadoop 开发者可以使用 Chukwa 了解 Hadoop 的运行性能，用以指导设计与开发。

为了满足应用的需求，Chukwa 需要弹性的、自动可控制的数据源和高性能、大规模的存储系统，同时需要一个可分析大量数据的体系结构。Chukwa 的体系结构如图 5 – 13 所示。

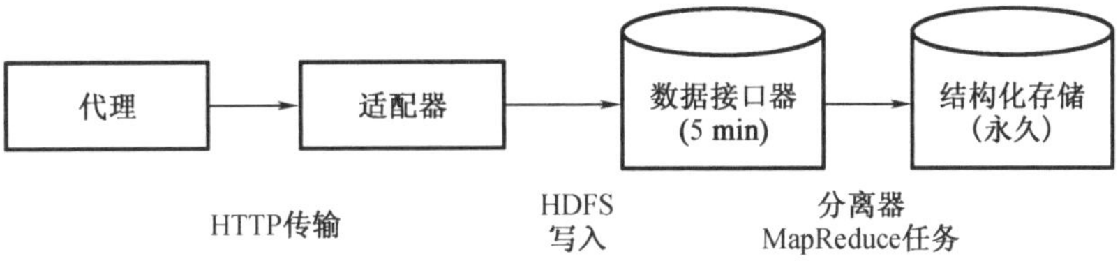

图 5 – 13　Chukwa 体系结构

在 Chukwa 系统中，自动可控制的数据源称为适配器。适配器用于收集日志信息、应用程序数据和系统信息等。为了使适配器便于写数据，Chukwa 系统中设计了代理，代理其实是运行在监控节点中的一个进程，为适配器提供多种服务。代理有如下 3 个功能：

(1)通过外部命令启动或停止适配器。

(2)通过 HTTP 向收集器提交数据。

(3)可对适配器的状态做定期检查。

Chukwa 系统中的存储子系统采用的是 HDFS，而 HDFS 的缺点是并行的写速率不高，不支持小文件的读或写。所以在 Chukwa 中对其进行了改进和提高，设计实现了收集器功能。Chukwa 中不允许适配器直接往 HDFS 中写数据，而是通过网络把数据发送给收集器，收集器接收来自不同主机的数据，当接收一定量的数据后再把这些数据写入到一个单独的文件中并将其存储到 HDFS 中。

为了便于分析收集来的数据，Boulo 等建立了可扩展的、易配置的网页界面程序——Hadoop 基础服务中心，对数据进行分析和显示。

经过测试，高性能分布式监控系统 Chukwa 能很容易地建立在现有的分布式数据收集框架上。

2. 虚拟机内部监测法

云计算提供商为云用户提供大量计算资源，云用户在使用这些资源时，需要将自己的操作系统镜像上传到云设施计算机中，这样云计算环境允许用户在云计算提供商的硬件上执行任意代码。因此云用户面临很多安全问题的挑战，恶意用户可利用云计算提供商的硬件发动攻击，这种攻击不仅会破坏云计算提供商的信誉，同时会影响其服务其他客户的能力。这就要求云计算提供商必须利用虚拟机内部监测方法来监测用户的恶意行为，从而保证虚拟机的正常工作，确保云用户不会受到恶意攻击。

从监控虚拟机事件的范围和干预具体事件的能力、对被监控虚拟机的影响、健壮性这几个方面对基于主机代理、检测点和回滚、陷阱和检查、体系结构监控4种内部监测方法进行对比分析，内部监测技术能力测试结果如表5－2所示。

表5－2　内部监测技术能力测试

内部监测法	能力	影响度	健壮性
基于主机代理	较好	较差	好
检测点和回滚	好	差	较差
陷阱和检测	好	较好	差
体系结构监控	较差	较好	好

从表中可看出4种方法各有优劣，适用于不同的应用场景。

（1）基于主机代理。基于主机代理的方法是通过运行在被监控虚拟机上的一个应用程序实现的，其可能位于用户空间或一个内核模块中。这是一种主动注入的方法，对被监控虚拟机有很大的影响。这种方法的健壮性和监控事件的能力是由代理的设计和操作系统的特点决定的，不同的操作系统不可能为系统的监控提供完全兼容的API包，如果API没有提供足够的监控事件的能力，代理可通过增加内核代码来弥补这种缺陷。因此，这种方法的健壮性和监控事件的能力相对较好。

（2）检测点和回滚。这种内部监测方法是对基于主机代理方法的扩展和深入，当虚拟机监控器监测到异常行为时，会将系统回滚到以前设置的监测点的位置。此方法对被监控虚拟机的影响较小，监控虚拟机事件的范围及干预具体事件的能力较强，但在健壮性方面有待加强。

（3）陷阱和检查。这种方法不是一种注入方式。与基于主机代理的方法相比，此方法可防止对代码的篡改，避免与虚拟机执行的冲突，所以这种方法对被监控虚拟机的影响较小。

（4）体系结构监控。这种方法的原理是监控那些有明确定义且不易改变的接口。此方法有很强的健壮性，因为接口很稳定，攻击者很难实时地对其进行改变。这种方法没有在操作系统镜像中插入陷阱，只是被动地监控硬件事件，所以这种方法在监控虚拟机事件的范围、干预具体事件的能力方面比不上前面3种监测方法。但是比较而言，体系结构监控方法对云监控来说已经足够。

通过对几种方法的比较分析，可给出云计算提供商如何选择内部监测方法的判断原则。

就健壮性和对被监控虚拟机的影响来看，体系结构监控方法有很好的性质，通过设计体系结构监控方法，能使其监控操作系统的更多方面。如果用户信任安装在虚拟机上的监控代理，也可采取第一种方法。有时将几种方法同时使用会取得更好的效果。

5.6 本章小结

本章介绍了云计算的一些基本知识,包括云计算概念、云计算演变过程、平台的系统框架、关键技术。其中,云计算的关键技术涉及虚拟化技术、分布式存储、分布式数据库、资源管理技术、能耗管理技术和云监测技术。

由于大数据与云计算之间的关系密切,本章还对大数据与云计算的关系进行了概括。

第 6 章　大数据背景下的情报分析

“大数据”在物理学、生物学、环境生态学等领域，以及在军事、金融、通信等行业中存在已有时日。近年来，互联网和信息行业的发展引起人们的广泛关注。随着计算机和信息技术的迅猛发展和普及应用，行业应用系统的规模迅速扩大，行业应用所产生的数据也呈爆炸式增长。在动辄达到数百太字节（TB）甚至数十至数百拍字节（PB）规模的行业中，企业对大数据的应用已远远超出现有传统的计算技术和信息系统的处理能力，因此，寻求有效的大数据处理技术、方法和手段已经成为现实世界的迫切需求。人们将越来越多地意识到数据对企业的重要性。大数据时代对人类的数据驾驭能力提出了新的挑战，也为人们获得更为深刻、全面的洞察能力提供了前所未有的空间与潜力。在大数据时代，对数据和信息的分析被提升到前所未有的高度，情报研究和情报分析工作迎来了重要的发展契机。本章旨在总结大数据环境下情报分析面临的新环境，探讨情报分析的发展趋势及其在新环境下需要注意的问题，以期为我国情报分析理论与实践的发展尽绵薄之力。

6.1　大数据背景下情报分析面临的新环境

大数据时代的到来，将数据和信息分析提升到前所未有的高度，数据流分析备受关注，信息粒度更为细小，情报问题动态复杂，分析技术丰富多样。

6.1.1　数据流分析备受关注

数据流主要来自各种感应器或记录设备，如 RFID、网站点击量、网络日志、社交媒体、视频、IoT 传感器、邮件等。数据以流和时间序列的形式产生和流转，这与传统的数据业务产生的结构化数据显然不同。对数据流进行分析是一种必要的数据管理手段，可将实时生成的大量数据整理并转化为对目标当前情况的描述，其更重要的价值在于对目标的未来环境进行预测，分析可能出现的问题、机会或事件发展趋势，帮助人们快速反应、实时决策、及时采取措施以追求利益最大化或将损失降至最低。

许多讨论大数据的文献都会涉及数据流实时分析，这是一组共现率较高的关键词。如何快速响应环境需求和变化、如何高效地从实时产生的海量数据中挖掘蕴含的巨大价值是摆在管理者，尤其是商业领域管理者面前的重大挑战。英特尔、SAP、IBM、Tera - data 等 IT 巨头给出破题关键，就是构建大数据实时分析平台。虽然数据流实时分析是大数据分析的一大难题，但它携带的巨大价值是推动研究和实践进程的强大驱动力。

6.1.2 信息粒度更为细小

信息粒度指的是信息单元的相对大小或粗糙程度。美国数学家 Zadeh 首次提出“模糊信息粒化”理论，明确人类认知的 3 个基本概念：粒化、组织和因果。粒化是指将整体分解为部分。1985 年，Hobbs 提出一种粒度理论，指出在人工智能中将一个表示待求解问题的逻辑公式用粒度理论方法分解成若干个小问题或子公式，并分别对这些小问题或子公式求解，最后得到问题的整体求解。基于以上认知，大数据信息粒度越小，表示细节信息越多、信息内容越具体详细。

在大数据的环境下，数据来源更为丰富，数据类型呈现出前所未有的多元化。综合来自不同数据源（尤其是来自社交网络、搜索引擎、物联网终端的数据）、不同类型的数据，就像通过显微镜从更细微的视角观察和认知目标。Google 对流感的预测正是综合利用了全球用户的检索内容所提供的大量的具体细节信息，针对特定的国家或地区（local level）分析流感的流行趋势。

6.1.3 情报问题动态复杂

情报问题变得动态、复杂是由很多因素导致的。情报需求不再专属于政治和军事领域，也不再局限于科研和商业机构，需求来源于各行各业，如产品情况监测、投资回报率（ROI）提升等，情报需求主体的丰富使得情报问题变得复杂多样，涉及的要素更为多元、更为细化。

以全球气候变化问题为例，因为气候变化产生的极端天气对人类的影响较大，所以更需要人类干预，这时候情报分析的办法提供了很好的借鉴。与此同时，由于国家、地区、组织机构和人群之间的联系增多，关系更为密切，人、商品和数据的流动速度更快，三者之间交流更频繁，诸多事件背后都隐藏着更深层的关联，信息环境瞬息万变，蝴蝶效应表现得更为明显。

另外，网络、通信和计算机技术高速发展，技术环境多变，部分机构和个人借此契机具备了操纵数据产生和传播过程的能力，这都使得当今情报问题呈现出前所未有的复杂性和动态性。决策难度加大，对人们的数据综合处理能力、信息鉴别和情报分析能力都提出更高的要求。

6.1.4 分析技术丰富多样

数据量大（volume）、类型多样（variety）、增长速度快（velocity）是大数据的典型特征。通过有效的分析，精准地支持决策、准确地预测未来才能体现大数据的价值。而要对大规模、多元的数据集进行处理和分析，就需要数据获取、存储、整合、分析、管理等相关技术的支持，已有的适用技术必然得到重视和应用，更多迎合大数据分析需求的新技术也会应运而生，成为获取、存储、处理分析或可视化大数据的有效手段。

因此，大数据背景下，对技术和工具的关注和热议成为必然现象。从实施一个数据分析项目的角度来讲，整个项目可以分为数据获取、数据存储与提取、数据清洗及预处理、数据建模与分析、数据报告这几个阶段，每一个阶段都有适合的技术和工具。例如，Python 在数据分析方面就有众多的数据包和 Python 库可以使用，在数据获取方面有 Python 库（urllib、BeautifulSoup、requests、scrapy）实现网页爬虫；SQL 作为最经典的关系型数据库语言，为海量数据的存储与管理提供可能，MongoDB 则是新崛起的非关系型数据库，为大数据的存储和提取提供了更多的选择；数据清洗和预处理可以利用 Python 库 Numpy 和 Pandas，同时 Numpy 和 Pandas 还可以实现描述性分析，在预测性分析方面可以使用 Python 库 scikit - learn；Python 库中的 Seaborn 和 Matplotlib 提供了强大的可视化功能，利用图形化的方式使人们更进一步地观看数据的分布规律，发现数据里的知识，得到更深入的结论。面对如此繁荣的技术景象，"如何选择适合的技术和工具来完成自己的数据处理和分析任务"成为许多有大数据处理和分析需求的机构和个人的一大困惑[38]。

6.2 大数据背景下情报分析的发展趋势

在科学研究领域，研究者会持续不断地从过去的研究实践中总结经验，分析新的工作环境，探索未来的发展方向。大数据技术能够将大规模数据中隐藏的信息和知识挖掘出来，为人类社会经济活动提供依据，提高各个领域的运行效率，甚至提高整个社会经济的集约化程度。大数据环境下情报分析的发展趋势可总结为以下 3 点：注重情境研究，开展协同分析，实时数据分析与预测[39]。

6.2.1 注重情境研究

当今世界网络化的复杂关联要求将情报问题置于充分的情境环境中进行分析，以保证情报分析过程更严谨、分析结论更准确。在对情报分析失误教训的总结和反思中，情境的作用被突显出来，成为避免情报分析失误必须要考虑的重要因素。英国莱斯特大学 Mark Phythian 教授在"Intelligence Analysis Today And Tomorrow"报告中指出，充分的情境信息非常重要，忽略战略环境、领导风格和心理因素等重要问题的分析会导致情报有偏差，依据此类情报也将做出错误的决策。

为保证情境能够成为提高情报分析质量的有效支撑，情境信息要尽可能全面。这就非常有必要借助领域专家来提供情境知识，专家所掌握的专业背景知识是构建情境的重要资源。Silberman - Robb 指出，由专业知识丰富的专家完成的细致的策略分析是不可替代的。其中还包含着更深层面的含义，即全面收集情境信息仅仅是第一步，还需要对情境信息进行正确的解读。Silberman - Robb 同时强调，必须认真思考如何培养深入了解目标情境的分析人才，忽视这一问题会严重削弱国家在 21 世纪新的情报挑战面前的反应能力。

当构建问题的情境时，要考虑从横、纵两个维度进行。横向维度是根据问题在本领域所处层级的具体情况进行情境梳理，因为同一问题在不同国家、不同地区、不同组织中可能有不同的解决方案，相应的方法策略和技术的适应性也因层级的不同而有差别，甚至截然相反；纵向维度则是从时间维度构建目标的历史情境，对于时间维度上的重要历史节点，要理清所涉及的组织和个人的来龙去脉。

在搜集问题情境信息时,需要注意以下方面。

1. 重视细节

虽然大数据包含的意义和价值巨大,也不能忽略原有结构化数据(存储在数据库中)和传统数据(来自传统统计和调查)的作用。这些“小”数据虽然不及大数据那般能提供种类丰富的海量信息,却往往包含着大数据不包含的价值信息,如一些重要的历史情境信息也有很多是来自数据库中的数据。在2012~2013年对美国的流感传播情况“过度预报”之后,Google高级软件工程师Christian Stefansen于2014年10月31日在Google官方博客中表示,Google将采用来自美国疾病控制及预防中心的数据来提升Google Flu Trends的准确性。

2. 加强信息和数据共享

政府、公司、科研机构都各自掌握着大量数据,若要构建针对一个问题的接近完整的情境,就需要多部门、多机构之间的数据共享,这是使得目标全景被全面感知的有效手段。政府的重视是实现数据共享的最重要的推动力量。2016年1月,我国国家发展和改革委员会(简称“国家发改委”)印发了《关于组织实施促进大数据发展重大工程的通知》,重点支持大数据共享开放,提出建立完善公共数据开放制度和建立统一的公共数据共享开放平台体系,探索构建国家数据中心体系,从而优化公共资源配置和提升公共服务水平。

3. 排除数据间的虚假关联

由于全球贸易的发展、互联网技术的普及和社交网络的兴起,当前全球各领域、各层面都存在某种联系,一件事情的发生可能与两三件事甚至更多件事都有关联。但是仅发现关联并不够,还要从数据关联中推导出深层的因果关系。比如一个在全球拥有众多粉丝的明星在微博上发表了一则关于自己得了流感的消息,这条微博在短时间内被粉丝大范围转发,但这并不代表流感的爆发,在这种情况下,该微博数据就不能作为预测或决策的依据。另外,全球各个国家和地区之间的文化差异很大,这也会反映在数字世界中,有些看似异常的状态在另一个国家或地区中却属于正常状态。要先根据目标的情境对“异常”进行准确定义,才能确保所发现的“数据异常”确属异常,这种情况下,情境就显得尤为重要。

6.2.2 开展协同分析

协同分析必然会成为大数据时代情报分析的一大发展趋势。大数据应用产生了大规模的结构化、半结构化和非结构化的数据,数据类型多种多样且数量庞大,依靠单一机构或个人很难完成对大数据的收集、处理、分析工作。同时,由于情报问题趋向复杂化,因此在解决这类情报问题时就需要信息数据的共享、工具技术的整合和人员的跨界合作。结合协同理论,基于大数据分析需求,企业、政府、学术机构等为了完成复杂条件下的重要情报分析任务而开展的以跨界合作为主要形式的情报分析模式称为协同分析。协同分析整合了数据、人员和技术资源,使参与分析过程的组织发挥各自的能力,实现优势协同互补,这也符合当今科技创新范式的发展趋势。

基于大数据背景的协同分析涉及以下几方面内容:

1. 信息和数据共享

来自组织内部的需求带动了对外部数据的有意识地引进。以追求数据所带来的价值为驱动,在隐私保护、数据安全得到保障的前提下,数据可实现在不同组织间自由地流动,由此形成整个社会的数据基础设施。美国某网站于2014年发布的消息称,为提高效率、节省费用、促进整合、共享和安全,中央情报局将与亚马逊网络电子商务公司合作,将美国情报系统从以机构为中心的信息技术模式转向基于云计算的共享服务模式,集中各个机构的数据、采用通用的桌面和标准化的数据访问和分析工具,由此将17个情报机构数据互联,结束了多年来的"烟囱式"独享信息的工作方式,美国的情报信息和数据得以共享,为情报分析提供了更全面的数据和更广泛的视角。

2. 综合运用多种类型数据源、方法、技术和工具

随着收集的数据越来越多,情报问题也变得更加复杂,这需要多种类型数据源从不同层面和视角对目标进行全面揭示,而各学科领域方法的交叉运用和相互借鉴也越来越广泛地体现在科学研究过程中。同时,对技术和工具的整合也成为分析处理大规模、多类型数据集的必然要求。IT行业的领军企业如EMC、HP、IBM、微软等率先感知这一趋势,纷纷通过收购大数据技术企业的方式来实现技术整合。在未来,综合运用多种方法、技术和工具开展多种类型数据源分析的模式在大数据环境下会越来越明显。

3. 跨领域合作

基于开放创新模式理论,跨领域合作意味着理念的开放,即参与协同分析任务的主体要主动模糊内部和外部的边界,贡献内部的数据、人员和技术优势,同时从外部获得自身可利用的资源。基于共享数据搭建的协同分析资源技术平台,各主体间以协调、互惠为前提开展领域间互动合作,共同致力于任务的完成,并实现自身与其他主体的资源优化和价值增长。为推动大数据研究进程,美国政府及各机构已经采取众多的措施并开展多种跨领域合作。

继2013年3月公布"大数据研发计划",联合6大部门合作开展大数据研究后,美国政府于2013年11月中旬发布大量新的大数据合作项目,分别针对医疗研究、地理情报、经济和语言学等多个领域公布一系列政策,以刺激私营领域与公共事业部门展开跨界合作。

协同分析涉及知识、资源、行为、绩效的全面整合,协同分析的实现由自上而下的机制引导、自下而上的利益需求推动来合力促成。这里涉及两个保障性问题:协同机制的建立和协同分析平台的创建,这是两项系统性的工程,需要较长的周期来积累和完善。仅就目前的情况判断,由于协同分析工作成本较高,涉及多领域多机构的参与,因此更适合用于解决战略性情报问题。

6.2.3 实时数据分析与预测

战略管理大师Henry Mintzberg指出,战略具有深思熟虑(deliberate)和动态应急(emergent)两个特征,这也正是情报分析要完成的两类情报任务。在传统情报分析环境中,提供准确可靠的决策参考要以充足的分析时间为前提。在大数据背景下,尤其是在有大量事实数据产生的背景下,人们对情报分析的需求不再是单一趋向其中的某一特征,而是要求同时保证分析结果的准确可靠和事实高效。随着数据体积越来越大,实时分析处理成为许多机构在数据管理方面首要面对的挑战。下面总结了实时数据分析与预测涉及的3方面问题。

1. 通用的大数据实时处理技术平台

人们一旦捕获了数据,就越来越需要对数据进行实时处理分析以获得竞争优势,如银

行需要处理新闻、社交媒体和金融信息,并使他们的交易者能够通过实时分析来响应市场状况。大数据实时处理技术平台还可用于提升实时客户体验,如消费者零售平台可以在顾客走进商店时对其进行识别,并在他们浏览商品时提供个性化商品建议。大数据实时处理技术平台也可能与医院、机场、建筑区和发电厂的安全问题密切相关,通过实时分析的关键信息可以识别异常或安全状况并提醒人们采取行动。Twitter 开发了开源实时分析计算工具 Storm,英特尔公司与大数据实时分析处理领先企业 SAP 共同打造了大数据实时分析平台,百度、阿里巴巴等大型企业和机构都致力于大数据的实时分析和处理研究,为搜索引擎、产品定位提供参考。目前的做法是各机构根据本机构所在的领域特性,提出大数据存储与实时分析的方法和技术,并开发和搭建具备相应功能的大数据处理工具和平台。

2. 数据筛选标准和实时决策类型指标

实时数据主要有 3 种来源:一是事件数据,指呈现事件经过中间和最终全景要素的相关数据;二是空间数据,多指来自 GPS 的输出数据;三是机器产生的数据,指感应器、RFID 芯片、机器人和各种设备收集和产生的数据。对实时数据进行分析的前提是要建立数据筛选机制,主要是由技术工具过滤掉大量的无用数据,完成对有效数据的筛选,此举旨在避免无用数据过多,噪声过大,埋没真正的数据而影响对真正目标的发现。数据收集的最终目的还是要指向决策功能的实现。实时决策类型指标体系应至少包括实时数据监测指标、决策类型指标及两类指标间的映射关系。指标体系用于指导当监测到的实时数据达到某一种指标的范围时,需要做出相应的实时预警或决策。

3. 根据情报问题的特性,选择适合的大数据实时分析处理模式

大数据处理模式主要可分为流处理模式和批处理模式。批处理是先存储后处理,而流处理则是直接处理。流处理模式的基本理念是数据的价值会随着时间的流逝而不断减少。因此,尽可能快地对最新的数据做出分析并给出结果是所有流处理模式的主要目标。

两类处理模式均可用于对实时数据的处理,区别在于对数据时效性的界定存在差异:流处理模式以秒为单位度量数据时效性,致力于对最新数据进行直接处理,实时性是这一类处理模式最重要的衡量标准;而批处理模式的实时性不及流处理模式,是以小时甚至天为单位度量数据时效性,对最新数据采集后先行存储再行分析。不同处理模式需要采用不同的大数据处理方法和平台作为支持。需要根据情报问题对实时性的具体要求来合理选择对应的大数据处理模式。

Google 的 MapReduce 编程模型是最具代表性的批处理模式。MapReduce 模型先对用户的原始数据源进行分块,然后分别交给不同的 Map 任务去处理。Map 任务从输入中解析出 <key,value> 对集合,然后对这些集合执行用户自行定义的 Map 函数以得到中间结果,并将该结果写入本地硬盘。Reduce 任务从硬盘上读取数据之后,会根据 key 值进行排序,将具有相同 key 值的数据组织在一起。最后,用户自定义的 Reduce 函数会作用于这些排好序的结果并输出最终结果。

需要采用流处理模式的大数据应用场景主要有网页点击数的实时统计、传感器网络、金融中的高频交易等。流处理模式将数据视为流,将源源不断的数据组成数据流。当新的数据到来时就对其立刻处理并返回所需的结果。

数据的实时处理是一个很有挑战性的工作,数据流本身具有持续到达、速度快、规模巨

大等特点,因此,通常不会对所有的数据进行永久化存储;同时,由于数据环境处在不断地变化之中,系统很难准确掌握整个数据的全貌。

目前,还没有一种通用的解决方案能够用于搭建一个大数据实时分析平台,在协同分析的未来发展趋势面前,大数据实时分析过程必然涉及多技术的协同工作,搭建通用的大数据实时处理技术平台是大势所趋。

6.3 大数据背景下情报分析需要注意的问题

6.3.1 大数据的陷阱

大数据最有价值的部分是预测分析,可以通过数据挖掘形式如数据可视化、统计模式识别和数据描述等,帮助数据科学家更好地理解数据,并可根据数据挖掘的结果得出预测性决策。因此,数据的可靠和准确是实现其价值的关键因素。但大数据在提供价值线索的同时也会因数量庞大而带来有效数据筛选和鉴别的困难,从而易遭遇大数据陷阱。大数据庞大而复杂。这不仅体现在信息的积累上,而且体现在其对经营策略的影响上。成功利用大数据已成为众多企业经营的关键要素,其中包括制定平台战略,无论是“数据中心”,还是“数据平台”,抑或是“数据湖”。许多以大型社交媒体数据为基础的人类行为研究都潜藏着一个假设:足够大的数据样本量能排除由平台本身带来的噪音。然而,不同的社交媒体平台各自有大量不同的总体统计偏差,这就说明大数据并不代表全部。

考虑如下几种现实可能性:存在数据“黑匣子”(即被操控的数据),人们可能会故意发布虚假错误的信息;人们真正的意图可能会被自己错误地表达;即便人们真实准确地表达了自己的意图,也不代表会付诸行动;数据间会呈现虚假关联,而这些关联在事实上根本不存在因果关系。若仅专注数据表面关联而不考虑其深层次的动力学原理,决策就有可能被误导。同时一些文献还提出了可参考的解决办法,如采用回归分析方法、关注理论和情景、充分认识数据的局限、了解数据产生和改变的深层次原理等,以确保观察到和研究的数据可靠有效。

6.3.2 待构建的指标

数据分析技术和工具不应成为情报分析的主角,技术、工具都只是完成数据收集、筛选、鉴别的辅助手段,人仍然是情报分析任务的发起者和完成者。数据来源和数据内容的可靠性研判、情报问题相关情境的有效构建、决策模式的建立和选择等仍然要基于分析人员的主观判断。指标体系的建立能有效降低由分析人员的主观偏颇带来的分析失误,这也是本书多处涉及的观点。除采用已述的数据筛选标准和实时决策类型指标,至少还需要建立一个简单的数据指标集,根据分析需要设定数据指标,帮助分析人员考量数据可靠性。其中的指标可包括数据中包含信息的类型、数据提供者(观察者和报告者)、数据的渠道(来源和传送)、数据的数量、数据的时空维度等,由此可方便人们在获取数据后对数据进行过滤、概括和分类等准备工作。

6.4　从“棱镜计划”看大数据背景下的情报分析

“棱镜计划”自被曝光之日起，就受到了世界各方面的广泛关注，而大家关注的焦点主要集中在个人隐私的保护上，其实“棱镜计划”针对哪些大数据、通过哪些分析、实现了何种战略目标更值得关注与讨论。

曾供职于美国中央情报局的技术分析员爱德华·斯诺登（Edward Snowden）于 2013 年 6 月将美国国家安全局（NSA）关于“棱镜计划”（PRISM）监听项目的秘密文档披露给了《卫报》和《华盛顿邮报》，引起了全世界的关注。围绕美国情报监视的相关讨论、分析和评论可谓铺天盖地，其中多数指责美国国家安全局侵犯公民隐私、非法窃取外国情报。然而，作为情报研究者，换个角度思考：如果我们掌握如此大量的数据，是否能够完成相应的情报分析？面对这些大数据与情报分析任务，我们该如何开展工作，经过哪些步骤，需要运用哪些方法？这些问题同样值得我们深思。

NSA 在 PRISM 下可以实时追踪民众的邮箱登录、邮件发送及聊天服务登录与退出时的通信信息。由斯诺登泄露出来的 PRISM 项目文件显示，这一项目的数据都是从多家科技公司的服务器上直接获取过来的。而一些曝光的 NSA 内部文件则列出了该机构在 PRISM 下收集的数据类型。据报道，泄露的文件中描述了 PRISM 能够对即时通信和现存资料进行深度的监听。许可的监听对象包括任何在美国以外地区使用参与计划公司服务的客户，或是任何与国外人士通信的美国公民。NSA 在 PRISM 中可以获得电子邮件、视频和语音交谈、影片、照片、贵宾（VIP）的交谈内容、档案传输、登录通知，以及社交网络细节等。《总统每日简报》里的很多报告都使用了来自 PRISM 的资料。

与此同时，大数据研究和发展计划主动公开。2012 年，美国奥巴马政府启动了“大数据研究和发展计划”，并为此投入两亿美元以上的资金。随着大数据技术的快速发展，人们对数据的收集能力越来越强，利用收集到的庞大而复杂的数字资料提炼真知灼见的能力也将提升。该计划旨在推进和改善美国联邦政府部门的数据收集、组织和分析的工具及技术，以提高其从大量复杂的数据集中获取知识和洞见的能力，强化美国国家安全，协助加速科学、工程领域创新步伐，转变学习和教育模式。

从“棱镜计划”和美国启动“大数据研究和发展计划”，我们不禁想到，如何针对大数据进行有效的分析与处理，更好地挖掘出有价值的情报，为国家战略的规划与制定提供必要的情报支撑，可能这才是从情报视角看 PRISM 的重点。鉴于此，本章后续内容将深入剖析 PRISM 的数据基础、分析过程与方法、实施目标，从情报分析的视角全面展示 PRISM，并对大数据时代的情报分析进行探讨，大数据情报分析示意图如图 6－1 所示。

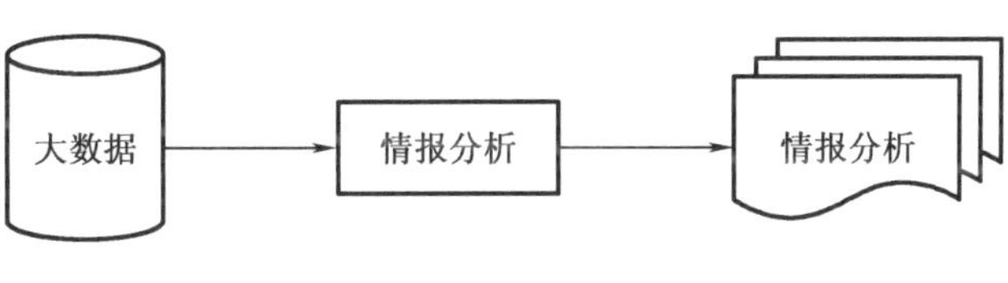

图 6－1　大数据情报分析示意图

6.4.1 数据基础

1. 数据来源

PRISM 监听的范围很广，参加 PRISM 的公司有近十家，包括微软（2007 年）、Yahoo（2008 年）、Google（2009 年）、Facebook（2009 年）、Paltalk（2009 年）、YouTube（2010 年）、Skype（2011 年）、美国在线（2011 年）及苹果公司（2012 年）等（图 6－2，按加入项目的时间排序）。这些公司都是典型的互联网公司，处理大数据相关业务，通过不同的方式掌握着海量用户的信息。

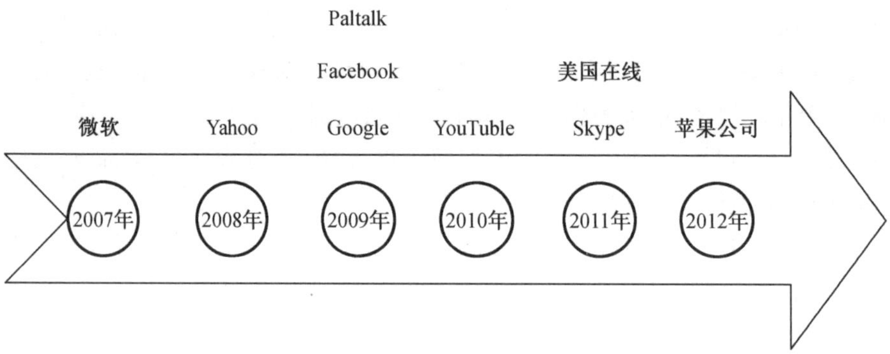

图 6－2　加入 PRISM 的公司编年图

从数据的采集方式或来源方面来看，当前的大数据主要包括访问日志、社交网络数据、过程行为数据、传感网络数据、智能终端数据，以及移动终端、视频、语音通话等数据。

数据获取技术的革命性进步，以及传感器等自动采集的数据、Web 2.0 等用户生成数据（UGC）及移动设备生成的数据（位置、移动和行为信息等）等多源数据，使得数据生产迅速、数据存量庞大。

2. 数据类型

受到 PRISM 监听的信息主要有 10 类：电邮、即时消息、视频、照片、存储数据、聊天语音、文件传输、视频会议、登录时间和社交网络资料的细节（图 6－3）。NSA 可从公共、商业等来源扩大通信数据来源，包括但不限于银行代码、保险信息、社交网络（如 Facebook）档案、乘客名单、选举名册、GPS 坐标信息，也包括财产记录和未具体说明的税务资料。来自交易、业务往来、事件和电子邮件等的内部数据能够为组织提供有价值的洞察与分析。

技术的发展极大地扩展了信息的传播媒介，增强了信息的传播能力，印刷媒介（报纸、杂志、海报等）、电子媒介（电视、广播、电影、电话等）、网络媒介（社交网站、视频分享网站、博客等）、展示媒介（宣传板、橱窗、广告等）和其他媒介（政府数据、航拍图片和学术信息）等共同构建了多维的公开信息来源渠道。

据美国中央情报局统计，2007 年情报收集总数中超过 80% 的数据都是公开信息。公开信息有多种渠道与来源，将来自不同渠道和利用多种采集方式获取的具有不同数据结构的信息汇聚到一起，形成具有统一格式、可以面向多种应用的数据集合，称为多源信息融合。同一个事实或规律可以同时隐藏在不同的数据形式中，也可能是每一种数据形式分别支持了同一个事实或规律的某一个或几个侧面，这既为数据和信息分析的结论的交叉验证提供了契机，也要求分析人员在分析研究过程中有意识地融合各种类型的数据，从多种信息源中发现潜在的信息价值与情报。

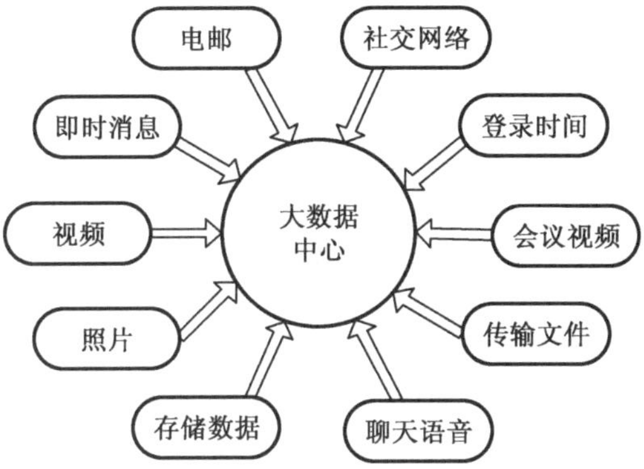

图6-3　美国PRISM监控的主要数据类型

因此，综合利用多来源、多形式的数据是现代科学决策的鲜明特点。"兼听则明，偏信则暗"，多维度、多数据源地分析才有说服力。

3. 数据规模

PRISM的每个数据源，其数据规模都是巨大的，是典型的大数据。例如，Facebook有10亿个节点和千亿条链接；视频分享网站YouTube的月独立访问人数超过8亿；Google每天的搜索指令数高达30亿条，每个月处理的数据量400 PB以上，还在持续增加；Yahoo数据中心的Hadoop云计算平台有34个集群，总存储容量超过100 PB。据美国《连线》杂志报道，NSA在盐湖县与图埃勒县交界处建造一个新的数据中心，这个数据中心占地48万m^2，耗资17亿美元。在这个巨大的数据中心里，有4个25 000 ft^2（1 ft^2 = 0.092 903 m^2）的大厅用来存放服务器，NSA每6小时可以收集74 MB的数据。如此计算下来，这些收集的未经编辑的原始数据几乎每24小时便能填满4个美国国会图书馆。

PRISM较好地体现了大数据的价值。大数据存在、产生并可应用于很多领域。从数据存量的角度看，一般认为PB级别以上的数据就可称为大数据。维基百科将大数据定义为无法在一定时间内用常规软件工具对其内容进行抓取、管理和处理的数据集合。万维网具有超过万亿的统一资源定位符（URL）。淘宝网每天有超过数千万笔交易，单日数据产生量超过50 TB。百度公司的数据总量接近1 000 PB，每天处理搜索请求超60亿次。医疗卫生、互联网、环境生态学、电子商务、影视娱乐、科学研究等行业，每天都产生大量的数据。根据赛门铁克公司的调研报告，全球企业的信息存储总量已达2.2 ZB，年增长率达67%。如何处理超大规模的网络数据、移动数据、物联网数据、社会计算数据，已经成为科研学术界和产业界亟待解决的关键科学技术问题。

6.4.2 情报分析

1. 分析理念

邦弗朗尼原理表明，并非给定数据集和挖掘任务就肯定能挖掘出合理的结果，因此，数据分析就变得很重要。数据的累积性和关联性使得单个地点或单一来源的信息可能不会暴露用户的隐私，但是如果有办法将某个人的很多行为从不同的独立地点聚集在一起，他的隐私就很可能会暴露，因为有关他的信息已经足够多，这就是 PRISM 中大数据的原理。例如，通过 Google 的检索日志可以获取用户关注信息的兴趣点及关注热点的变化，通过 Facebook、Paltalk 等社交网站可以了解用户的人际网络与活动动态，通过微软、Yahoo 可以掌握人们联机工作的时间、方式及内容等。把这些信息融合到一起，可以较为全面地认识并掌握某个用户或某类群体的信息行为特征。

在大数据时代，在数据分析理念上有 3 个转变：要全体不要抽样，要效率不要绝对精确，要相关不要因果。在大数据时代，人们可以分析更多的数据，有时甚至可以处理和某个特别现象相关的所有数据，而不再依赖于随机采样。大数据处理的一个重要逻辑就是将价值较低的海量数据进行价值凝练和萃取，在不失代表性的前提下进行数据简化处理。

情报分析的理念在大数据时代也需要做出相应的调整与转变。如何有效地利用好大数据，从中分析出有决策价值的情报，值得人们关注。大数据时代下的情报研究应从单一领域情报研究转向全领域情报研究，综合利用多种数据源，注重对新型信息资源的分析、强调情报研究的严谨性和情报研究的智能化。

2. 分析流程

传统的情报分析流程包括计划与指示、搜集、分析与处理、报告撰写、研究传递等过程。大数据环境下的情报分析流程除了原有的过程之外，更加强调信息搜集与分析处理，具体包括情报需求定义、情报计划制订、信息检索与数据采集、多源信息融合与清洗、信息分析与内容挖掘、信息展现与情报提炼、报告撰写与情报传递等一系列过程（图 6－4）。

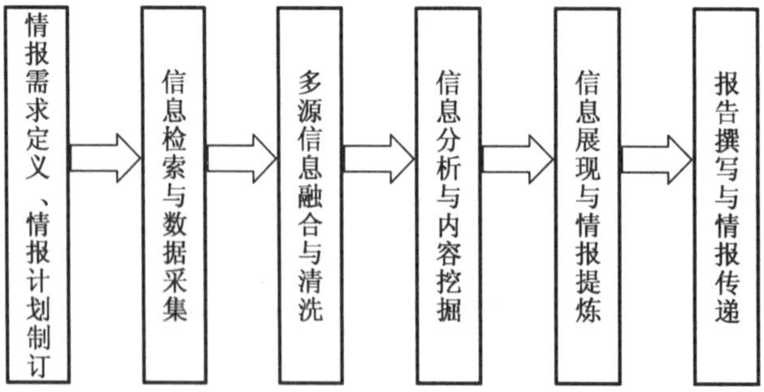

图 6－4　大数据时代下的情报分析流程

大数据时代的情报分析，先要明确情报任务的类型、确定情报任务的主题、分析情报任务的情境、捕捉情报用户的特点，然后把情报需要转化成情报需求，并明确地给予定义。在明确了情报需求以后，根据需求确定情报流程、构建指标体系、计划情报时间、组建情报队伍、选择合适的研究方法、选配相应的技术与工具。根据情报计划确定信息检索与数据采集的来源渠道、范围、规模、类型,然后制定收集策略并实施收集,对收集的数据结果进行数据规模、时效性、真伪等方面的评估。对数据进行预处理,如数据合并、数据清洗、数据变换和数据标准化,经过预处理的数据变得干净整齐,可以进行分析挖掘,形成有决策支持或参考价值的情报报告,在恰当的时间以合适的方式把准确的情报传递给正确的人。

3. 分析方法

如何针对特定的情报需求,快速地获取准确数据、高效地分析海量数据、清晰地解读系列数据是情报工作者面临的严峻挑战。要应对这一挑战,需要敏锐的思维及专业的工具与方法。通过关联分析、聚类分析、孤立点分析、模式分析、网络分析、异常分析、时序分析、预测性分析等一系列方法挖掘出有价值的情报。例如,通过模式分析可以识别某种罪犯的犯罪模式,通过关联分析可以分析恐怖分子的活动网络,通过聚类分析可以聚类某一类用户并分析该类用户的特征,根据爆发词可以分析人们的关注热点甚至预测流感爆发的时间与地点。在科技情报领域,针对论文、项目等数据,通过统计排序、数量分布统计、年度增长统计、关联规则等可实现关键人物发现、重要机构识别、国家实力对比、前沿热点监测等,根据这些结果可以判断科学技术发展各要素及总体的现状与趋势,并进一步分析出机遇和威胁,从而把信息变成情报,这也是大数据分析的价值所在。

6.4.3 结果与目标

1. "棱镜计划"的战略目标

据外媒报道,NSA 自 2010 年 11 月起开始准许以海外情报意图来分析电话及电邮记录,监视美国公民的交友网络。根据 NSA 于 2011 年 1 月记录的备忘录,可知政策转向目的是在帮助该局"发现并追踪"海外情报目标和美国公民之间的关联。该文件指出,NSA 得到授权,可在不检查每个电邮地址、电话号码或任何指针的"外来性"的情况下,"大规模以图表分析通信源数据"。在泄露的秘密文档内的一页幻灯片中,展示了两种数据来源:PRISM 和 Upstream(另一个监听项目的代号)。PRISM 是从一些美国服务提供商的服务器处直接进行收集,Upstream 则是通过在承载互联网骨干通信内容的光缆上安装分光镜,复制其通信内容。英国的政府通信总部[GCHQ,与 NSA 对应的信号情报(SIGINT)机构]最早从 2010 年6月起就能访问 PRISM 系统,并在 2012 年使用该计划的数据撰写了 197 份报告。

PRISM 的目标不是关注某个普通民众的个人隐私,这对国家战略没有实质的意义,也没有大的价值。大数据特点之一就是价值密度低,普通民众的个人隐私信息对于国家的宏观治理并没有太大的价值,真正有价值的是某类群体特征或个别关键人物的活动信息。根据 PRISM 披露的内容,其主要战略目标可能包括以下几个方面:对恐怖主义人物及其活动的监测、预测犯罪行为模式与频率、部分国家领导人活动与政策指向、国际合作谈判所需的数据与情报支撑、新的战略新兴产业与机会发现、某些国家的不安全因素挖掘等,这些都关乎国家战略。例如,通过关键词筛选、用户联系频率和地点与恐怖袭击可能存在的联系、不正常现金流向的分析,也许能从中找出恐怖袭击的蛛丝马迹,并进行有效的预测与预防打击。

2. 大数据分析的目标

奥巴马政府发布的"大数据研究和发展计划"旨在提升利用大量复杂数据集合获取知

识和洞见的能力，提升美国利用收集的庞大而复杂的数字资料提炼真知灼见的能力，协助加速科学、工程领域的创新步伐，提升美国国土安全，转变教育和学习模式，希望在科学研究、环境保护、生物医药研究、教育及国家安全等领域利用大数据技术实现突破。美国政府认为大数据是“未来的新石油”，将大数据研究上升为国家意志，认为其对未来的科技与经济发展必将带来深远影响。美国国土安全部主要推进可视化数据分析项目，应用领域主要为自然灾害、恐怖事件、边境安全、网络威胁等。

“大数据”虽然在表面上是一个技术术语，但其实际上已经渗透到社会生活、经济、国防军事、科学技术等的方方面面。数据作为一种商业资本，一项重要的经济投入，可以创造新的经济利益。事实上，数据已经巧妙地被用来激发新产品和新型服务。当前大数据应用领域处于领先的企业是 Amazon、Google、Facebook 等，他们已经开始基于云计算平台，汇集来自互联网、无线标签、全球定位系统（GPS）、智能手机等的大量数据，经过分析后用于客户信息管理或市场营销活动。IBM 拥有一个由 5 000 人组成的数据分析团队，帮助石油公司更高效地勘测、开采和炼制石油。通用汽车投入 15 亿美元收购大数据分析公司，以充分挖掘多个数据点，找到有效的途径，延长燃气涡轮、喷气式发动机和其他重型设备的运行时间，同时也不必不定期地维护这些设备。

我国当前在大数据等方面有一批有一定优势的企业，如电信企业、商业银行、腾讯、阿里巴巴、百度等。大数据就像一个神奇的钻石矿，当它的首要价值被发掘后仍能不断给予其他价值。大数据不仅创造了新的计算方式、技术处理方式，更为其他技术的研发、应用和落地奠定了基础。大数据从不同视角反映人物、事件或活动的相关信息，把这些数据融合汇聚在一起进行相关分析，可以更全面地揭示其内在联系，挖掘新的模式与关系，从而为市场的开拓、商业模式的制定、客户群定位提供有力的数据支撑与决策参考。

3. 大数据时代的情报目标

未来，一个国家拥有数据的规模和运用数据的能力将成为综合国力的重要组成部分，对数据的占有和控制也将成为国家间战略资源的争夺焦点。如在赛博战领域如何利用大数据分析（big data analysis，BDA）实现赛博态势感知、在电子战领域如何利用 BDA 实现有源情报与无源情报的分类与融合等。此外，随 BDA 而来的诸多新类型情报也有待进一步研究，如移动情报、云情报、社会情报、大数据情报等。

大数据技术将为情报部门的分析提供巨大价值，高质量的开源情报、可从商业渠道获得的地理空间情报和信号情报，以及与数据分析的结合，将使情报分析更为有价值。情报人员需要围绕情报任务与需求，广泛搜集各类相关信息，运用多种工具与方法进行内容分析，监测其中的新现象、新情况、新异常，发现蛛丝马迹中的规律、本质、战略意图等，并将这些内容“填充”到情报分析结果的模式中，或按预定的模式组织所发现的内容，形成情报分析报告。这样的情报对于企业来讲可以服务于产品研发、市场开拓、技术合作、人才争夺等活动，实现跟踪竞争对手的动态、分析战略部署，把握主要趋势与次要趋势，厘清长期战略与近期目标，从而完成趋势判断、动向感知、前瞻预测、情景研判等情报目标，实现“耳目、尖兵、参谋”的情报功能。

6.5　本章小结

大数据的影响已渗透到各领域,并且正在深刻改变着人们的生产和生活模式。在商业、公共卫生领域中,大数据分析带来的价值已初步显现,未来的决策将更多地基于数据分析。这为情报分析理论与实践的发展带来了新的挑战,更提供了重要的发展契机。本章分析了大数据背景下情报分析的发展趋势,旨在拓展新环境下情报分析和研究工作的创新思路,其中,如何完成情报协同分析、提高和评价情报分析有效性等问题有待进一步做深入的研究。

第7章　大数据分析(BDA)及其在情报领域的应用

随着大数据带来的价值不断被人们发掘,“大数据”一词被提升到前所未有的高度。大数据研究的核心并非是数据的“量”有多大,而是如何有效、有序、系统地处理(包括访问、收集、保护、存储、管理、分析、挖掘、共享、辅助决策等)大量数据,从而创造大价值,因此也衍生出一个非常重要的研究领域——大数据分析。

7.1　大数据分析

大数据分析中的“分析”实际上是一个广义的概念,包括采集、预处理、存储、管理、挖掘等,然后通过分析、知识共享等手段最终实现对决策的支持[40]。

7.1.1　BDA 概述

大数据分析是指对规模巨大的数据进行分析。因此,BDA 主要关注两方面内容:大数据本身及分析技术本身;如何将二者有机融合,从而实现从大数据中提取有价值的情报并用以辅助决策的目的[41]。

具体来说,可用于 BDA 的分析技术包括预测分析、数据挖掘、统计分析、复杂的结构化查询语言(SQL)等,以及那些可以支持大数据分析的数据可视化、人工智能、聚类、文本法分析、自然语言处理、数据库等相关技术。可以看出,大多数 BDA 技术其实均可归入“发现分析”或“发掘分析”技术的范畴,而发现、发掘情报也是 BDA 的主要目标之一。

7.1.2　BDA 关键技术与工具及其发展趋势

2011 年,相关机构进行了“大数据分析工具、技术与趋势”调查。该调查列出了几乎所有与大数据分析相关的工具与技术,其中包括如下几类:一是新兴的,如云计算、MapReduce、复杂事件处理(CEP);二是不是新兴的但适用于大数据分析的,如数据可视化、预测分析;三是已有且比较成熟的,如统计分析、手工编码的 SQL[42]。

此次调查可比较客观地展现 BDA 关键技术与工具及其发展趋势。相关技术与工具的当前使用情况及未来发展趋势如图 7-1 所示。从图中可以看出,隶属于第一组的工具与技术基本上可以代表 BDA 关键技术与工具的发展趋势,即高级分析技术与工具、高级数据可视化技术(ADV,未来发展势头最为迅猛的技术)、实时仪表盘、内存内数据库和非结构化数据分析技术等。

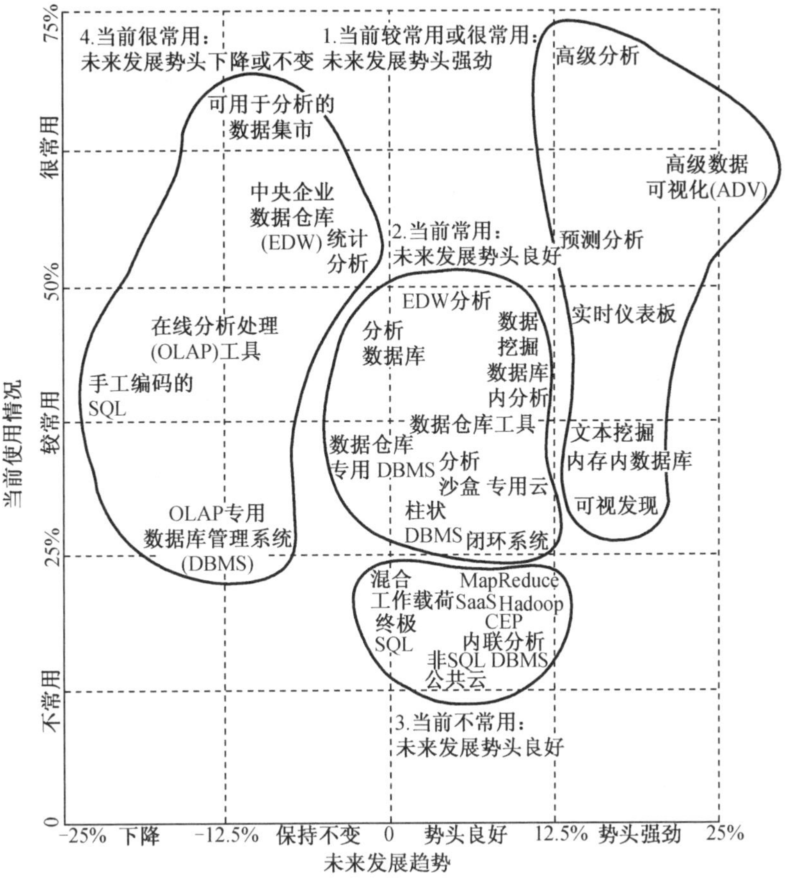

图 7-1 BDA 技术与工具的当前使用情况及未来发展趋势

7.1.3 BDA 浅析

大数据代表着数据从量到质的变化过程,代表着数据作为一种资源在经济与社会实践中扮演着越来越重要的角色,相关的技术、产业、应用、政策等环境会与之互相影响、互为促进。

从功能角度来讲,BDA 实现了从大数据到情报(即价值)的转换,而这种转换本身与大数据的规模性、高速性、多样性、价值性 4 大特性分不开。大数据的基本处理流程与传统数据处理流程并无太大差异,主要区别在于大数据要处理大量、非结构化的数据,所以在各处理环节中都可以采用并行处理。目前,Hadoop、MapReduce 和 Spark 等分布式处理方式已经成为大数据处理各环节的通用处理方法。这些大数据处理平台使得大数据分析人员可以对原始数据进行分析,并得到支持决策所需的情报[43]。

考虑到大数据的一些新特性,BDA 也必须采用一些新的方法和流程来实现情报提取。以利用 Hadoop 技术与平台实现 BDA 为例,典型的 BDA 实施流程与常用的 OODA 环(观察、定位、决策、行动)有些类似,包括大数据访问、大数据收集、大数据分析、决策、行动等环节,并且最终实现人在环路或人不在环路的闭环。

从分析对象来看,BDA 主要分析静态大数据(big data at rest)和动态大数据(big data in motion)。

7.2 BDA 在情报领域中的应用研究

BDA 技术与工具因可产生巨大的价值,在情报领域内应用得非常广泛,在情报获取、分析、汇总、构建情报网络、情报呈现等诸多情报处理环节都可以用到。

著名的 NoSQL 数据库开发公司 Objectivity 开发的 Objectivity/DB、Infinite Graph(IG)等大数据分析工具是典型的可用于情报领域的工具,Objectivity/DB 是一个面向对象的数据库系统,由美国 Objectivity 公司研制,是一个商品化的系统,是最早进入市场的面向对象数据库系统之一,多个数据库可以通过异构网络相连,其采用 C + + 的数据模型,支持多继承、复杂对象、关联和可变长数组。在事务处理方面,短事务采用两段锁协议;支持多粒度锁,自动检测死锁,通过夭折特定事务来解决死锁;利用检入/检出(check - in/check - out)机制对长事务支持;支持软硬件故障的自动恢复。Objectivity/DB 系统支持版本管理和配置管理。另外,该系统还支持聚簇机制、图形化的超文本视图、浏览器及调试器,Objectivity/DB 系统结构图如图 7 - 2 所示。

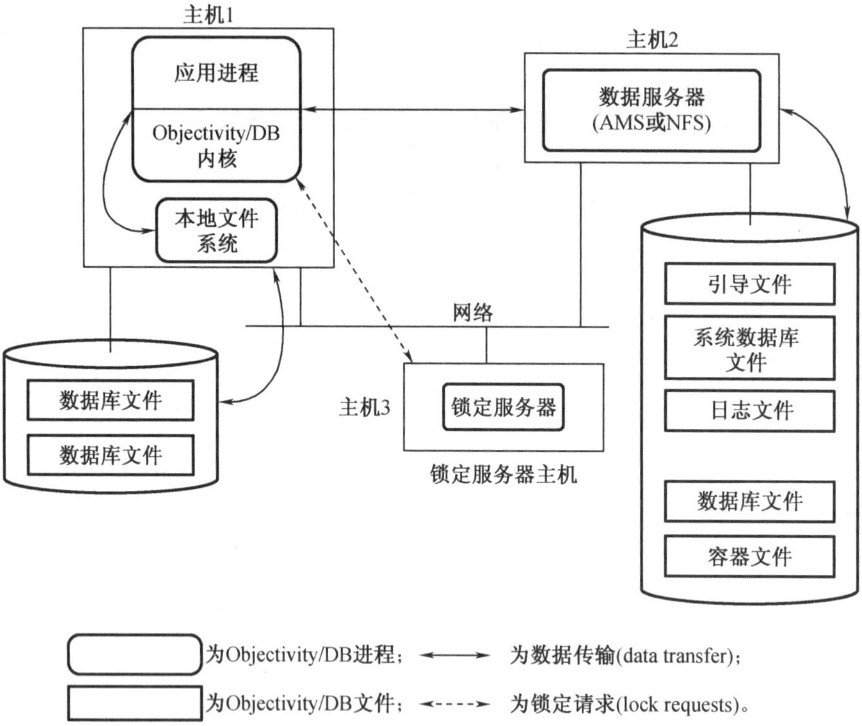

图 7 - 2　Objectivity/DB 系统结构图

下面主要以这两种 BDA 工具为例介绍 BDA 技术在多源情报融合及关系分析过程中的实际应用。

7.2.1　BDA 用于多源情报融合

将 BDA 用于多源情报融合的主要手段是对海量、多源、多类型的数据(如文本、图片、视频、语音等)进行关联,将其转换为用户所需的各类专用情报,如通信情报(COMINT)、电子情报(ELINT)、雷达情报(RADINT)、遥测情报(TELINT)等。

Objectivity/DB 大数据分析工具在美国空军网络中心协同目标瞄准项目(NCCT)中的应用场景如图 7-3 所示。图中,在机器到机器(M2M)接口的支持下,Objectivity/DB 实现了自动多源情报融合。该工具在多源情报融合方面主要解决的问题包括复杂数据索引与搜索、多源情报集成、异构数据库联合等。

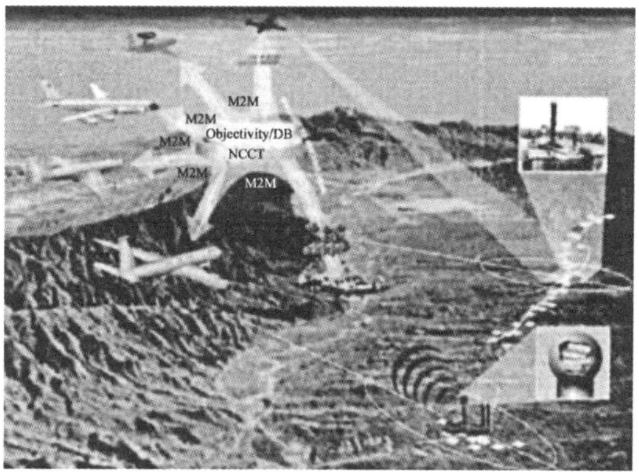

图 7-3　Objectivity/DB 在 NCCT 中的应用场景

7.2.2　多源情报集成

多源情报融合所面临的第一个问题就是实现多源情报的集成。

借助分布式风险管理与跟踪系统,Objectivity/DB 可实现气象情报、地理空间情报、风险事件跟踪与后勤情报等的集成。它通过检验规划行动与实际行动的偏离度来确保情报集成按照强制性规则来实施,这种校验需要专家知识库的支持。在此基础上,用户可实现如下功能:显示、浏览、放大数据;产生简报文件;查看任务需求;查看、分析、仿真一个规划;与其他规划人员进行电视电话会议。

7.2.3　复杂数据索引与搜索

多源数据融合所面临的第二个问题是复杂数据索引与搜索。

一般情况下,从多个同类源获取数据比较容易,如利用开放式数据库互连来访问多个关系型数据库中的数据、采用统一的结构化文件格式等。

然而,复杂数据(如来自计算机辅助设计系统、地理信息系统或物联网终端遥感传感器的数据)的存储和处理要困难得多。因为传统搜索语言不具备搜索声纹、图片、指纹、实体模型、声呐、雷达等多源数据的能力。这些复杂数据可以在关系型数据库中表示为二进制大对象(BLOBS),这些数据并非随时都可翻译成通用数据定义语言(如 XML),相关数据集通常非常庞大,并且数据集之间的关系数量可能会更加庞大。这些数据通常位于结构化文件内,而且仅能借助人类或编码知识来索引。通常这些数据库都会采用“蛮力”搜索来从这些文件中找到可识别的文本串。利用一个统一的数据统一层,Objectivity/DB 大数据分析工具具有索引以上提及的复杂数据及其关系的能力。

在大型数据库搜索方面,Objectivity/DB 采用并行搜索引擎来实现。该引擎可快速确定可能包含所查询对象的“数据容器(data container)”,然后利用用户可配置的线程数进行迭代,直到找到目标数据容器。

7.2.4 异构数据库联合实现

多源情报融合所面临的第三个问题是异构数据库联合。

Objectivity/DB 工具采用单一逻辑视图来实现异构数据库联合,其存储管理器可管理、构造所有数据库。此外,在此体系结构上还可以增加传统的数据库管理系统网关,该网关可以采用开放式数据库连接(ODBC)或采用各种中间件为对象管理器提供请求服务。

单一逻辑视图具备如下优点:数据始终处于现有系统的控制下;面向对象的应用程序只要使用一个单一的应用程序接口(API)即可访问异构数据源;经常需要遍历的对象、关系可以表示为数据库中的代理,这样即可消除昂贵的联合运算成本。

7.2.5 情报分析

Objectivity/DB 情报分析流程如图 7-4 所示,可以看出,它通过采用一个协同工作环境构建了一个情报分析系统。图中“Web 使能的协同工作环境”可支持各种操作,包括建模、规划、评估、决策支持等;软件代理负责根据假定情况来对开源信息进行分类;插件架构是开放式、自适应的。

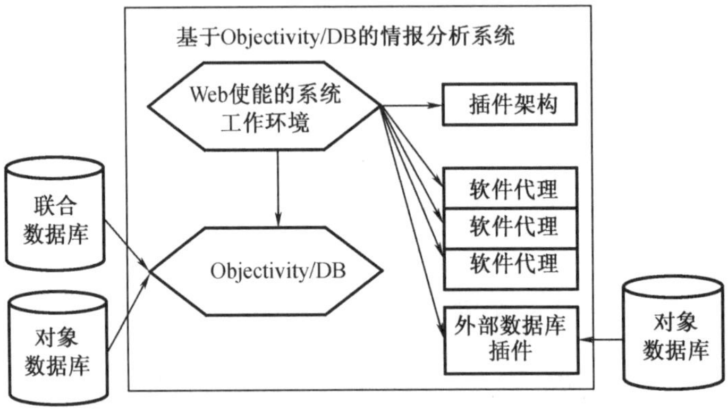

图 7-4　Objectivity/DB 情报分析流程

7.3　BDA 用于关系分析

作为近 200 年来军事领域里最重要的变革,网络中心战(NCW)的战略地位不断提高,各类电子信息系统之间几乎都已经或正在朝着网络化运作方向发展,例如,网络化通信系统、组网雷达系统、一体化组网探测系统等均属此类。因此,在进行情报分析的过程中仅仅分析来自单个节点(即点)的情报已不足以支撑决策,还必须对各单元之间的关系(即线和面)进行分析。

关系分析是 BDA 在情报领域中的主要应用之一。同样,Objectivity 公司在该领域也颇有建树,其 Infinite Graph(IG)分布式图数据库的主要功能之一就是进行关系分析,并最终生成支持决策所需的综合情报。

7.3.1　IG 数据库的体系结构概述

IG 数据库的构建基于一种高度可扩展的分布式数据库体系结构,其中,数据和数据处理在网络中都采用分布式结构,IG 数据库的体系结构如图 7－5 所示。单个图数据库可以进行分割并分布在多个磁盘卷和机器中,这样即可实现跨机器边界的数据查询。同样的数据库客户端可以通过本地或本地网络访问图数据库。

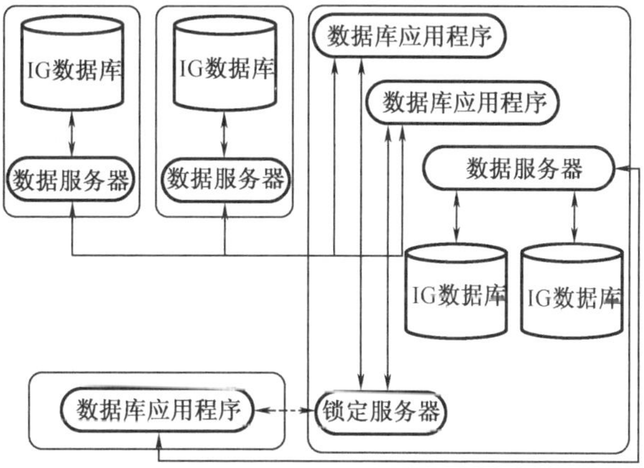

图 7－5　IG 数据库的体系结构

图 7－5 中相关模块的功能如下所述。

(1)锁定服务器负责处理来自数据库应用程序的数据库读写锁定/解锁请求,即负责整个数据库访问管理。与开源数据库访问不同,锁定服务器对 IG 数据库的访问在建立数据库实例时不受控制,而是在事务级进行控制。

(2)每台装有数据库的机器中还有一个单独的数据服务器进程,这些进程可通过本地或远程方式来访问磁盘卷上的数据。

(3)数据服务器负责处理来自分布式图数据库的远程数据库应用程序请求。

7.3.2 IG 用于关系处理

IG 主要通过结合一系列数据库技术和图论技术来实现对相关情报的关系分析。它利用图的顶点和边来分别表示要素(包括事件/地点、人员/组织、行为)和要素之间的关系,并实现"连点为线"(基于某种规则实现从点到线的映射),最终通过对点、线的分析来产生预期分析成果。这种处理方法与传统数据库有着很大不同:传统数据库按照要素而非按照节点(顶点)、关系(边)来存储、处理数据。

IG 关系处理流程如图 7-6 所示。具体流程如下。

(1)对已经获取的情报数据库对象进行分类,确定对象属于节点还是属于连接关系。

(2)对分类后的数据库对象进行"顶点、边"映射,以形成数据关系图。

(3)基于事先确定的规则对生成的数据关系图进行分析。

(4)在分析的基础上得出辅助决策结论。

(5)通过各种可视化手段将分析结果呈现给用户(图中未标出)。

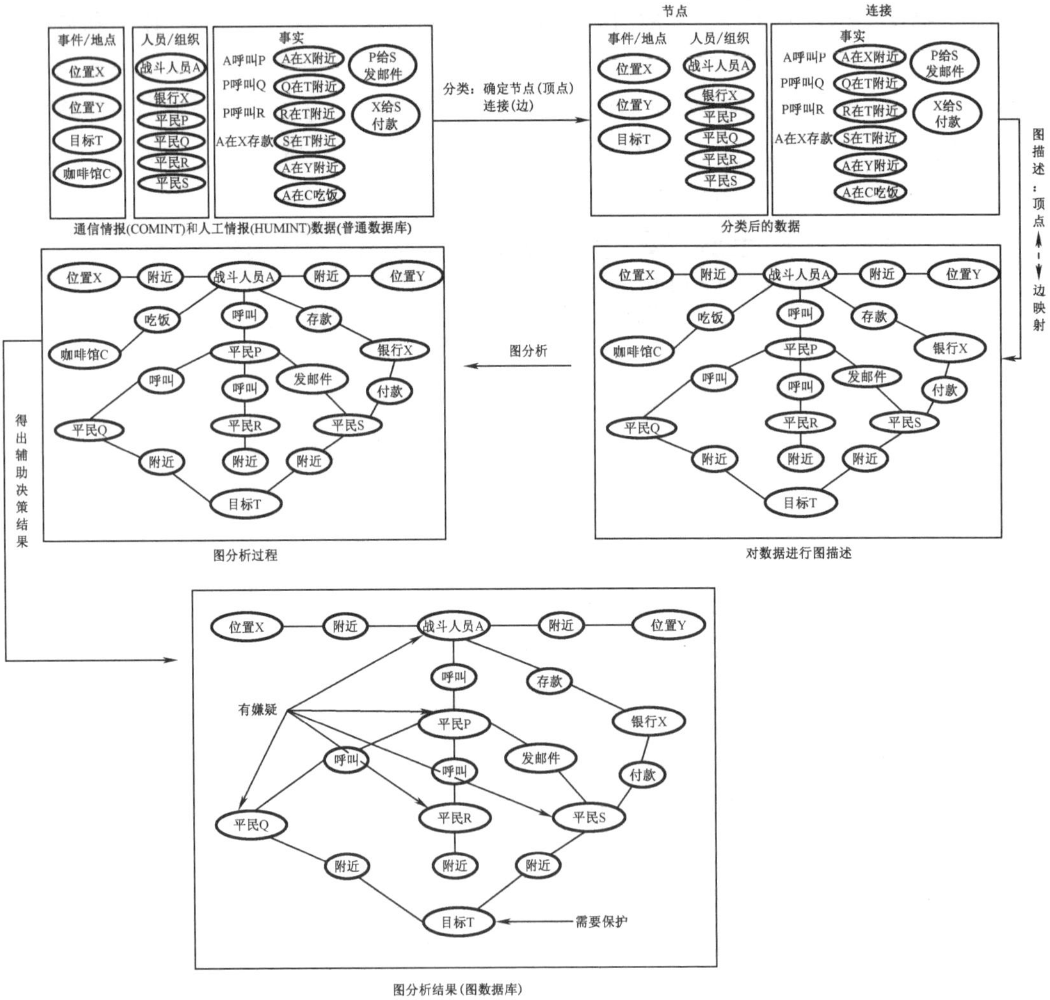

图 7-6 IG 关系处理流程

7.4　基于内容的海量监控视频检索系统

在安防领域不断发展的前提下,视频监控成了研究与应用的热点。本章主要介绍一个基于内容的海量监控视频检索系统。该系统运用 MapReduce 对提取视频中运动对象的方法进行了改进;使用 HBase 进行系统中相关数据的存储;采用一种新型的方法对检测到的运动对象进行行为识别,并创新性地利用规则组合的方式对复杂行为进行定义域检索。本章先对该系统的功能性需求与非功能性需求进行描述,深入分析并给出了系统的主要业务流程;然后对系统中涉及的各种相关技术进行简要的介绍;最后详细介绍系统中各个模块的设计与实现。

7.4.1　应用背景

智能视频监控技术是在传统视频监控技术的基础上发展起来的。传统视频监控技术的发展经历了 3 个时代:模拟时代、数字时代和网络时代。目前智能视频监控技术的功能主要包括自动从视频图像序列中进行运动对象的提取、描述、跟踪和行为识别等。智能视频监控技术借助计算机强大的数据处理功能,对海量视频数据进行高速分析,过滤掉用户不关心的信息,仅为用户提供有用的关键信息。智能监控视频技术的最终目的就是要计算机能够分析、描述和理解视频画面中的内容,其中涉及计算机视觉、图像视频处理及人工智能等众多领域的核心技术[44]。

目前,国内外对于智能视频监控技术的研究都有了很大的成就。其中,QBIC(query by image content)系统是由 IBM Almaden 研究中心开发的,是一个典型的基于内容的视频检索系统,也是最早的视频检索系统,检索条件包括关键字和视频的颜色、纹理、形状等特征。QBIC 系统提供 3 种查询方式:用户可以指定所需视频的主要颜色;用户可以指定所需视频中相似像素出现的概率;用户可以画出一个形状,按此形状进行查询。

IBM S3(smart surveillance system)是 IBM 公司于 2009 年开发的一款智能化视频监控系统,是一款基于事件的检索系统,包含实时报警及历史事件检索两部分。IBM S3 是基于行为轨迹分析的先进的视频分析系统,能够实时分析视频信号,实时提取监控视频的行为轨迹和对象属性,发现异常并发出报警信息,并将信息以标准协议格式通过网络传送,提供实时报警显示、事件查询历史时间统计分析等先进的功能。在视频检索方面,IBM S3 系统的检索是基于事件的检索,可以基于以下条件进行检索:持续时间、目标类型、目标大小、目标颜色、目标在场景中出现的位置等。

虽然国外关于智能视频监控技术的研究要早于国内,但国内的很多高等院校和研究机构在智能视频监控领域投入了大量的研究精力,其中包括上海交通大学、清华大学、华中科技大学和中国科学院自动化研究所等。而且国内也有不少企业开始着手研究智能视频检索系统,其中受关注度较高的是深圳久凌软件技术有限公司研制的"警用视频检索系统"。该系统先使用运动分割的方法提取运动目标,而后将这些运动目标的基本特征作为元数据提取出来并存入数据库。在整个检索过程中,系统会根据提取检索输入的特征,请求比对数据库中已经索引好的目标特征，而不用重新处理视频。最后，拥有足够高相关度的视频目标快照将被作为结果显示出来。同时，该系统可以通过提供目标特征（人车类别、颜色、高度、方向、速度等）、一幅样照或素描图来请求检索。该系统支持基于事件、目标分类或样本检索等模糊查询的检索功能。

智能视频监控系统可以大大缩短人工的观察时间，提高系统的数据分析能力与相关视频检索的能力。本章将要介绍的“海量监控视频检索系统”就是通过 MapReduce 框架不断地对一个或者多个摄像头产生的视频以及已经存在的视频进行处理，提取出视频中出现的运动目标，并对目标的行为及外形特征进行分析提取，将处理结果存入 HBase 数据库中。当用户在浏览器中上传需要查询的人物图像或者输入指定的时间、地点、行为等信息后单击查询，服务器将会先对上传的图像进行处理，提取出图像中人物的颜色、纹理等特征，然后将提取出的特征值与数据库中所存储的各个对象的特征值进行比较，筛选出最为接近的几个结果，最后再通过时间、地点、行为等查询条件确定最终输出结果。为了尽可能地提高准确性，输出的结果是与查询条件最为接近的一组视频数据。这一组视频数据为经过处理后的仅具有用户感兴趣信息的视频片段，用户可以仅仅浏览输出的视频片段，也可以通过视频片段来查看原始的视频数据。通过该系统对监控视频进行处理与检索，可以大大提高数据的分析效率、检索效率。

7.4.2 需求分析与总体设计

1. 功能需求

根据前面的描述，系统的功能需求已经非常清楚，图 7－7 给出了海量监控视频检索系统的核心用例图，明确了系统的主要功能需求。

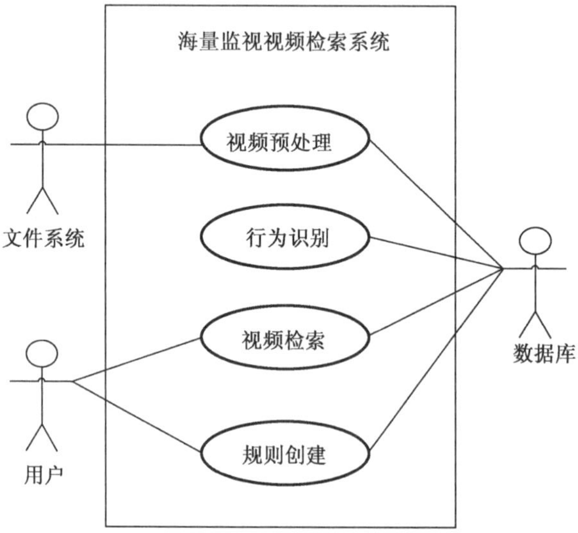

图 7－7　海量监控视频检索系统核心用例图

从图 7－7 中可以看出，海量监控视频检索系统有 4 个核心用例：系统对摄像头采集到的监控视频进行视频预处理;在将运动对象存入数据库的同时对运动对象进行行为识别;用户根据需要进行视频检索;当系统中存在的行为无法满足用户的查询需求时,用户可以通过规则创建自定义活动。

用户与系统的交互仅存在于视频检索的用例中。将监控视频文件的存储路径告知系统后,系统将会自动处理指定路径下的所有视频文件,其中包括视频预处理、行为识别这两个用例。这两个用例都是系统的内部用例,由视频文件触发,不需要任何人工干预,每个用例的处理结果都将存储于数据库中。用户对于视频的检索就是输入查询条件并从数据库中返回结果的过程。

(1)视频预处理。在该用例中,系统需要对指定路径(视频采集卡存储监控视频的路径)下的每一个视频文件进行处理。系统先对视频进行分析,提取出视频中的运动对象并将其存入数据库;然后对每一个运动对象的颜色、轮廓、纹理等特征值进行提取并将其存入数据库;最后需要对视频的属性信息如时间、帧率等进行提取并将其存入数据库。

(2)行为识别。在该用例中,系统需要对数据库中已经存在的运动对象进行行为识别,并按运动对象的不同行为生成对应的视频片段,便于检索使用。系统先利用星形骨架方法对运动对象进行处理,然后提取不同的角度特征值并与已经制定的规则进行匹配,最后判断出对象的行为类型,将其存入数据库,并将该行为对应的行为片段进行抽取生成。

(3)视频检索。在该用例中,用户可以对自己需要的视频进行检索与播放。首先,用户在系统界面中输入一种或几种查询条件(如时间、地点、人物、行为)。其次,系统将在数据库中按照一定的次序查询是否存在满足条件的视频。最后,如果存在满足条件的视频,系统将会输出视频列表(用户双击视频名即可对视频进行播放);如果不存在满足条件的视频将出现提示信息。

(4)规则创建。在该用例中,注册用户可以对视频搜索系统的规则库进行充实,创建新的规则。通过将组成新规则的一系列图片按照其中对象行为发生的先后顺序排好序并放于某一文件夹下,在系统相应的界面上输入正确的对应的路径,从而创建新的规则。

在核心用例图的指导下,设计出每个用例的详细交互过程,并以表格形式进行详细的用例描述,包括视频预处理(表7-1)、行为识别(表7-2)、视频检索(表7-3)、规则创建(表7-4)。

表7-1 视频预处理的详细用例描述

用例编号	UC-1	
用例名称	视频预处理	
参与者	海量监控视频检索系统管理员	
描述	该用例描述了海量监控视频检索系统处理指定的文件路径下的视频文件的过程	
	参与者动作	系统响应
用例典型事件流	Step1:输入视频文件存放路径	
		Step2:查找到指定路径下的视频文件
		Step3:对单一视频进行运动对象提取

表 7-1(续)

用例典型事件流		Step4:对运动对象的特征值进行提取
		Step5:将处理的全部结果存入数据库中
		Step6:若文件夹中存在未处理的视频文件,跳转至 Step2
可选事件流	Step2:用户输入的路径下不存在任何视频文件,向用户返回“指定文件路径有误”的提示信息。 Step6:若指定路径下的视频文件均已处理完毕,则系统需要过 10 分钟后再次对指定路径下的视频文件进行检测。若连续 4 次检测均未出现新视频文件,则向用户返回“监控停止运行”的提示信息	
前置条件	指定路径下已经存有至少 1 个视频文件	
后置条件	系统可以立即对数据库中的信息进行查询	
假设	无	

表 7-2　行为识别的详细用例描述

用例编号	UC-2
用例名称	行为识别
参与者	系统自身
描述	该用例描述了处理数据库中存在的运动对象,得到对象的特征值,然后将特征值与规则库中的规则特征进行匹配,识别出所对应的行为的过程
	系统响应
用例典型事件流	Step1:有新的运动对象可处理
	Step2:提取运动对象并对其进行二值化处理
	Step3:提取每帧图片的轮廓特征
	Step4:利用星形骨架方法获取每帧图片的行为特征值
	Step5:采用最长字符串匹配方法,将视频中每帧图片的行为特征值与规则库中的规则特征进行匹配,识别出视频中包含的行为
	Step6:将从视频中识别出的行为及对应的帧号存入数据库,以便于下一步搜索
可选事件流	Step1:当系统中无运动对象可处理时,系统不进行行为识别而处于等待状态,直到新的运动对象到达再触发系统进行行为识别。 Step3:当轮廓模糊或没有对象轮廓可提取时,跳过当前帧的轮廓提取,进行下一帧图片的轮廓提取。 在关闭系统时,系统自动保存目前处理的运动对象的序列号,在下次启动时自动从上次未处理完的地方继续处理
前置条件	无
后置条件	将识别出的行为及对应的帧号存入数据库,以便用户输入行为条件进行匹配搜索
假设	无

表7-3　视频检索的详细用例描述

用例编号	UC-3	
用例名称	视频检索	
参与者	用户	
描述	该用例描述了普通用户或注册用户检索视频的过程。用户上传一张对象图像，并选择时间段、地点、对象行为，系统通过对上述条件进行检索返回目标时间、地点、执行特定行为的目标对象视频，用户浏览检索结果	
	参与者动作	系统响应
用例典型事件流	Step1:上传一张对象图像	
	Step2:选择事件发生时间	
	Step3:选择事件发生地点	
	Step4:选择对象行为	
		Step5:确认操作成功
		Step6:时间检索
		Step7:地点检索
		Step8:图像分析
		Step9:基于内容的图像检索
		Step10:对象行为检索
		Step11:向用户返回相关视频
	Step12:浏览检索结果	
可选事件流	Step5:用户上传图像时可能由于网络超时等原因失败，向用户返回“图像上传失败”的提示信息。 Step1、Step2、Step3、Step4 这4个步骤都是可选的，即所有单项查询条件可以为空，但是这4个步骤中必须存在一个步骤，也就是必须有一个查询条件不为空。 Step11:经过检索，发现没有命中相关对象视频，向用户返回“未找到相关视频”的提示信息。 在Step1之后、Step11之前，用户可以关闭应用程序或检索页面，系统自动停止检索	
前置条件	无	
后置条件	用户可以对检索结果进行浏览	
假设	无	

表7-4　规则创建的详细用例描述

用例编号	UC-4
用例名称	规则创建
参与者	用户
描述	该用例描述了用户通过输入一张图片或者一组图片创建新规则的过程。用户输入一张图片或一组图片的路径及要创建的规则的名称，系统通过用户输入的路径获取图片，对每张图片进行处理并获取规则特征值，然后将规则特征值及对应的规则名称存入规则库，完成规则的创建过程

表 7-4(续)

<table>
<tr><th></th><th>参与者动作</th><th>系统响应</th></tr>
<tr><td rowspan="6">用例典型事件流</td><td>Step1:输入规则图像路径及规则名称</td><td></td></tr>
<tr><td></td><td>Step2:确认路径有效</td></tr>
<tr><td></td><td>Step3:图像分析处理,得到规则特征值</td></tr>
<tr><td></td><td>Step4:规则特征值及规则名称入库</td></tr>
<tr><td></td><td>Step5:向用户反馈创建结果(创建成功或创建失败)</td></tr>
<tr><td></td><td>Step6:继续下一步操作</td></tr>
<tr><td>可选事件流</td><td colspan="2">Step1:在用户上传图像时可能因输入错误等原因上传失败,向用户返回“路径输入有误”的提示信息。
Step3:在图片处理过程中,由图片模糊或图片无对象造成无法正常获取特征值时,向用户返回“图片不存在”的提示信息。
Step4:在存入规则库的过程中,由于某些意外原因无法正常存入规则库,向用户返回“入库异常”的提示信息。
在 Step1 之后、Step5 之前,用户可以关闭应用程序,系统自动停止规则创建过程</td></tr>
<tr><td>前置条件</td><td colspan="2">普通用户和注册用户均可输入路径名及新规则的名称</td></tr>
<tr><td>后置条件</td><td colspan="2">用户可以继续创建规则或进行其他操作</td></tr>
<tr><td>假设</td><td colspan="2">无</td></tr>
</table>

2. 非功能需求

除上述功能性需求外,海量监控视频检索系统需要满足的非功能性需求主要包括性能、可扩展性和可用性等。

首先,在性能方面,海量监控视频检索系统向用户提供信息检索业务,用户可以通过网页对所需信息进行查询。根据用户调查,用户能够容忍的等待时间最长为 3.0 s,最优的等待时间为 1.0 s 之内。因此,针对数据量较大的特点,当查询时间超过 1.0 s 时,需要适当地给出一些加载提示让用户知道查询正在进行中且可以很快看到结果。

其次,可扩展性是保证系统竞争力的关键。海量监控视频检索系统依赖于监控摄像头拍摄的视频,理论上讲,监控摄像头越多,拍摄的视频越多,系统检索到有用信息的准确率就会越高。面对不断增加的监控摄像头,系统的平滑扩展就显得十分重要。因此,海量监控视频检索系统应该能够方便地通过增加系统所需处理的文件夹的方式实现扩展,即将新增加的监控摄像头视频存储文件夹的地址告知系统,以此来增加系统对新增监控摄像头拍摄的视频的处理与查询。

最后,对于原始视频数据应该保证其数据安全,在没有管理员权限的情况下不能随意删除、更改原始视频数据。

3. 核心业务处理流程

在对系统用例进行深入分析的基础上,下面分别给出了视频预处理、行为识别、数据检索和规则创建的处理流程。

(1)视频预处理流程。随着监控视频的流行,每天都会产生海量的视频文件,但是用户无法直接从原始视频中得到有用信息。为了得到相关信息,如果用户对视频进行人工浏览,一方面会浪费大量的时间与人力;另一方面,由于视觉疲劳,用户无法找到所有的有用信息。另外,视频中用户主要关注的是运动对象,同一对象很可能持续出现,这也降低了人工浏览的效率。那么,现在需要解决的问题是如何在不需要人工参与的情况下仅仅提取运动对象,以及如何区分运动对象。

海量监控视频检索系统的视频预处理解决了以上所有问题。视频预处理流程如图7-8所示。

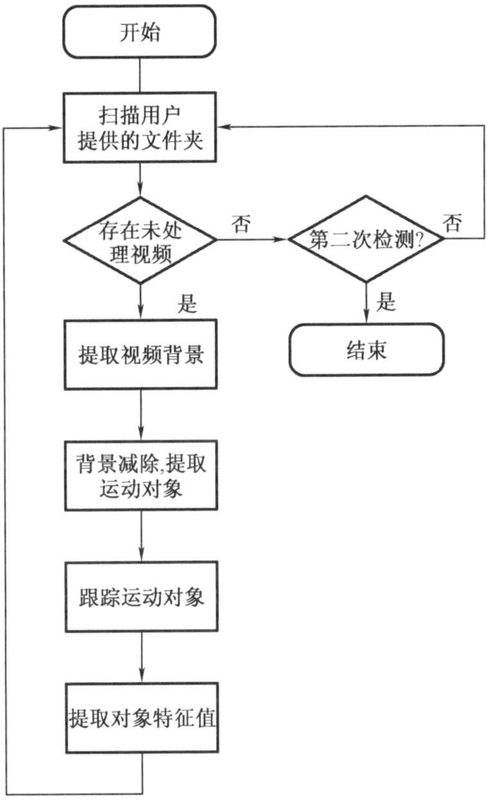

图7-8　视频预处理流程

由于监控摄像头一般为24 h全天候工作,因此会不间断地产生待处理的视频文件。当扫描发现文件夹中目前不存在未处理的视频文件时,系统将会在10 min后再次对该文件夹进行扫描;当两次扫描文件夹均未发现新的视频文件时,则可以判定监控摄像头停止工作,系统会结束视频的处理模块。如果持续检测到新的视频文件产生,则该用例模块会一直循环执行下去。

由于监控摄像头在一般情况下均是固定放置,因此每一个监控摄像头拍摄的视频中的背景是固定不变的。针对监控视频的这一特点,系统采用“背景减除法”对视频中的运动对象进行提取。系统先要提取出视频的背景;然后通过混合高斯模型将背景图片与视频帧进行对比，提取出运动对象；再利用 Mean Shift 算法跟踪运动对象；最后提取运动对象的颜色、形状、纹理等特征值并将每一个运动对象的所有信息存入后台数据库。

(2)行为识别处理流程。行为识别的过程是提取视频中所有对象产生的所有动作的行为特征值，并将行为特征值与规则库中的规则特征进行匹配，识别出所有对象产生的行为对应的帧号，最后将识别出的对象的行为及帧号存入数据库。行为识别处理流程如图 7－9 所示。

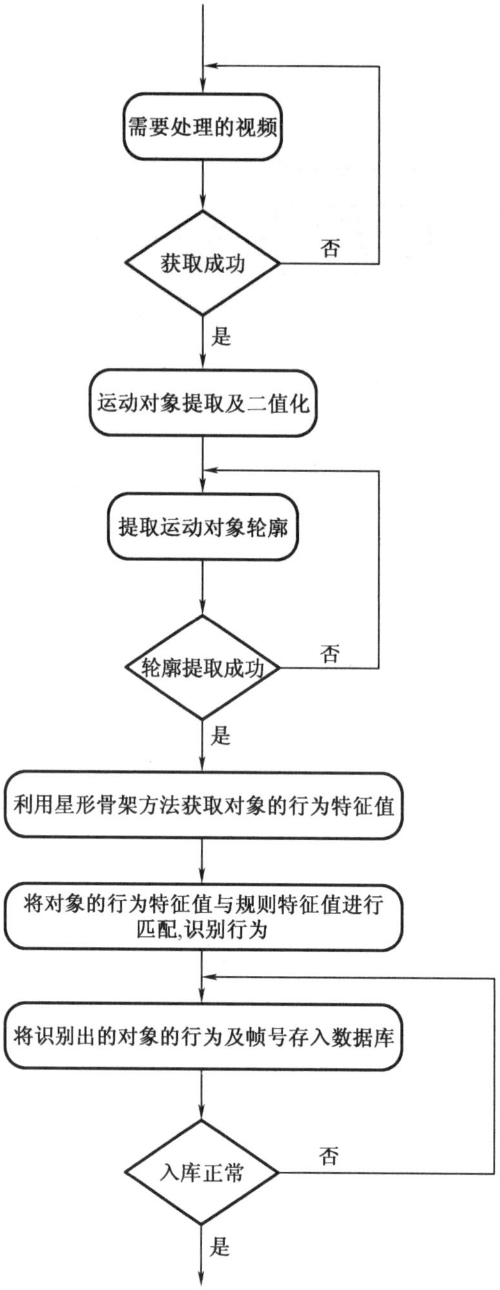

图 7－9　行为识别处理流程

(3)视频检索处理流程。视频检索处理流程如图 7－10 所示。先提取用户选择的事件时间、地点信息,将这些信息与数据库存储的相关信息进行比对,得到一个中间结果集;接着提取图片的特征值,与图像数据库中的所有图片特征值进行检索比较;最后将结果显示给用户。由于采用基于内容的图像检索(content－based image retrieval,CBIR)技术,显示给用户的相关视频的准确与否取决于用户上传的图像和数据库中的图像之间的内容相似度。所谓图像内容,一般指图像本身包含的底层特征信息,如颜色、纹理、形状和空间关系等可视特征。为此,系统预先提取了数据库中所有图像的内容特征,存入数据库并进行索引。这是一个特征值相似度计算的过程:当系统获取到用户上传的图片时,同样会先提取该图片的特征值,然后按照一定的 CBIR 相似度对比算法进行相似度计算,并对最终的相似度排序。

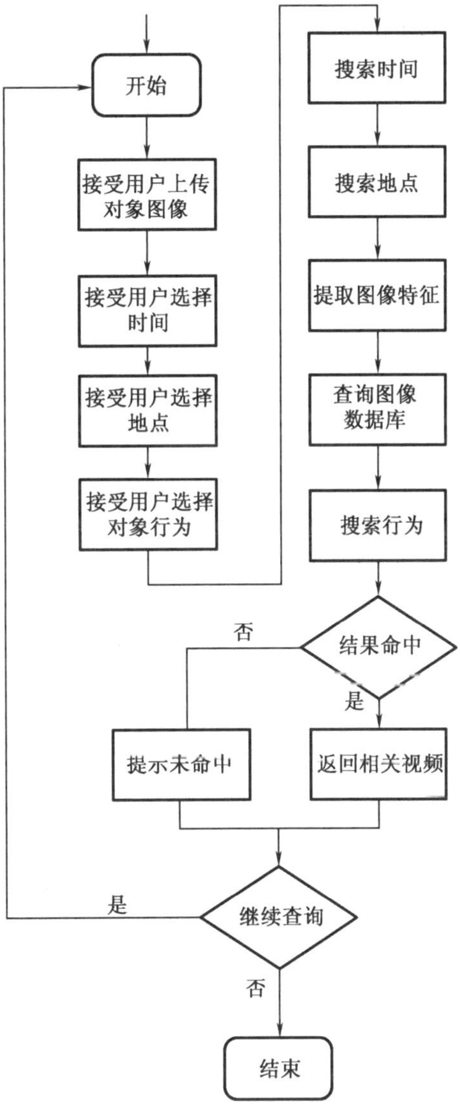

图 7－10　视频检索处理流程

进一步说，在信息检索处理流程中，提取对象执行的行为信息后，将其与数据库中存储的行为信息进行比对，返回特定时间、特定地点、执行特定动作的目标人物视频。检索结果会按照与上传的图片特征相似度由高到低的顺序返回给用户。为了滤除相似度较低的图片条目，系统设置了一个相似度阈值，当相似度低于该阈值时，系统认为这些条目与用户上传的样本图片并不相似，由相似度高于该阈值的所有图片构成命中结果集。需要读者明确的一点是，一个对象在一个时间段内执行某行为的视频片段可能是多个。例如，某日在中心广场，张三在 14:00—14:30 这半小时的时间里，先跑了 10 min，接着走了 10 min，然后又跑了 10 min。如果用户上传张三的图片，时间选定为 14:00—14:30，地点选定为中心广场，对象执行行为选定为跑，则系统最终会给用户返回 14:00—14:10 及 14:20—14:30 这两个时间段内的视频。用户可以在这些相关结果中选择与自己上传的人物对象图片相似的视频片段进行观看。在系统提供的执行特定行为的视频片段之外，用户还可以根据需要观看原始视频数据来作为参考。当用户得到满意的结果后，可以继续对自己感兴趣的内容进行查询。如果系统经检索后发现数据库中图片的特征值与用户上传图片的特征值无法匹配，即该图片与数据库中所有图片的相似度都低于相似度阈值，则提示用户没有找到结果，建议用户重新拍摄图片并上传。

（4）规则创建处理流程。当需要创建一个新的规则时，用户只要单击页面中的“创建规则”按钮，根据提示输入相关信息就可以创建规则。其中，已经存在的规则不可以重复创建，新的规则由用户通过自己输入组成规则的图片的路径进行创建。组成新规则的图片必须是按照图片中对象行为发生的先后顺序组合。组成新规则的图片可以是一组对象的行为序列，也可以是几组对象的行为序列。对于几组对象的行为序列，采取的策略是对依据每组对象求出的规则特征值求平均值并得到最后的规则特征值，生成的新的规则特征值需要经过验证后才可以存入规则库中使用。图 7-11 为规则创建处理流程图。

4. 总体设计

图 7-12 为基于内容的海量监控视频检索系统的上下文数据流图，该图确定了基于内容的海量监控视频检索系统全局的系统边界，显示了该系统与系统外部实体（如用户和其他系统）之间的边界和接口。

用户是系统交互的核心对象，具有提交查询请求的权限，能够向系统提交对象图像、事件发生时间、地点及该对象执行的行为并进行视频检索。系统响应用户的查询请求，并返回查询到的相关视频。

系统管理员会管理基于内容的海量监控视频检索系统，并对系统发出更新命令，这里的更新可能包括系统本身功能的更新和数据的更新两种。另外，系统管理员还会接收来自系统的运行状态报告及各种统计数据报告。

基于内容的海量监控视频检索系统的视频数据来源于与电脑直接连接的监控摄像头，基于内容的海量监控视频检索系统会定期读取存储在电脑中的特定文件夹中的原始视频数据，并进行数据更新，保证了用户查询结果的实时性、准确性及系统数据的完备性。

基于上述详细的需求分析对系统进行总体设计，系统自下而上可以分为 7 个主要层次。

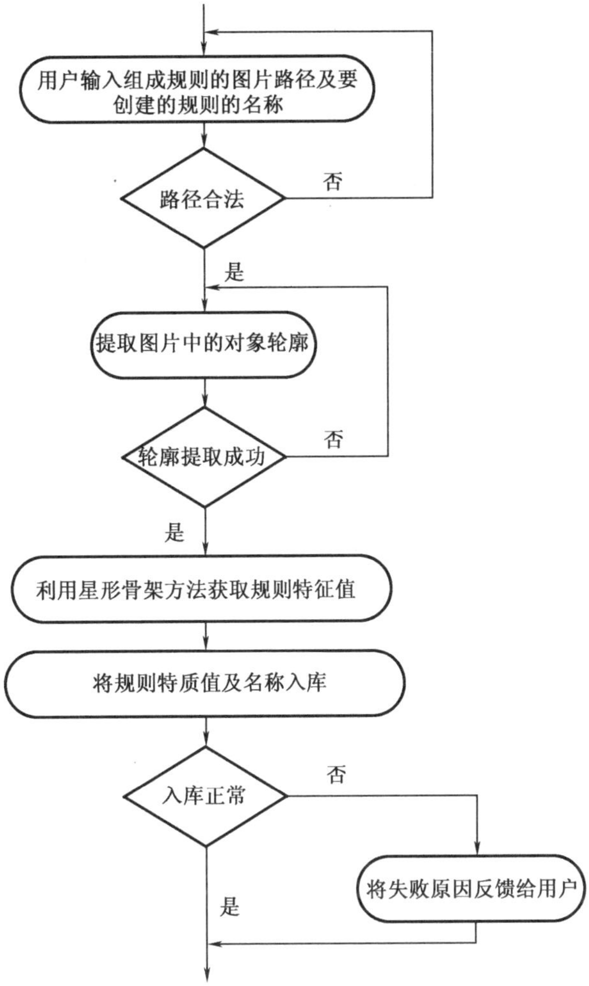

图 7－11　规则创建处理流程

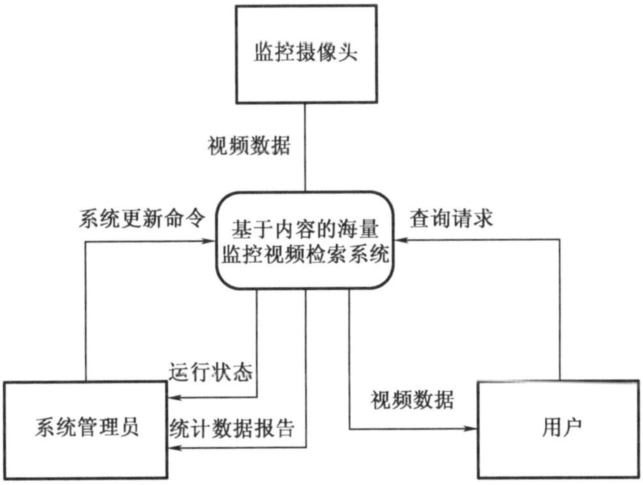

图 7－12　海量监控视频检索系统的上下文数据流图

(1)硬件与虚拟化层。该层即服务器集群,主要作用是为基于内容的海量监控视频检索系统提供底层的硬件与操作系统的基础环境支持。基于内容的海量监控视频检索系统的底层采用云计算技术,整个计算环境构建在一个采用了虚拟化技术的PC机服务器集群上。

(2)分布式文件系统层。该层的主要作用是为基于内容的海量监控视频检索系统提供底层的存储平台。分布式文件系统层位于整个系统的底层,向计算模型层、数据块层及Web访问提供统一的访存接口,其他模块通过对接口的调用可以很方便地在分布式文件系统中存取数据。同时,该层的副本策略、负载均衡等机制也保证了存储平台的可用性和可靠性,为整个系统提供稳定的、可依赖的存储空间。

(3)数据库层。该层的主要作用是为基于内容的海量监控视频检索系统提供数据存储支持,能够向业务逻辑层和计算模型层提供数据持久化功能,并通过合理的主键设置和索引机制向上层提供高效的数据访问能力。基于内容的海量监控视频检索系统采用HBase作为数据库,能够满足系统高并发、高可扩展性的需求,其图像特征、时间信息、地点信息、对象行为信息的数据都存储在HBase中。

(4)计算模型层。该层的主要作用是当基于内容的海量监控视频检索系统需要进行海量数据处理时,可以在大量普通配置的计算机上实现并行处理。对海量的原始视频进行预处理,包括将视频处理成海量对象图片、对图片特征值进行抽取及对人体行为特征进行识别,这些海量数据的处理都要借助MapReduce计算模型。MapReduce计算模型封装了并行处理、容错处理、本地化计算、负载均衡等细节,还提供了简单而强大的接口。通过这个接口,系统可以非常容易地把大数据量的计算自动地并发和分布执行。这里需要注意的是,考虑到MapReduce分布计算模型并不适用于需要即时响应的计算过程,因此该计算模型并不适用于对用户上传的图片与数据库中特征值进行匹配这一过程。

(5)业务逻辑层。该层的主要作用是进行与图像处理、人体行为识别、时间和地点信息匹配相关的操作,调用下层的计算模型层进行数据处理,并通过数据库层实现对数据的读写操作。具体来说,该层提供图像特征抽取、图像匹配、人体行为识别及条件信息匹配、数据入库等业务。特征抽取是通过调用计算模型层的MapReduce分布计算模型,对本地监控视频进行处理,获得的关键帧图片的底层特征并将其存入数据库层中。人体行为识别是通过调用计算模型层的MapReduce分布计算模型,在各个节点使用人体行为识别算法对从原始视频中提取出来的人体对象进行处理,并将中间结果移交给系统的其他模块,最后将识别出来的人体行为视频片段存入数据库层。条件信息匹配则是从用户操作层获取用户提交的时间、地点、人体行为等特征,与数据库层中的相关数据进行匹配。

(6)结果呈现与用户操作层。该层的主要作用是接受用户对视频库中的数据进行查询的操作请求,对用户身份和操作的合法性进行验证,并将请求转发到业务逻辑层。基于内容的海量监控视频检索系统支持浏览器网页方式(如IE、Firefox、Chrome等)的请求发送与结果呈现。基于内容的海量监控视频检索系统使用Web服务器接受请求,并进行操作的验证与处理,通过动态页面生成技术向用户呈现合适的结果。

(7)分布式系统管理层。该层的主要作用是对整个系统的服务器集群进行管理,同时提供全局配置信息管理功能。Zoo Keeper的集群机器监控能够对集群中机器的变化做出快速响应,从而提供高可用性服务。在基于内容的海量监控视频检索系统中,部署在多个机器上的应用程序需要感知整个集群的状态及某个机器的信息,并在机器状态变化时能触发自己的事件处理程序,所以在应用程序中都有一个集群管理器的实例,应用程序通过集群管理器访问或管理集群。集群间的公有配置信息需要集中管理,这一点通过 Zoo Keeper 的配置管理功能实现。将公共的配置信息放到 Zoo Keeper 服务器的特定目录下作为共享配置,一旦配置发生变化,每台应用服务器就会收到 Zoo Keeper 的通知,获取最新配置信息。

7.4.3　相关技术简介

前文对海量监控视频检索系统的总体设计及各用例的处理流程都做了详细的介绍。下面对系统实现中涉及的相关技术进行简要介绍。

1. MPEG－7 简介

多媒体内容描述接口(multimedia content description interface),简称为 MPEG－7,是由运动图像专家组(Moving Picture Experts Group)提出的用来描述多媒体内容的标准,其目标是创建一种描述多媒体内容数据的标准,满足实时、非实时和推－拉应用的需求,以及支持数据管理的灵活性、数据资源的全球化和互操作性。这种描述能对信息的内涵进行某种程度上的解释,而且能被计算机或其他信息设备传递或访问。

MPEG－7 支持多种音频和视觉的描述,包括自由文本、N 维时空结构、统计信息、客观属性、主观属性、生产属性和组合信息。对于视觉信息,描述包括颜色、视觉对象、纹理、草图、形状、体积、空间关系、运动及变形等[45]。MPEG－7 并不针对应用标准化,但可利用应用来理解需求并评价技术。它不针对特定的应用领域,而是支持尽可能广泛的应用领域。目前来看,适合应用 MPEG－7 的领域包括基于内容的多媒体搜索(包括图像搜索、哼唱搜索、语音搜索等)、图像理解及其他需要使用大量多媒体特征的应用。

MPEG－7 的实质是对信息进行描述的标准。如图 7－13 是 MPEG－7 处理链的抽象示意图。它包括特征提取(feature extraction)、标准描述(standard description)和搜索引擎(search engine)。MPEG－7 的前端是特征提取,也就是说,MPEG－7 是建立在特征提取的基础上的,它只对已经过处理得到的特征信息进行描述,而并不关心这些特征是如何得到的。MPEG－7 的后端是搜索引擎,利用根据 MPEG－7 标准描述的特征内容进行检索并得到检索结果集,即搜索引擎是对 MPEG－7 描述内容的具体实现及应用。由此可知,MPEG－7 只是在特征提取和信息检索之间提供标准接口,本身并不直接参与这两者的实现,即只在基于内容的检索中起连接两者并提供接口以实现两者的作用。

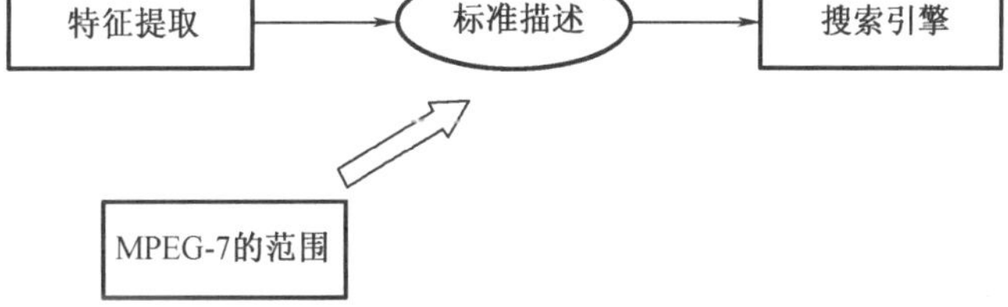

图 7－13　MPEG－7 处理链的抽象示意图

MPEG－7 可以处理的对象包括静止图像、图片、三维模型、语音、活动图像及这些媒体的综合信息。对于不同的数据类型，MPEG－7 对应有不同的标准，所以 MPEG－7 的描述与被描述内容的表达无关。

MPEG－7 的构成要素包括描述工具、描述定义语言及系统工具。描述工具包括一组描述符 D(descriptor)和描述方案 DS(description schemes)。描述符是指用来定义和表达实体某一方面特征的句法或语法，描述方案由一个或多个 D 和 DS 构成，DS 规定了它们相互关系的结构和语法描述。描述定义语言 DDL(description definition language)是一种用来指定描述方案的语言，是一种模式化语言，是一种对音视频数据建模结果的表征。DDL 语言是 MPEG－7 的一个核心部分，提供了基本的多媒体描述的方法，使用户能够创建自己的 DS 和 D。DDL 语言发展兼顾和吸收了现有的各种媒体描述语言的特点，其中对其影响最大的是 XML Schema 语言和资源描述框架(RDF)。

DDL 可分为如下几个部分。

(1)XML Schema 结构语言部分包括定义和声明以外的 XML 内容、简单类型定义、复杂类型定义、属性声明和元素声明；属性组定义、约束身份定义、组定义和符号定义；注释、通配符等。

(2)XML Schema 数据类型语言部分提供了若干内置的数据原型和派生类型，以及用户自定义数据类型机制。

(3)特殊扩展部分对 XML Schema 的扩展主要表现在对数据类型的添加和扩展，增加了数组矩阵类和时间类。系统工具则用来支持多路描述、同步问题、传输机理、文件格式等。

2. OpenCV 简介

OpenCV 是由 Intel 公司资助的开源且可跨平台的计算机视觉库，可以运行在 Linux、Windows 和 Mac OS 操作系统上。它是轻量级且高效的，由一系列 C 函数和 C＋＋类构成的，同时提供了 Python、Ruby、MATLAB 等语言的接口，实现了图像处理和计算机视觉方面的很多通用算法。OpenCV 包括 300 多个 C/C＋＋函数的跨平台的中、高层 API，不依赖于其他的外部库，但是也可以使用某些外部库。OpenCV 1. x 版本中提供的主要是 C 语言的接口，在 OpenCV 2. x 版本中提供了大量算法的 C＋＋接口，下面将主要对 OpenCV 2. x 版本进行简要介绍。OpenCV 2. x 版本主要由以下几个模块组成:。

(1)core。此模块对 OpenCV 的基本数据结构进行了定义。

(2)Imgproc。此模块专门用于图像处理，包含线性与非线性的图像滤波器、图像的几何变换、颜色空间转换、直方图等。系统中对图像的平滑处理、边缘检测、轮廓提取、颜色直方图等的基本图像操作函数均出于此模块。

(3)Video。此模块主要用于视频分析，包含运动估计、背景减除、目标跟踪等。

(4)calib3d。此模块的主要功能是对元素进行 3D 重建及相机定标等。

(5)features2d。此模块用于对特征点进行检测、描述及匹配。

(6)objdetect。此模块的主要功能为对象检测及制作样本库(如面部、眼睛、人、车等)。

(7)highgui。此模块可以容易地实现视频帧捕捉、对图像与视频的编码及生成简单的界面。

(8)gpu。此模块实现了来自不同 OpenCV 模块的 GPU 加速算法。

(9)ml。此模块为一个机器学习模块，提供了强大的机器学习类来实现数据的统计、划分、聚类等功能。

此外,OpenCV 2. x 还有一些辅助性模块,在此不再赘述。表 7 –5 介绍了海量监控视频检索系统用到的部分 OpenCV 库函数。

表 7 –5　海量监控视频检索系统用到的部分 OpenCV 库函数

函数名	函数功能
Canny 边缘提取函数(cvCanny)	采用 Canny 算法寻找输入图片的边缘并在输出图像中标识这些边缘
Find Countours 轮廓提取函数(cvFind-Countours)	在二值图像中寻找轮廓,并返回轮廓的数目
Moments 形状提取函数(cvMoments)	计算最高达三阶的空间和中心矩,并且将结果存在结构 moments 中
CreateHist 颜色提取函数(CvHistogram)	提取图片的颜色特征,创建一个指定尺寸的直方图,并返回创建的直方图的指针

7.4.4　运动对象提取

海量监控视频检索系统中的运动对象提取可以分为运动目标检测与运动目标跟踪两部分。运动目标检测可以从视频中检测到运动的对象,运动目标跟踪可以用来记录运动对象的运动轨迹等信息。下面将分别对两种技术进行介绍。

1. 运动目标检测

运动目标检测技术是智能监控系统的首要内容,与后续的目标跟踪、行为识别等有着密切的关系。运动目标检测就是从图像中将用户感兴趣的区域从背景图像中提取出来,这是视频处理与编码的关键。换句话说,运动目标检测技术是从视频图像序列中将运动变化的区域一帧一帧地检测出来,通过去除背景图像的影响,找到用户感兴趣的目标或前景[46]。根据背景是否固定,运动目标检测可以分为静止背景下的目标检测与活动背景下的目标检测。由于监控摄像头在一般情况下是放置在一个固定的位置上,排除外界光线变化、摄像头轻微抖动等因素,监控视频中的目标检测是典型的静止背景下的目标检测。目前常用的静止背景下检测运动目标的算法主要分为 3 类:光流法、帧差法和背景减除法。

(1)光流法。光流法是一种以灰度梯度基本不变或亮度恒定的约束假设为基础的有效的目标检测方法。光流场是由空间运动物体被观测面上的像素点运动产生的瞬间速度场,包含物体表面结构和动态行为的重要信息。这种方法的基本原理是,对图像中的每一个像素点都赋予一个速度矢量,从而形成一个图像光流场。在运动的某个特定时刻,将图像上的像素点投影到三维物体上的点,然后根据每个像素点的速度矢量特征来动态分析图像,如果图像中不存在运动目标,那么整个图像区域的光流矢量是连续变化的;如果存在目标相对图像背景的运动,那么运动目标所形成的速度矢量将不同于邻域的背景速度矢量,从而可检测出运动目标的具体位置和相关运动参数[47]。

光流法不需要知道关于图像背景的任何信息,不仅适用于静止背景和活动背景下的视频运动目标检测,甚至可直接用于运动目标的跟踪。但是在实际应用中,由于光源、阴影、噪声等的影响,光流法得到的结果并不十分精确,并且光流法存在公式复杂、计算量大等缺点,因此实际应用中不常使用。

(2)帧差法。帧差法利用图像序列中相邻两帧或三帧图像中的对应像素值相减,然后取差值图像进行阈值化处理,提取出图像中的运动区域,基本原理如图 7 – 14 所示。

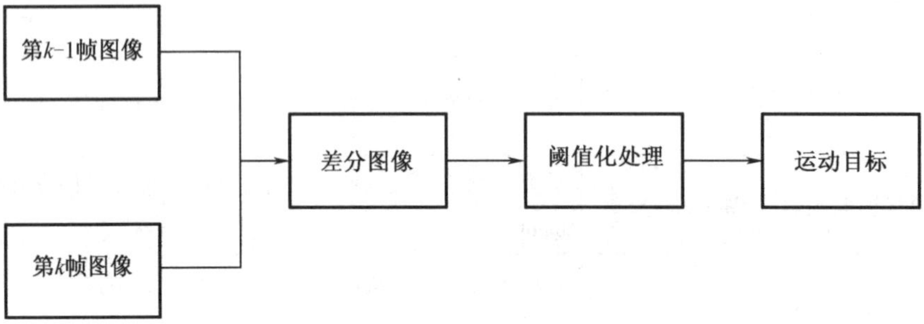

图 7 – 14　帧差法的基本原理

选取任意连续两帧图像 $f_k(x,y)$ 和 $f_{k-1}(x,y)$,以及它们的差分图像 $D_k(x,y)$:

$$D_k(x,y) = |f_k(x,y) - f_{k-1}(x,y)| \tag{7-1}$$

式中,(x,y) 表示图像中像素点的空间坐标。将差分图像和一个阈值 T 进行比较,通过比较判定图像中像素点是否为运动目标的像素点,从而提取运动对象 $P_k(x,y)$。

$$P_k(x,y) = \begin{cases} 1, D_k(x,y) < T(\text{前景}) \\ 0, D_k(x,y) \geqslant T(\text{背景}) \end{cases} \tag{7-2}$$

帧差法的原理简单,程序设计复杂度低,易于实现。同时,帧差法能够较强地适应动态环境的变化,有效地消除由噪声、光线等因素产生的影响。但是该方法的缺点是无法完全提取出运动目标的所有像素点,无法得到运动目标的完整轮廓,检测结果中运动目标容易出现“空洞”和“重影”现象,因此,检测出的运动目标并不准确,甚至对于运动缓慢的物体无法检测出来。

(3)背景减除法。背景减除法是目前运动目标检测中最常用的一种方法。它的基本思想是:先通过一定的背景建模方法得到图像的背景模型 $B_k(x,y)$;然后将视频序列中的每一帧图像 $f_k(x,y)$ 都与背景模型进行差分,对得到的差分图像 $D_k(x,y)$ 进行二值化处理;最后当差分图像中的某个像素点大于阈值 T 时,就判定该点为运动目标的像素点,否则判定其为背景像素点。

相比于其他方法,背景减除法能够提供最完全的特征数据信息,同时具有复杂度低、实时性好等特点。但在实际应用中,随着时间的推移,采集到的背景图片对外界光线、阴影等因素的影响比较敏感,从而影响目标检测的准确性。因此,背景减除法的关键在于寻找理想的背景模型,并对其进行初始化和实时更新,以适应实时环境的变化。

以上为 3 种常用的运动目标检测方法的简单介绍,分别列出了各自的优缺点。

2. 运动目标跟踪

在监控视频领域,运动目标跟踪是后续进行目标识别、行为理解与描述等高级处理的又一关键。运动目标跟踪就是对运动对象进行连续的跟踪以便确定其运动轨迹的过程。目前比较常用的视频运动目标跟踪算法可以分为以下 4 类:基于 3D 模型的跟踪算法、基于区域匹配的跟踪算法、基于活动轮廓的跟踪算法及基于特征匹配的跟踪算法。

(1)基于 3D 模型的跟踪算法。该方法的主要思想是先根据经验得到运动目标的三维结构和运动模型,再从实际的图像序列中确定其三维模型参数,从而确定它瞬时的运动参数来实现跟踪。基于 3D 模型的跟踪算法的优点在于能够精确地分析运动目标的三维运动轨迹,但是该方法的运动分析精度受限于几何模型的精度。由于实际应用中很难获得所有运动目标的精确几何模型,该方法的计算工作量大,实用性差,无法得到广泛应用。

(2)基于区域匹配的跟踪算法。该方法根据图像中运动目标的连通区域的共有特征信息进行跟踪。该方法的主要思想是将目标图像在当前帧上以不同的偏移值发生位移,然后根据一定的相似度量准则对每一个偏移值下的重叠的两幅图像、目标图像及与目标图像同样大小的当前帧图像进行相关处理,根据判别准则与相关处理结果确定目标在实时图像中的位置,即相似度最大所对应的位置就是运动目标位置。

基于区域匹配的跟踪方法实现简单,可应用于图像中目标特征不明显且其他方法均失效的场合。但是,一旦连续视频帧图像间光强突变或噪声较大,都会对结果造成很大的影响。

(3)基于活动轮廓的跟踪算法。该方法的基本思想是将前一帧提取的运动目标边界轮廓作为轮廓模板,在后续帧的二值边缘图像中跟踪目标轮廓,而且该轮廓可以自动连续地更新。Snake 主动轮廓跟踪算法是近几年发展较快的一种基于轮廓匹配的跟踪算法。该算法利用用户感兴趣目标轮廓的全局信息,得到一条封闭的轮廓曲线,被广泛应用于图像分割和分类、边缘提取、运动跟踪等多个领域。但是该算法也存在许多不足,如初始化轮廓时必须靠近目标的真实边缘,否则会得到错误的结果,并且该算法对于背景中干扰物与噪声的抗扰性较差,无法对快速运动目标进行跟踪。

(4)基于特征匹配的跟踪算法。基于特征匹配的跟踪算法是监控视频领域中较常用的一种跟踪算法。该方法先从视频序列中选择运动目标的适当特征作为跟踪特征,并且在下一帧图像中根据约束条件来寻找并提取特征,然后将提取到的当前帧中的目标特征与模版特征相比较,根据比较的结果确定目标。该方法可以忽略运动目标的整体性,仅跟踪一组在运动中具有不变性质的特征点。

海量监控视频检索系统中所用到的 Mean Shift 目标跟踪算法就是一种典型的基于特征匹配的跟踪方法。它将目标颜色、灰度等特征信息和 Mean Shift 理论联合起来,对目标形状变化、大小变化等的影响不敏感,特征相对稳定,在没有遮挡和部分遮挡的情况下能够准确地进行目标跟踪。该算法具有良好的实用性和稳定性,适用场合广泛,是目前最受关注的跟踪算法之一。

7.4.5 星形骨架方法

行为识别与规则创建这两个过程都涉及一个重要的方法——星形骨架方法。海量监控视频检索系统利用该方法获取行为特征值及规则特征值,下面详细叙述该方法及其具体实现过程。

1. 星形骨架方法概述

一个人在做不同的动作时,各个动作的姿态存在着巨大的差别,同时,当不同的人在做相同的动作的时候也会存在差别,这些差别可用于区分人体的各种运动。人体姿态侧影轮廓的局部极大值点汇集在相对于轮廓中心距离最远的区域。通常,人体姿态的侧影轮廓的局部极大值点位于头部和四肢的区域,因此,采用人体姿态侧影轮廓的局部最大值点到侧影轮廓中心的相对距离能够有效地描述人体的姿态。由于这种特征在外形上比较像星状结构,因此,将这种特征命名为星形骨架特征。

2. 星形骨架方法的具体实现过程

(1)采用混合高斯模型(GMM)提取运动目标(人)的前景图片。对于人的运动姿态的特征提取,第一步就是获得人体的前景图像。由于运动姿态的特征提取算法涉及轮廓的提取,所以一般采用混合高斯背景建模(GMM)作为获得前景图像的算法。图 7－15 的原图像来自以色列 Weizmann 科学研究院的人体行为数据库中文件 lena－run. avi 的第 10 帧至第 14 帧。

图 7－15 视频原图像示例

图 7－16 是采用 GMM 提取出的运动目标的前景图像的示例。由于背景更新的关系,一般要到 15 帧左右才能得到比较完整的前景图像。

图 7－16 采用 GMM 提取出的运动目标前景图像的示例

(2)进行前景图像的边缘提取,得到运动目标的轮廓。系统采用 OpenCV 的库函数 cvFindContours 进行轮廓特征的提取,而此函数只能找到大致轮廓点。利用此函数算法对单帧图像中的人体轮廓进行提取,对轮廓边界进行放大,观察发现人体轮廓边界不是单像素点,而是由两三个像素点组成的,如图 7－17 所示。因此,若要计算人体质心到轮廓边界的距离,必须对轮廓边界单像素化。

P_8 (x_8,y_8)	P_7 (x_7,y_7)	P_8 (x_6,y_6)
P_1 (x_1,y_1)	P_0 (x_0,y_0)	P_5 (x_5,y_5)
P_2 (x_2,y_2)	P_3 (x_3,y_3)	P_4 (x_4,y_4)

图 7－17　人体轮廓局部方法图

判断一个像素点的下一点可能会有 8 个方向,若该点的相邻点不止一个,则比较所有相邻点与该点的方向和该点与上一个点的方向的夹角,取夹角最小的那个点作为下一个点。

假设图像中水平方向像素点的个数和垂直方向像素点的个数分别为 H 和 V,图像中像素点集合为 $S=\{(x,y)|0\leqslant x\leqslant H,0\leqslant y\leqslant V\}$。设任意像素点$(x,y)$的灰度值为 g_{xy},轮廓点集合为 $P=\{(x,y)|(x,y)g_{xy}\neq 255\}$,则非轮廓点集合为 $B=\{(x,y)|(x,y)g_{xy}=255\}$。用一个 3×3 的像素点区域表示候选区域,如图 7－18 所示,对此区域进行标记,则候选区域像素点的集合 $A=\{(x,y)|(x,y)\in\bigcup_{i=0}^{8}\{P_i\}\}$。

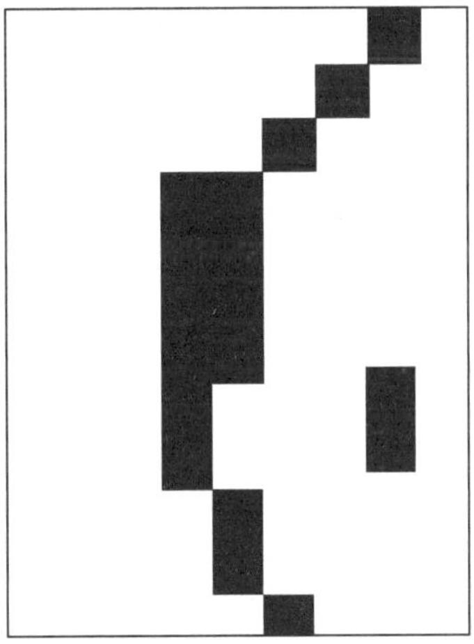

图 7－18　候选区域的标记图

设 P_0的坐标为(x_0,y_0),则 P_0与 $P_i(1\leqslant i\leqslant 8)$的坐标位置关系计算如下:

$$P_1:\begin{cases}x_1=x_0-1\\y_1=y_0\end{cases},\cdots,P_8:\begin{cases}x_8=x_0-1\\y_8=y_0\end{cases}\qquad(7-3)$$

定义以 $P_4(x_4,y_4)$为出发点,与 $P_i(x_i,y_i)(1\leqslant i\leqslant 8)$为终点的向量如下:

$$\boldsymbol{P}_{10} = P_1 - P_0, \cdots, \boldsymbol{P}_{80} = P_8 - P_0 \tag{7-4}$$

定义向量集合 $Q = \{q \mid q = \boldsymbol{P}_{80}, 1 \leqslant i \leqslant 8\}$，设初始点的集合为 $A = \{(x,y) \mid (x,y) \in A, y = \min\{y_i\}, (1 \leqslant i \leqslant |A|)\}$，任取 $(x_s', y_s') \in I$ 为初始点，则初始候选区域像素点的集合如下：

$$P_s = \{(x,y) \mid (x,y) \in \bigcup_{i=0}^{8} \{P_i\}, x_0 = x_s', y_0 = y_s'\} \tag{7-5}$$

设以 (x_s, y_s) 为候选区域的中心点 P_0，候选区域点集 $P_s' = \{(x,y) \mid (x,y) \in \bigcup_{i=0}^{8} \{P_i\}, x_0 = x_s, y_0 = y_s\}$，则候选点集合为 $P_s = A \cap P'$，候选向量集合为 $R = P \cap Q \cap P_S$。

设向量 $\boldsymbol{P}_{i0} \in R(1 \leqslant i \leqslant 8)$，则夹角计算公式如下：

$$a_i' = \arccos \frac{\boldsymbol{P}_{00}^T \cdot \boldsymbol{P}_{i0}}{|\boldsymbol{P}_{00}^T| \cdot |\boldsymbol{P}_{i0}|} (1 \leqslant i \leqslant 8) \tag{7-6}$$

式中，a_i' 为向量元 $\boldsymbol{P}_{00}^T$ 和 $\boldsymbol{P}_{i0}$ 的夹角，为了便于计算，需要对 a_i' 做如下变换：

$$a_i'' = \begin{cases} a_i', a_i' \geqslant 0 \\ \pi + a_i', \text{其他情况下} \end{cases} \tag{7-7}$$

向量夹角的集合为 $D = \{b \mid b = a_i'', 1 \leqslant i \leqslant 8, b \neq \pi\}$

设提取的轮廓点集合为 E，则 $E = E \cup (x_s', y_s')$，取 $a = \min D(1 \leqslant i \leqslant 8)$。按照上述流程即可得到轮廓的单像素化。最后得到的运动对象的单像素化轮廓如图 7－19 所示。

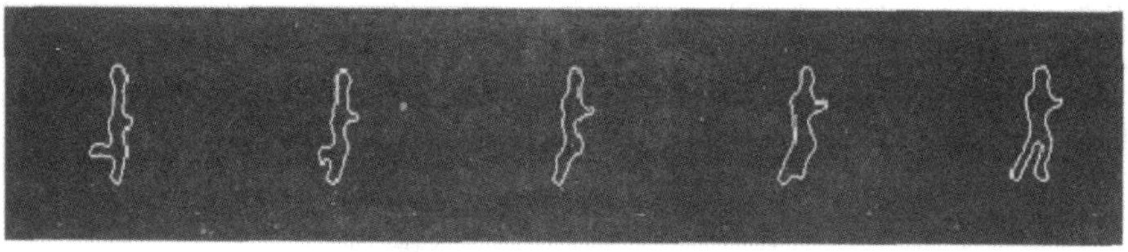

图 7－19　运动对象的单像素化轮廓

(3)采用星形骨架算法，提取运动目标的星形骨架。得到了运动目标姿态的完整轮廓后，就可以采用星形骨架算法得到运动物体的星形骨架。

该算法主要由以下 4 部分组成：

①基于获得的姿态轮廓得到轮廓的质心。轮廓的质心获得根据以下公式得到：

$$x_c = \frac{1}{N} \sum_{i=1}^{N} x_i \tag{7-8}$$

$$y_c = \frac{1}{N} \sum_{i=1}^{N} y_i \tag{7-9}$$

式中，N 为轮廓边界点的数目，(x_i, y_i) 为轮廓边界点的坐标，(x_c, y_c) 为获得的轮廓质心。

②计算轮廓上的点到轮廓质心的欧氏距离 d_i。利用 x 和 y 计算轮廓上的每一个点与轮廓质心的欧氏距离，得到一个一维的数字序列。

$$d_i = \sqrt{(x_i - x_c)^2 + (y_i - y_c)^2} \tag{7-10}$$

③对 d_i 进行平滑处理。采用平滑滤波器或低通滤波器对 d_i 进行平滑处理，以减少噪声的干扰，得到平滑后的输出序列 $\hat{d}_i$。

④寻找出 $\hat{d}_i$ 的局部极大值点与轮廓质心，获得运动目标的星形骨架。根据 $\hat{d}_i > \hat{d}_{i+1}$ 且 $\hat{d}_i > \hat{d}_{i-1}$ 得到局部最大值点，获得运动目标的星形骨架。

选用星形骨架算法作为提取人的运动姿态特征主要有两个优势：第一，有效减少了特征数据的冗余度，减少了计算量。第二，通过选择合适的低通滤波器或平滑滤波器，可以有效降低特征向量的维数。海量监控视频检索系统采用的是指数滤波器，通过调节系数，将特征向量的维数降低到 5 维左右，这是因为每个人所做的各种姿态如手脚之间的摆动幅度是不一样的，可以通过这种差别有效地描述人的运动姿态。

通常来讲，目前通过分析人体骨骼各部分的运动来确定运动目标的状态主要应用在人体行为分析或步态研究中。通过提取星形骨架，得到人体运动姿态的表征，但这只是第一步，下面就是怎样将这种表征转化为可以度量的特征向量形式。根据星形骨架特征，得到人体前景轮廓的局部最大值点分别代表人体的头、手、脚所在的区域，两只脚之间的夹角虽然可被用来区分人的姿态是走还是跑，但是无法区分更多的人体运动姿态。

由于人与人之间存在体型差别如高矮、胖瘦，因此在选择特征向量时，应使特征向量具有普适性。可以用通过计算提取出来前景图像轮廓的局部最大值点与轮廓质心的幅角作为特征向量的元素。之所以选择前景图像轮廓的局部最大值点与轮廓质心的幅角作为特征，是因为它不受人的姿态(高矮、胖瘦)的影响，可以较好地定义一个人的运动姿态。如图 7 -20 所示，提取到一帧图像的星形骨架对应的运动特征向量为 $\boldsymbol{A} = \{48.667\,789, 287.311\,646, 240.788\,712, 184.899\,094, 170.272\,415, 85.732\,109\}$，其中特征向量 $\boldsymbol{A}$ 中的各个元素分别为各个局部最大值点与轮廓质心的幅角。

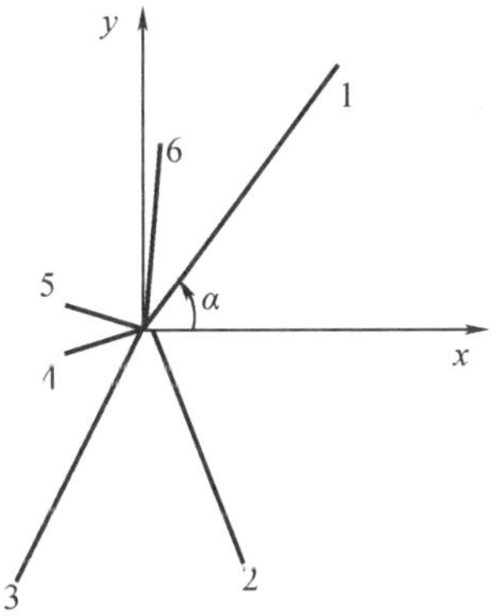

图 7 -20　星形骨架特征的参数化

以上介绍为一般星形骨架方法的具体实现过程，也是海量监控视频检索系统采用的主要行为特征提取方法。有所变动的是，海量监控视频检索系统在提取出单像素化轮廓并计算出质心与欧氏距离后，按照人体的头部及上下肢之间的比例，将人体分为 5 部分。对每一部分计算欧氏距离的最大极大值点，然后建立以质心为原点的坐标系，计算出 5 个最大极大值点在该坐标系中的角度偏移量。假设 5 个最大极大值点的坐标为 (x_i, y_i) $(1 \leqslant i \leqslant 5)$，心坐标为 (x_c, y_c)，则计算出最大极大值点与质心坐标的角度 θ_i $(1 \leqslant i \leqslant 5)$ 偏移量公式如下：

$$\theta_i = \frac{\arctan\left(\frac{|y_i - y_c|}{|x_i - x_c|}\right)}{3.14} \times 180° \tag{7-11}$$

最后,以5个最大极大值点的角度偏移量及质心坐标,组成一帧图片中一个对象的行为特征值。

7.4.6 设计详细与实现

1. 基于MapReduce的视频预处理

(1)利用GMM进行背景建模。在前文中已经对从视频中检测运动目标的方法做了简单的介绍,并指出海量监控视频检索系统采用背景减除法中的GMM算法进行运动目标检测。接下来将详细阐述GMM与目标检测的实现。

GMM的基本思想是将图像中的每一个像素点都用K个高斯分布来表示。其中,K的取值一般为3~7,这是由计算机内存和对算法速度的要求决定的,K值越大则处理波动能力就越强,但是处理时间也会越长。令某一像素点在t时刻的颜色取值表示为x_t(灰度图像中x_t是一个标量,彩色图像中$\boldsymbol{x}_t$是一个矢量),其概率密度函数用K个高斯函数的线性组合表示。

$$P(x_t) = \sum_{i=1}^{k} w_{i,t}\eta(x_{t'}\mu_{i,t'}\sum_{i,t}) \tag{7-12}$$

$$\eta(x_{t'}\mu_{i,t'}\sum_{i,t}) = \frac{1}{(2\pi)^{\frac{n}{2}}\left|\sum_{i,t}\right|^{\frac{n}{2}}} e^{-\frac{1}{2}(x_t-\mu_{i,t})^T\sum(x_t-\mu_{i,t})} (i = 1,2,\cdots,K) \tag{7-13}$$

式中,$\eta(x_{t'}\mu_{i,t'}\sum_{i,t})$是第$i$个高斯分布,$w_{i,t}$表示时刻$t$混合高斯模型中第$i$个高斯分布的权系数的估计值,其大小体现了当$i$按模型表示像素值时的可靠程度,同时满足$\sum_{i=1}^{k} w_{i,t} = 1$。$\mu_{i,t}$和$\sum_{i,t}$分别表示时刻$t$混合高斯模型中第$i$个高斯分布的均值向量和协方差矩阵,均值向量体现了每个高斯分布的中心,协方差是高斯分布的宽度大小,体现了像素值的不稳定程度。n是x_t的维数,当为灰度图像时,$n=1$;当为彩色图像时,为了提高算法的效率并降低复杂度,假定每帧图像的各个像素点的R(红)、G(绿)、B(蓝)3个颜色分量均是相互独立的,并且具有一样的方差,其协方差矩阵的取值如下:

$$\sum_{i,t} = \begin{bmatrix} \sigma_r^2 & 0 & 0 \\ 0 & \sigma_g^2 & 0 \\ 0 & 0 & \sigma_b^2 \end{bmatrix} \quad (i = 1,2,\cdots,K) \tag{7-14}$$

式中,σ_r^2、σ_g^2、σ_b^2分别为对应颜色分量的高斯模型方差,即表明每一个颜色通道各建立了一个一维的混合高斯模型。

混合高斯模型在使用之前必须进行初始化,为了降低对计算机性能的要求,直接将每个高斯分布的权系数和均值向量都初始化为0,协方差赋予一个初始值v_0。接下来根据时间序列上像素的动态变化来更新混合高斯背景模型,此时需要将新图像的像素值x_t与K个高斯分布分别通过以下依据进行匹配：

$$|x_t - u_{i,t-1}| \leqslant 2.5\sigma_{i,t-1} \tag{7-15}$$

如果像素值与某个高斯分布的均值 $u_{i,t-1}$ 之间的差值在相应分布标准差的 2.5 倍范围之内，则认为该像素值与该高斯分布匹配，否则不匹配。与当前像素匹配的高斯模型时需要对 K 个高斯模型进行动态更新，其更新公式如下：

$$w_{i,t} = (1-\alpha)w_{i,t-1} + \alpha\beta \tag{7-16}$$

$$u_{i,t} = (1-\beta)u_{i,t-1} + \beta x_t \tag{7-17}$$

$$\sigma_{i,t} = (1-\beta)\sigma_{i,t-1}^2 + \beta(x_t - u_{i,t})^T(x_t - u_{i,t}) \tag{7-18}$$

式中，$\alpha(0<\alpha<1)$ 为自定义的学习速率，其大小决定了背景的更新速度，海量监控视频检索系统中的 $\alpha=0.3$；β 为参考学习速率，表示高斯分布中各参数更新的快慢，β 可以近似等于 $\frac{a}{w_{i,t}}$。

如果像素值 x_t 没有与任何高斯分布匹配，则引入一个新的高斯分布替换其中对应权值最小的高斯分布，该高斯分布以当前像素为均值，重新初始化一个较大的方差和一个较小的权值，而其他高斯分布 $\mu_{i,t}$ 和 $\sigma_{i,t}$ 参数保持不变，只对其权值进行以下处理：

$$w_{i,t} = (1-\alpha)w_{i,t-1} \tag{7-19}$$

混合高斯模型只对图像中的所有像素进行建模，并不对背景与前景进行判别。但是，根据参数学习机制可知，由于背景像素值出现率较高，因此由那些权值大的高斯公式来表述，而运动目标采用权重较小的高斯分布进行表述。在获得新的视频帧后，先需要根据新图像的像素值对混合高斯模型进行更新，然后归一化所有高斯函数的权重 $w_{i,t}$，并将 K 个高斯模型根据 $\frac{w_{i,t}}{\sigma_{i,t}}$（此值越大则说明像素出现的概率越大，是背景的可能性越大）进行降序排列。设置阈值 T，$\frac{w_{i,t}}{\sigma_{i,t}} > T$ 的分布均为背景分布，其他为运动前景分布。

GMM 尤其适合室外光线及天气变化不太强烈的情况下的运动目标检测，而且能够很好地判断动静相互转换的物体，具有很强的自适应能力。海量监控视频检索系统采用 OpenCV 函数库中提供的混合高斯模型进行运动目标提取。由于 MapReduce 编程框架对于 Java 有更好的支持，因为后续系统将使用利用 Java 封装后的 OpenCV 库进行视频的处理，但是为了方便描述，此处直接给出 C/C++版本的函数。

BackgroundSubtractorMOG2 为函数库定义的混合高斯模型类，通过该类就可以实现运动前景与背景的分离。

(2)运动目标检测的 MapReduce 设计。海量监控视频检索系统分为由视频文件触发的视频处理模块与由用户触发的视频检索模块。由视频文件触发的视频处理模块不需要人工干预，只要监控摄像头在不停地产生视频文件，该模块就会持续运行下去，对每个视频文件中的运动对象进行检测与提取。系统基于海量的监控视频，即系统需要处理的是不止一个监控摄像头产生的视频文件，以一个监控摄像头每 10 min 产生一个监控视频为例，一个监控摄像头一天将会产生 144 个视频文件，10 个摄像头一天将会产生 1 440 个视频文件。

因此,如果用户在运用系统之前就已经安装了监控设备,则会存在海量的没有经过处理的原始视频数据。

如果采用串行的方式对这些原始视频文件进行处理,海量原始视频数据所需的时间将是相当长的。因此,海量监控视频检索系统选择使用 MapReduce 并行分布式处理框架对海量的视频数据进行处理,以提高处理的效率。对适合用 MapReduce 处理的任务有一个基本要求:待处理的数据集可以分解成为许多小的数据集,而且每一个小数据集都可以完全并行地进行处理。

大多数 MapReduce 程序的编写都可以简单地依赖于一个模板及其变种。使用这个模板编写 MapReduce 程序,主要需要实现两个函数:继承自 Mapper 的 Map 函数及继承自 Reducer 的 Reduce 函数。一般遵循以下格式。

```
Map:(k1,v1) ->list(k2,v2)
Public static class Map extends Mapper<k1,v1,k2,v2>
{
        Public void map(k1 key,v1 value,Context context)
        Throws IOException{
        }
}
Reduce(k2,list(v2)) ->list(v3)
Public static class Reduce extends Reducer<k2,v2,k3,v3>
{
        Public void reduce(k2 key,Iterator<v2>values,Context context)
        Throws IOException{
        }
}
```

对海量监控视频检索系统来说,待处理的视频集可以分解成许多单一视频,而且对每一个视频文件都可以完全并行地进行处理。接下来介绍如何将视频处理模块全部或部分转换到 MapReduce 编程模型的 4 个计算模型中进行设计与实现。

视频预处理的目标是要对指定文件夹中的视频文件进行处理,提取出每个视频中的运动目标(object_id)、视频生成时间(time)、起始帧(start)、终止帧(end)、目标图片(pic)等运动对象与视频的属性,然后将这些属性存储到分布式数据库 HBase 中。

第一,在将监控摄像头产生视频文件保存到本地物理磁盘的同时,通过建立索引将视频文件按摄像头编号存储到 HDFS 文件系统中。以 10 min 的监控视频文件为例,其单个文件大小约为 50 MB,而 MapReduce 先将输入文件划分为 *M* 个 16 ~ 64 MB 的数据分片,说明单一视频可以被作为一个数据分片进行处理。

第二,为自定义的 Map 函数制定输入文件的内容格式,这里需要自定义一个 Input Format 类。由于 Map 函数的输入必须是 <key,value> 对,系统自定义的 Map 函数指定输入 key 为视频文件名 video_id,是 Text 类型,value 为所处理的视频文件的物理地址信息,也是 Text 类型。由于默认提供的操作无法满足用户需求,所以继续使用 Input Format 类,将输入的文件集解析为 Map 函数所需要的 <key,value> 对形式。

第三,自定义 Map 函数承担 Map 任务的实现。在该函数中接收刚刚解析出的 <key,value> 对,再提取 value 值中保存的视频文件的物理地址,对视频文件进行运动目标及属性提取的处理,并组合成中间 <key,value> 对传递给 Reduce 函数进行处理。其中,key 为每个运动对象的唯一 video_id,value 值是一个关联数组,它使用 Hadoop 特有的关联数组 MapWritable,其中保存 video_id、time 等内容。输出类型为 <Text,MapWritable>。

第四,需要自定义 Reduce 函数实现 Reduce 任务。此处 Reduce 任务相对简单,只是将 Map 函数产生的中间 <key,value> 对存储到 HBase 中。

经过以上操作,HDFS 中的监控视频文件集先由自定义的 Input Format 分割为单个的视频文件,再经过 Map 操作得到每个视频文件中的 object_id、time、object_pic 等信息,最后由 Reduce 操作将每个视频文件的信息存储到 HBase 中,这样就利用 MapReduce 框架完成了视频预处理的逻辑过程。由于 Map 任务和 Reduce 任务都是分布式地高度并行的,因此 MapReduce框架在处理海量监控视频检索系统的大量数据上有着不可忽视的优势。

(3)MapReduce 对运动目标检测的实现。根据上述详细设计流程,海量监控视频检索系统的视频预处理功能需要以下 2 个核心类帮助实现。

①Video Mapper:自定义的 Mapper 类。该类继承 Mapper 类,并重写 Mapper 类中的 Map 函数,主要实现对原始视频数据的 Map 操作。在这里是对参数中传递的 value 值对应的视频数据进行处理,分析出视频数据中的运动目标、视频生成时间、目标图片等信息。

②Video Reducer:自定义的 Reducer 类。该类继承了 Reducer 类,并重写 Reducer 类中的 Reduce 函数,主要完成对中间数据集的合并任务。本例中 Reduce 函数的功能较为简单,所需完成的只是将 Map 函数产生的中间 <key,value> 对存储到 HBase 中。

Video Mapper 和 Video Reducer 是以 MapReduce 编程模型实现视频预处理功能中的最重要的两个类,分别实现了 MapReduce 编程模型中的 Map 操作和 Reduce 操作。

由于 Hadoop 提供了强大的接口,程序员可以十分简便地实现 MapReduce,程序员只需要表述想要执行的简单 Map 和 Reduce 运算即可,不必关心并行计算、容错、数据分布、负载均衡等复杂的细节问题。

在读取了视频数据后,需要解析 <key,value> 对作为 Mapper 的输入,进入 Map 阶段。Video Mapper 类实现了 Map 操作,在这个操作里,先根据输入的 value 值对视频文件进行处理,这里可以直接调用已经封装好的用于运动目标检测的动态链接库文件,得到视频中存在的运动目标、视频生成的时间等信息。执行完 Map 过程后,所有具有相同 key 值的中间 value 随后会将 Hadoop MapReduce 框架进行组合,并被传输到自定义的 Reducer 类中。Video Mapper 类利用"分而治之"的思想,将整个文件集分割成单个的视频进行并行处理。在每个 Map 操作中利用 GMM 与 Mean Shift 算法得到运动目标、运动轨迹及目标图片等信息,并利用 OpenCV 提供的库函数得到所处理的视频的生成时间、视频帧率等视频信息,将视频与运动目标这两部分的信息通过自定义的 Reducer 类存储到 HBase 中。

在 main 函数中,用户需要定制一个 Job,用于执行一次计算任务,可以通过一个 Job 对象设置如何运行这个 Job。下面的代码中定义了输出的 key 类型是 Text,value 的类型是 MapWritable,指定自定义的 Video Mapper 类作为 Mapper 类,使用自定义的 Video Reducer 类作为 Reducer 类。任务的输入路径和输出路径由命令行参数指定,这样计算任务运行时会处理输入路径下的所有文件,并将计算结果写到输出路径中。最后通过 Job 对象的 waitForCompletion( ) 方法运行计算任务,并一直等待直到计算结束,以此来完成一次 MapReduce 计算。

```
public static void main(String[ ] args) throws Exception
{
        Configuration conf = new Configuration();
        String[] otherArgs = (new GenericOptionsParser(conf, args)).getRemainingArgs();
        if (otherArgs.length != 2)
        {
                System.err.println("Usage:Video Process<in> <out>");
                System.exit(2);
        }

        Job job = new Job(conf,"Video Process");
        //制定生成jar的对应类
        job.setJarByClass(VideoProcess.class);
        //指定本业务job要使用的mapper/reducer业务类
        job.setMapperClass(VideoProcess Mapper.class);
        job.setReducerClass(VideoProcess Reducer.class);
        //指定合成器使用类
        job.setCombinerClass(VideoProcess.IntSumReducer.class);
        //指定最终输出的kv类型
        job.setOutputKeyClass(Text.class);
        job.setOutputValueClass(IntWritable.class);
        //将job中配置的相关参数，以及job所用的java类所在的jar包，提交给yarn去运行
        FileInputFormat.addInputPath(job, new Path(otherArgs[0]));
        FileOutputFormat.setOutputPath(job, new Path(otherArgs[1]));
        System.exit(job.waitForCompletion(true) ? 0 : 1);
}
```

2. 基于 HBase 的视频数据存储

(1)MEPG - 7 与基于内容的海量监控视频检索系统。前面对 MPEG - 7 及 OpenCV 图像处理库进行了简单介绍。下面对二者在系统中的具体应用进行详细阐述。

视频检索就是从大量的视频数据中找到所需的视频片段或视频点。传统的视频检索只能通过快进和快退等方法人工查找,是极为烦琐且耗时的一项工作,这显然已无法满足多媒体数据库的要求。用户往往希望只要给出示例图像或给出特征描述,系统就能自动地找到所需的视频片段点,即实现基于内容的视频检索。

基于内容的视频检索是建立在基于内容的静态图像检索的基础上的,因为视频可以被看作连续静态图像的序列,其中的每一幅静态图像称为一帧。在基于内容的海量监控视频检索系统中,由于针对的是安防监控领域的应用,从监控摄像头中获取的原始视频有如下特点:背景图片基本不变或变化很小,用户只关注镜头中运动的对象。所以在本系统中,只提取识别出有运动物体的图像帧。系统采用 OpenCV 图像处理库提取对象图片及其颜色特征、纹理特征和运动特征。如果读者感兴趣的话,利用 OpenCV 进行操作的具体过程可以参考《学习 OpenCV》这本书,这里不做详细介绍。

接下来介绍 MPEG - 7 标准的视频描述工具,包括用来描述视频对象的各种描述符和描述方案。它的组成部分包括网格结构、2D - 3D 多视角、时间序列、空间 2D 配合、时间插补这 5 种基本结构和几种基本的视觉特征描述符(颜色、纹理、形状、运动、定位及其他)。每一类都由基本和复杂的描述符和描述方案组成。由于基于内容的海量监控视频检索系统主要涉及颜色描述符、纹理描述符及形状描述符,因此重点介绍这 3 种描述符。

①颜色描述符。MPEG - 7 定义的颜色特征包括 7 种颜色描述符,分别是颜色空间(color space)、颜色量化(color quantization)、主颜色(dominant colors)、可伸缩颜色(scalable color)、颜色布局(color layout)、颜色结构(color structure)和帧组/图像组颜色(GoF/GoP color)。其中颜色空间和颜色量化这两个描述符主要用来和别的描述符结合使用,不单独使用,它们规定了别的描述符使用的颜色空间和量化的方法。

a. 颜色空间。颜色空间是 MPEG－7 标准颜色描述符定义的颜色空间,支持的几种颜色空间模型有 RGB、YCbCr、HSV、HMMD、单色及对 RGB 的线性转换阵模型等。

b. 颜色量化。该描述符与主颜色等其他特征描述符配合使用定义颜色空间的均匀量化方法。它包括线性量化、非线性量化及查找表量化。量化时可以根据不同应用规定量化比特数。

c. 主颜色。该描述符最适用于表示局部(对象或图像区域)特征,也可用于整个图像,如对旗帜图像或彩色商标图像可以通过颜色量化等方法提取每一区域或图像中少数几种出现频率较高的表示色作为主颜色,用以进行图像颜色信息的相似性检索。

d. 可伸缩颜色。可伸缩颜色是 HSV 空间的颜色直方图,定义了一个可调的二进制的位数和可调的表达精度来表示图像的颜色特征。这个描述符主要用于图像与图像的匹配和基于颜色特征的检索,检索的精度随着描述中使用的比特数的增加而增加。

e. 颜色布局。颜色布局指定了图像颜色的空间分布模型,以帮助提高检索和浏览的速度。颜色布局既可用于定义整幅图像的颜色空间分布,也可用于定义一幅图像的某一部分的颜色分布。

f. 颜色结构。颜色结构描述符是一个颜色特征描述符,既包括颜色内容信息(类似于颜色直方图),又包括内容的结构信息。它的主要功能是图像与图像的匹配,主要用于静态图像检索。

g. 帧组/图像组颜色。该描述符将静态图像的可伸缩颜色描述符扩展到对视频片段或静态图像集合的颜色描述。所定义的帧组可以是镜头、子镜头或镜头组。

②纹理描述符。MPEG－7 中定义了 3 种纹理描述符:同构纹理描述符(homogenous texture descriptors)、纹理浏览描述符(texture browsing descriptors)和边缘直方图描述符(edge histogram descriptors)。

a. 同构纹理。同构纹理作为一个重要的视觉基本特征,反映了纹理的一致性和空间频度分布,主要用于对大量相似图案的搜索和浏览,一幅图像可被看作由规则纹理以马赛克形式拼接而成,所以与这些区域关联的纹理特征可以作为索引用来检索图像。

b. 纹理浏览。纹理浏览描述符对于表现纹理特征的类型浏览很有用,并且它最多仅需 12 bit 信息。类似于人的特征区分,这个描述符从结构性、分布粒度和方向性等方面表现纹理的感知特征。

c. 边缘直方图。边缘直方图描述符表示 5 种类型边缘的空间分布图即纵向、横向、45°、135°及非方向。它可以用于对相似语义的图像检索,因此它的主要目标在于图像与图像能较好地支持有局部遮挡的形状;很好地支持在视频和图像中常出现的因相机参数的变化而形成的角度转换。

d. 三维形状。三维形状提供了 3D 网络的本征形状描述,是基于三维形状索引(表达三维曲面的局部曲率特性)来表示图像形状特征的直方图,主要用于在 3D 模型数据库中进行检索和浏览。MPEG－7 描述文档的组成通常包括 3 部分:头部声明、模式(可选,用来定义文档中的标记和语法关系等)及文档实例。

```
<<?xml version="1.0" encoding="UTF-8"?>
<schema xmlns="http://www.w3.org/2000/10/XMLSchema"

xmlns:mpeg7="http://www.peg7.org/2001/MPEG-7Schema"

TargetNamespace="http://www.mpeg7.org/2001/MPEG-
7Schema"
                elementFormDefault="qualified">
                attributeFormDefault="unqualified">
……
</schema>
```

声明部分包括名称空间、文档类别和版本声明,使系统能够正确识别该文档。

文档实例部分是指具有一定结构的具体的 MPEG－7 描述内容。MPEG－7 提供了描述定义语言(DDL)来描述对象、事件、概念、状态、位置等多媒体语义信息。下面举出的例子是基于 MPEG－7 标准对一张名称为“Jim”的人物图像进行图像颜色特征描述的 XML 文档实例部分。它包含了一个 ScalableColorType 类型的描述值。

```
<image>
        <imagename>Jim</imagename>
                <comments>nice picture</comments>
                        <tags>sunset sky</tage>
                        <Mpeg7>
                                <Description type="ContentEntityType">
                                        <MultimediaContent
type="ImageType">
                                                <Image>
                                                        <Visual
Descriptor type="Scalable Color Type" num of Bitplanes Discarded="0"
num of Coeff="64">
                                <Coeff>
                                -121 8 -3 87 12 14 22 37 31 13 11 3 50
14 19 21 -3 1 0 11 -8 5 0 17 -8 2 2 4 -15 5 1 -1 1 0 0 1 0 0 1 1 6 1 1
3 1 2 4 12 -1 0 2 2 2 3 3 -4 15 0 0 -2 1 0 -3 6
                                </Coeff>
                                                        </Visual
Descriptor>
                                                </Image>
                                        </MultimediaContent>
                                </Description>
                        </Mpeg7>
</image>
```

通过阅读上述内容,相信读者应该对 MPEG－7 标准中的颜色描述符、纹理描述符及形状描述符有了较好的认识。下面将阐述基于内容的海量监控视频检索系统是如何利用 MPEG－7 标准进行工作的。

基于内容的海量监控视频检索系统采用主颜色、边缘直方图及基于轮廓的形状这 3 种描述符对图像特征进行描述。具体来说,系统使用 OpenCV 图像处理库对图像抽取颜色、纹理、形状等底层视觉特征后,利用 MPEG－7 library 实现对 OpenCV 的处理结果进行描述。MPEG－7 library 是 Joanneum Research 提供的一套 C＋＋类,使用这些类能创建并操纵多媒体内容描述对象,将程序中的多媒体描述对象序列化为 XML 文档,或者根据 XML 文档生成多媒体内容描述对象。

MPEG－7 与基于内容的海量监控视频检索系统的联系如图 7－21 所示。MPEG－7 处在基于内容的图像信息检索的中心位置。MPEG－7 的输入是对图像数据分析的结果,

MPEG－7 的输出则提供了图像信息提取的基础。

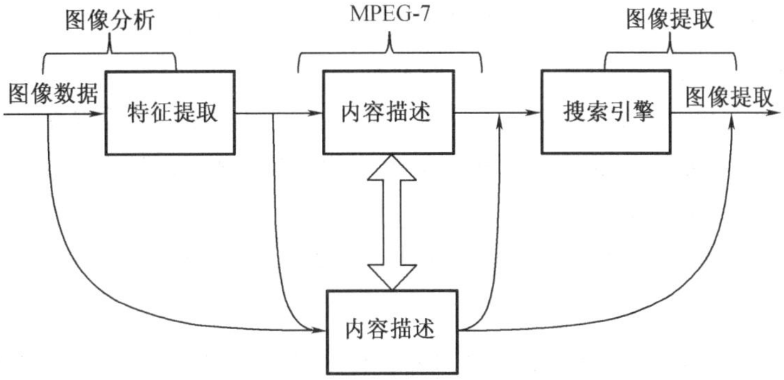

图 7－21　MPEG－7 与基于内容的海量监控视频检索系统的联系

具体而言,在基于内容的海量监控视频检索系统中,考虑到一个对象对应多张对象图片,对于对象的每张图片都需要进行特征提取,故将特征值存储在一个单独的 XML 文件中,它的命名规则如下:视频 ID＋对象 ID＋图片在原始视频中对应的帧号。例如,video1_object1_5 表示视频 video1 中 object1 的第 5 帧图片。这样设计的优点如下。

第一,在进行图像特征值匹配时,只需要对列族中的几列数据进行匹配,并且列族中列的数目是确定的且较少,XML 文件中的元素路径和值之间的关系是简单的一对一关系,不需要像处理 XML 文件中具有多对多关系那样在解析 XML 文件时对文件进行编码,简化了系统过程。

第二,相比一个对象对应一个 XML 文件的设计方法,因为某个对象对应多少张对象图像是不可知的,需要用 <object frame> 即对象图像的帧号作为标签来分隔不同对象图片的特征值。当将 XML 文件中的内容解析存入 HBase 后,列族中的列的数目是不确定的,当进行特征值匹配时,假设需要对“颜色:颜色空间”这一属性进行匹配,则需要对列族中的多列进行匹配。

第三,不需要额外对图像所属的对象及视频名进行存储,因为匹配完毕后,可以根据 RowKey 得到对象名及视频名。

XML 文件中的内容包括颜色特征、纹理特征、形状特征,XML 文件中内容的数据形式可以简化表示如下:

```
<mpeg-7>
<color>…</color>
<texture>…</texture>
<shape>…</shape>
</mpeg-7>
```

在 HBase 的数据库设计中,可以将 XML 文件中的 path 值进行简化后设置为 HBase 中的一列。当需要对用户上传的图片进行颜色特征匹配时,只需要对由路径 mpeg－7/color 简化后的 color 这一列数据进行匹配。在查询时,结合这 3 种图像特征并对 3 种特征分配不同的权值,最后按照匹配度从高到低,将目标视频显示给用户浏览。

(2)基于内容的海量监控视频检索系统的设计。在设计基于内容的海量监控视频检索系统的过程中,对后台数据库的设计是非常重要的环节。由于基于内容的海量监控视频检索系统的所有数据都是存储在数据库中的,因此数据库设计得合理与否将直接影响系统的性能优劣。结合系统的实际应用,用户既需要存储经过识别执行特定行为的海量监控视频数据又需要存储海量的对象图片,当系统面对海量的图片库进行图像检索,以及对特定时间、地点和人体进行检索时,这将会是一个非常困难的问题。因此,系统的分区容忍性和并行处理性能是非常重要的。得益于 HBase 的透明化可伸缩性和 MapReduce 的支持,同时结合从监控摄像头中获取的一段 10 分钟左右的监控视频的大小为 50 MB 左右,而 HDFS 并不适合小文件的存储的应用实际情况,使用 HBase 作为基于内容的海量监控视频检索系统的数据库是合理和高效的。

本节将重点围绕基于内容的海量监控视频检索系统在 HBase 上的数据库设计进行说明,并对 HBase 的特点进行说明。对基于内容的海量监控视频检索系统进行需求分析。系统中的数据库模块需要与基于内容的海量监控视频检索系统的业务逻辑进行交互,这种交互主要包括以下几个部分:

一是视频数据交互。需要对从监控摄像头中获取的原始视频进行一系列的处理,最终获取人体行为识别模块的结果,生成小视频并存储在 HBase 数据库中。当用户通过客户端对数据进行查询时,数据库将执行某行为的相关视频并返回给用户浏览。

二是人体行为识别。需要从数据库中提取对象的灰度图片,并通过业务逻辑层中的人体行为识别算法对对象的行为进行识别。识别完成后,将执行某一动作的一组图片在原始视频中的起始帧号和终止帧号存入数据库,作为后期生成执行目标行为视频的依据。

根据上述交互内容,可以得到数据库系统的总体设计图,如图 7 - 22 所示。

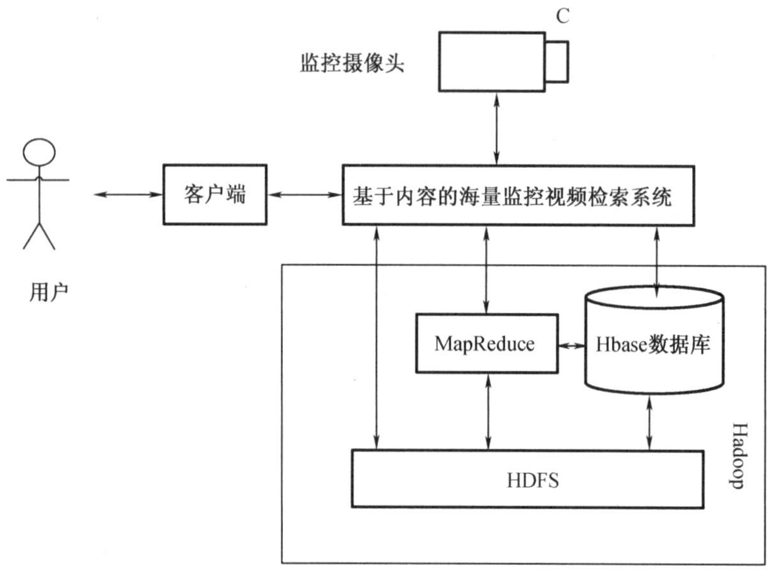

图 7 - 22　数据库系统的总体设计图

数据库系统的总体设计思路是对基于内容的海量监控视频检索系统提供持久化的数

据支持,并能够结合 MapReduce 完成数据的并行处理和分析。数据库设计方面需要能够完整地实现基于内容的海量监控视频检索系统的功能,并尽量提高性能。在确定数据库系统的总体设计思路后,进一步完成对系统中数据库表的设计。

HBase 中没有数据关系,如视频和对象图片这两个实体,但在 HBase 数据库的设计中仍然可以将二者当实体考虑。然而实体之间的关系不能通过类似于关系型数据库中的外键等约束来保证,需要按照 HBase 的特点对这种关系进行体现。

通过对系统进行分析,可以得到 4 个实体:用户、原始视频、对象图片和视频片段。用户是系统对外提供功能的使用者,具有对系统进行查询的能力。原始视频是从监控摄像头中直接获取的长约 10 min 的视频,以视频 ID 作为划分,包含了视频数据及视频的记录时间和记录的事件地点等信息,以供用户后期检索使用。对象图片是系统对原始视频进行处理后得到的包含运动物体的图片,主要用于用户对视频片段的检索。视频片段是系统最终需要展示给用户浏览的信息,是特定对象执行某些特定行为的视频。

如果是在关系型数据库中,按照数据关系模型,对于这些实体,一个用户可以查看多段视频片段,每段视频片段可以被多个用户查看,所以用户和视频片段之间形成一种多对多的关系。对于原始视频与对象图片,一段原始视频可以拥有一张或多张对象图片,由于在系统的处理中,出现在不同视频中的同一对象会被处理成不同对象,假设张三出现在视频 1 和视频 2,最后张三可能会被处理成视频 1 中的对象 1 和视频 2 中的对象 2,即每张对象图片只对应一段原始视频,因此视频和对象图片之间形成一种一对多的关系。对于原始视频和视频片段,一段原始视频可以对应多个视频片段,而视频片段只对应一段原始视频,故两者是一对多的关系。而视频片段与对象图片同样是一对多的关系,视频片段是由对象图片组合而成的。因此在传统的 RDBMS 数据库设计中会得到如图 7-23 所示的 ER 图。

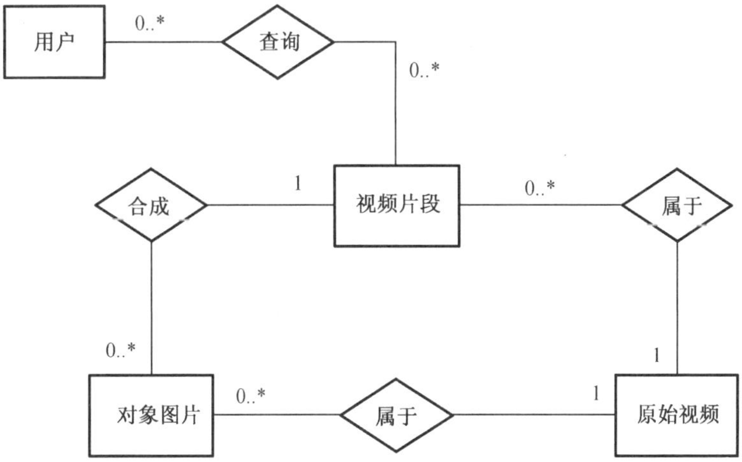

图 7-23　ER 图

可以根据 ER 图得到关系型数据库中的表格设计,如图 7-24 所示。

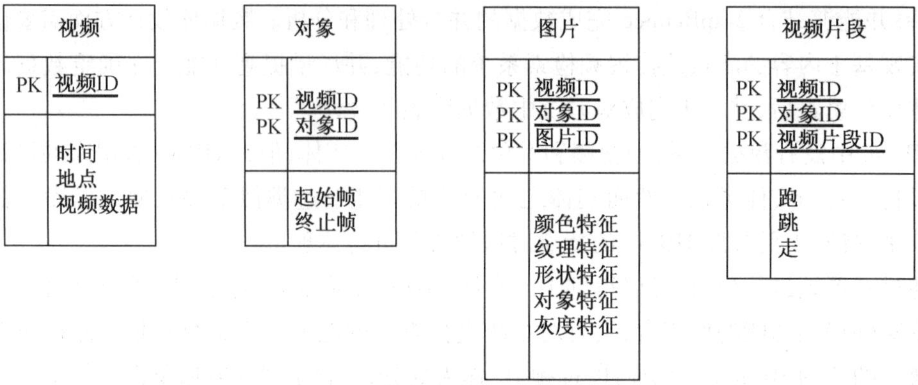

图7-24 数据库表格设计

这样将一对多或多对多关系分裂成多张表的方式,在关系型数据库中往往能达到更高的范式,具有减少冗余、增强一致性并保证完整性的作用。然而在 NoSQL 数据库中,由于没有关系的约束,此处必须考虑到下面将要提到的 HBase 的特点来设计合适的数据库模型。

原始视频与对象图片之间的关系是一对多的关系,一段视频中存在多个对象。基于用户可能存在观看原始视频数据的需要,将原始视频存储在单独的表中,并在该表中存储视频发生的时间段及监控摄像头所处的地点,以供后期用户查询使用。而一个对象对应多张图片且对象图片的数目不定。考虑到在对对象图片进行特征提取时,假设一个对象对应 N 张图片,则需要对这 N 张图片都进行特征提取。可以将视频名称、对象名称及图片的帧号作为图像表中的关键字,将图片的特征描述项作为同一列族(column family)中的一列进行存储。

原始视频与视频片段是一对多的关系。在进行数据库设计时,可以将视频片段存入一张单独的表中,将行关键字设置为与视频 ID 相关,使同一视频对应多段视频片段。

视频片段与对象图片之间的关系也是一对多的关系,视频片段由多张对象图片组成。在数据库设计中,可以将对象图片存储在一张图片表中,通过在视频片段名中与该对象的起始帧和终止帧关联来体现这一关系。

在数据表的设计过程中,除了需要注意以上内容,还需要结合 HBase 数据库的特点进行设计。HBase - Hadoop Database 是一个高可靠性、高性能、面向列、可伸缩的分布式存储系统,与 Hadoop 一样。HBase 的目标主要是依靠横向扩展,通过不断增加廉价的商用服务器来增加系统的计算能力和存储能力。在进行数据库设计时需要重点关注 HBase 的以下特点:

①HBase 拥有较为简单的数据模型。由于不存在关系约束等,因此在数据库表的设计上应该简单些。

②HBase 面向列存储的特点。读取同列数据往往具有更高的性能,在设计中应该考虑列的划分。

③HBase 中空单元格不占空间。其实这个特点是面向列存储的结果,这使得读者可以不必像设计关系型数据库那样将一对多和多对多关系分裂成多张表来存储,可以直接将数据放入一张大表中,省去空单元格。

④HBase 的列是可以动态添加的。HBase 不同于一般的关系数据库,是一个适合于非结构化数据存储的数据库,是基于列而不是基于行的模式。访问 HBase 表中的行只有 3 种方式:通过单个 RowKey 访问、通过 RowKey 的 range 访问及进行全表扫描。要尽量遵循 HBase 的行关键字(RowKey)设计原则,具体如下。

首先是 RowKey 的长度原则。行关键字可以是任意字符串(最大长度是 64 KB,实际应用中长度一般为 10 ~ 100 B)。在 HBase 内部,RowKey 保存为字节数组。在原则上 RowKey 应该越短越好,最好不要超过 16 个字节,原因一是数据的持久化文件 HFile 中是按照 < key,value > 存储的,如果 RowKey 过长,比如 100 个字节、1 000 万列数据,只计算 RowKey 就要占用 10 亿个字节,为将近 1 GB 数据,这会极大影响 HFile 的存储效率。原因二是 Mem Store 将缓存部分数据到内存,如果 RowKey 字段过长,内存的有效利用率会降低,系统将无法缓存更多的数据,这会降低检索效率。因此 RowKey 的字节长度越短越好。原因三是目前操作系统多为 64 位系统,内存 8 字节对齐。控制在 16 个字节(8 字节的整数倍)利用操作系统的最佳特性。

其次是 RowKey 的散列原则,如果 RowKey 是按时间戳的方式递增的,不要将时间放在二进制码的前面,建议将 RowKey 的高位作为散列字段,由程序循环生成,将低位放时间字段,这样将提高数据均衡分布在每个 Region Server 并实现负载均衡的概率。如果没有散列字段,首字段直接是时间信息将产生所有新数据都在一个 Region Server 上堆积的热点现象,这样在做数据检索的时候,负载会集中在个别 Region Server 上,降低查询效率。

最后是 Row Key 唯一原则,必须在设计上保证其唯一性。

在遵循上述原则的同时,在设计 RowKey 时,还需充分利用 RowKey 排序存储的特性,将经常一起读取的行存储放到一起,这样可以大幅度提高数据库查找性能。

⑤HBase 中的更新操作都对应着一个时间戳。在设计时可以适当地考虑通过时间戳来记录数据的版本号或对数据进行备份等。

根据基于内容的海量监控视频检索系统实体间的关系,结合利用 HBase 的特点,对系统进行数据库设计以满足系统的需求。具体而言,基于内容的海量监控视频检索系统的数据库实验共包括 3 张表,分别为视频表(video_infor)、图片表(picture)和视频片段表(video_surgment)。表 7 - 6 ~ 表 7 - 8 为 HBase 中的数据库表设计。

第一,视频表(video_infor)的设计。

一是列和列族。视频表主要用来存储与原始视频相关的信息,将视频发生的时间、视频内容记录的地点和原始视频数据存入列族 video_infor 中。当用户通过客户端进行检索时,需要对事件时间和事件发生地点这两个条件进行筛选。此时直接读取视频表中 video_time 和 video_place 这两列中特定 RowKey 范围内的数据进行匹配。当用户获取到满意的视频片段后,还可以查看视频表中的原始视频数据作为参考。

二是行关键字(RowKey)。将 RowKey 设置为视频的 ID 号,一行数据保存一段视频的基本信息。视频 ID 号在后面将要讨论的图片表及视频片段表中都有应用。

表7-6 视频表设计

RowKey	column family：video_infor	
	列标签	备注
视频 ID	video_time	视频时间
	video_place	视频地点
	video	原始视频数据

第二，图片表(picture)的设计。

一是列和列族。图片表主要记录对象的原始图片及图片的各种信息。由于系统需要按照 CBIR 算法来检索图片，因此需要预先对图片的内容特征信息进行提取并存入数据库中，即将颜色、形状和纹理等特征值存放到列族 picture 中。HBase 存放图像特征具有较好的可扩展性，对于后期的检索特征算法修改具有很好的兼容性。与此同时，还需要将对象图片和对象灰度图片存放到列族 picture 中。对象图片用于提取行为识别模块中的识别结果，生成对象表中执行特定动作的视频片段，即组合成显示给用户的视频。而对象灰度图则是作为人体行为识别模块的输入。

二是行关键字。考虑到一个对象对应多张对象图片，而且在之前对所有对象图片进行特征值提取并写入 XML 文件时，一个对象的每张图片都对应一个单独的 XML 文件。利用 HBase 行关键字的有序特性，可以将对象图片的行关键字直接设计为 XML 文件的名字，即"视频 ID + 对象 ID + 图片在原始视频中对应帧号"。

表7-7 图片表设计

RowKey	column family：picture	
	列标签	备注
对象图片 ID	object_picture	对象图片
	gray_picture	对象灰度图
	color	颜色特征
	texture	纹理特征
	shape	形状特征

第三，视频片段表(video_segment)的设计。

一是列和列族。视频片段表主要记录对象执行某些行为的视频片段信息。考虑到人物对象的行为数目是有限的，将对象执行走、跑、跳等动作的视频片段设置为列族 video_segment 中的一列，方便基于内容的海量监控视频检索系统在行为识别模块上的拓展，如现在系统可以识别打架这一行为，只需要在列族中再添加 fight_segment 即可。在视频片段表的设计中，具体而言，run_segment、jump_segment、walk_segment 这三项是用于记录对象执行相应动作的视频片段，该列中存储的视频名称为"视频 ID + 对象 ID + 起始帧号 + 终止帧号"。注意，这里的帧号指的是在原始视频中的帧号。

二是行关键字。考虑到对象特定动作下的视频片段可能是多段,如同一对象在一段时间内执行跑的动作的视频片段就有可能是多段。将行关键字设置为“视频 ID + 对象 ID + 片段 ID”,对同一对象,将视频片段 ID 按从 1 到 N 升序排列,即一个视频片段为一行。因为同一个对象执行各种动作的视频片段的数目不一样,所以采用上述方式设置关键字的好处还包括便于统计特定对象执行各种动作的视频数目。例如,视频 1 的 ID 为 video01,其中对象 1 的 ID 为 object01,一共有 3 段跑步的视频片段,有 7 段跳远的视频片段,有 5 段走路的视频片段,那么在 HBase 中,RowKey 就为 video01_object01_01 ~ video01_object01_07 这样连续的 7 行。在统计该对象走路的视频片段数目时,可以调用 HBase 提供的 API,获取列族 video_segment 下列 walk_segment 的非空项数目,也就是视频 1 中对象 1 的走路视频片段的数目。在 HBase 中,空的单元格并不占据存储空间,这也为上述设计方式提供了支持。

表 7 –8　视频片段表设计

RowKey	column family:video_segment	
	列标签	备注
对象视频片段 ID	run_segment un_segment	对象跑步的视频片段
	jump_segment	对象跳远的视频片段
	walk_segment	对象走路的视频片段

(3)数据库模块交互设计。基于内容的海量监控视频检索系统中存在视频表、图片表和视频片段表这 3 张表,那么这些表是如何配合系统的业务逻辑模块完成系统功能呢?下面围绕数据库模块与系统业务逻辑的交互设计进行说明。

①视频片段搜索交互。视频片段的搜索过程如下:先将用户选择的事件的时间、地点与视频表中的相关数据进行匹配,得到视频 ID;接着结合视频 ID,将用户上传图片的特征信息与数据库图片表中的特征信息进行对比得到对象图片 ID,并获取视频 ID 和对象 ID;然后根据用户选择的人体行为名称及由命中结果集得到的视频 ID 和对象 ID 到视频片段表中进行查询;最后获取命中的视频片段内容并展示给用户的客户端。整个视频片段搜索交互过程如图 7 –25 所示。

②行为识别数据交互。基于内容的海量监控视频检索系统行为识别模块的数据与数据库的交互也非常频繁,详细过程如下:首先,需要读取图片表中的对象灰度图,并得到对象图片 ID;其次,行为识别模块对对象灰度进行处理,识别出人体的行为;最后,结合对象图片 ID 生成执行对应动作的视频片段,并将内容写入视频片段表。行为识别数据交互过程如图 7 –26 所示。

本节中的交互操作围绕着 HBase 中的表,并没有涉及 HDFS 和 MapReduce 的相关交互,有关 HBase 和 HDFS 与 MapReduce 间的交互操作,可以阅读本书的相关内容。

(4)基于内容的海量监控视频检索系统的数据库实现。在完成数据库的设计后,需要对它进行具体实现。系统采用 Java API,利用 Eclipse 进行客户端编程实现。下面主要介绍数据库的模块类的交互图及核心类的实现过程。

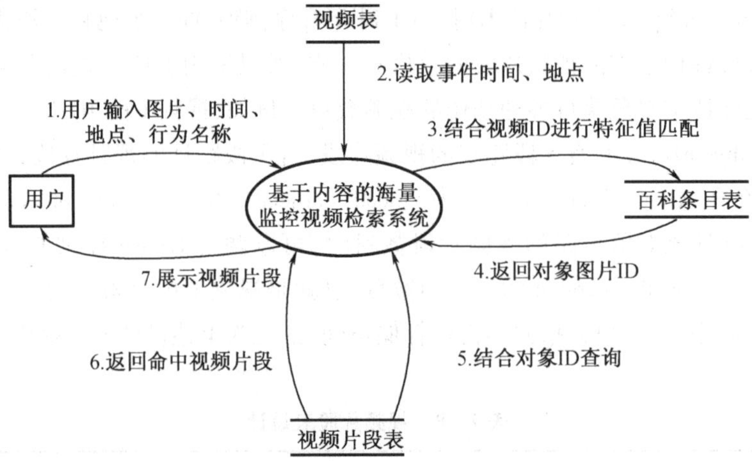

图 7－25　视频片段搜索交互过程

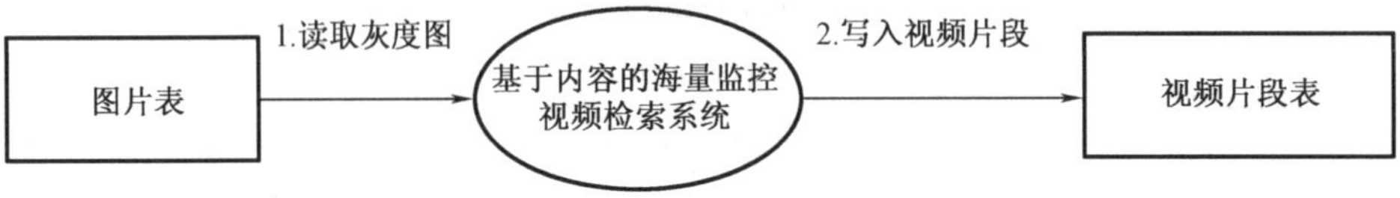

图 7－26　行为识别数据交互过程

由于在基于内容的海量监控视频检索系统的数据库设计中,有视频表、图片表和视频片段表这 3 张不同的表,对每张表需要提供的方法也不尽相同,因此,对于每张表提供一个单独的类进行操作是有必要的。然而对这 3 张表也有一些公共操作,可以将其抽象为一个表的基本数据操作类。

数据库模块主要由 5 个类组成,其中,HBase Basic Operation 类为 HBase 的基本操作类,是一个通用的操作类。其余的 Base、Video、Picture、Video_Segment 是表的操作类,这些类使用了通用操作类封装好的 HBase 操作接口。下面分别介绍这 5 个类。

第一,HBase Basic Operation 类。这个类是一个对 HBase 基本操作进行封装的通用类。该类主要利用 HBase 提供的 API,对 HBase 的配置文件等进行初始化,并实现包括创建、插入、删除、查找等基本操作的通用方法。

第二,Base 类。这个类是对表操作的基本类。该类是 Video、Photo 和 Video_Segment 等类的基类,主要是抽象出了这些特定表的一些共同操作,提高代码复用率和开发效率。该类直接调用 HBase Basic Operation 类的方法,实现了表的初始化操作和读写操作等。

第三,Video 类。这个类主要实现了对视频表的相关操作,包含事件时间、地点及原始视频数据的信息。该类通过行关键字与 Photo 类相联系。

第四,Picture 类。该类主要实现了对图片表的相关操作,包括将用户上传的图片信息插入数据库、查询特定特征信息、获取对象图片、获取灰度图片等。该类通过行关键字和 Video_Segment 类关联。

第五,Video_Segment 类。该类主要实现了对视频片段表的相关操作,包括获取有特定名称的视频片段等。该类通过行关键字与 Video 类和 Photo 类进行关联。

接下来,简要介绍一下这些核心类的实现。

①HBase Basic Operation 类。作为通用的 HBase 操作类,该类是直接采用 HBase API 对数据库进行操作的。该类先完成配置初始化,设置一些配置信息,并在初始化中按照设置参数获得一个 HBase 配置实例 conf。完成初始化配置后,便可以对 HBase 进行操作。要对 HBase 进行管理,如表的创建和删除、列出表清单及表结构更改等,则使用 HBaseAdmin 类。一旦表被创建,则需要通过 HTable 类的实例来操作该表。每次可以增加一行内容到一个表中。对于插入操作,则需要创建一个 Put 类的对象实例,并指明目标列名(target column)、值(value)及一个可选的时间戳,最后使用 HTable. put(Put)方法执行插入操作。要获取表中已插入的值,则使用 Get 类。Get 类的实例可以被指定为获取指定行的所有内容或仅获取该行中的某一个单元格的值。在创建了 Get 类的一个实例后,调用 HTable. get(Get)执行查询,返回的结果是一个 Result 类的实例。还可以使用 Scan 类建立一个扫描器(scanner),这类似于数据库中的游标。在创建并配置了 Scan 类的实例后,调用 HTable. get Scanner(Scan)获取一个 Result Scanner 类的实例,该实例就是查询得到的结果集。Result Scanner 事实上是 Result 实例的一个集合,通过循环调用 Result Scanner. next( )的方法可以获取每个 Result 实例。一个 Result 是一组 <key,value> 的集合,它具有将不同类型的返回值打包的功能。使用 Delete 类来删除表中的内容,用户可以设定 Delete 类的实例并将其用于删除一个独立的单元格或整个列族,并可将该实例传递给 HTable. delete(Delete)来执行。

②Base 类。Base 类是对表进行操作的基本类。该类主要通过 HBase Basic Operation 类中提供的方法实现各个表中的公共操作。Base 中存在一个 String 类型的变量 tableName,在子类继承时,应该先通过构造方法对该变量进行赋值,以指明子类操作的表名。所以该类提供了一个带参数的构造方法 Base(String tableName)用以实现该需求。接下来简要叙述 Base 提供的一些基本操作。Base 主要实现增、删、改、查的操作,createTable 是用来创建一个名为"tableName"的表,insertRow 用于向 HBase 中插入一行信息,deleteRow 用于删除表中行关键字为 RowKey 的一列。下面主要以 selectRow 这个查询方法为例进行详细说明。

selectRow 方法用于选择表中行关键字为 RowKey 的一行信息,并返回一个 Result 结果集。

```
Protected Result selectRow(String RowKey)
{
        Resultr = null;
        Try{
                r =
HBaseBasicOperation.selectRow(tableName,
RowKey);
        }
        catch(IOException e)
        {
                e.print Stack Trace();
        }
        Return r;
}
```

直接调用 HBase Basic Operation 类的 selectRow(tableName,RowKey),返回的结果是一个定义在 org. apache. hadoop. hbase. clent. Result 中的 Result 实例。由于不同的表对结果的

解析不同,因此基本操作类不对结果实例进行分析,而直接返回给上层具体表的操作类中。

③Video 类。Video 类是针对视频表的操作类,继承了 Base 类,其基本操作主要是查询操作,即 selectVideo,实现以表名、列族名及列名为输入条件来获得结果。考虑到 Video 类的基本操作都可以通过直接调用基类中的操作来完成,在这里不做详细介绍。

④Picture 类。Picture 类是针对图片表的操作类,它继承了 Base 类,并封装了需要对图片进行操作的基本方法。具体而言包括图片信息的插入、删除和更改,并且每次图像检索都需要查询数据库中的一部分图像特征,因此该类还包含了对图像信息特别是特征信息的查找获取等方法。Picture 类除查询以外的方法与 Video 类类似,所以下面主要介绍 Picture 类查询数据的方法——selectPhoto。

此方法主要实现获取特定行关键字范围内的特定列族中某一列数据的多行信息,并返回一个 ResultScanner 结果集。

```
Protected ResultScanner selectPhoto(String tableName, String RowKey,
String column, String qualifier)
{
        Try{
                HTable table=new HTable(conf,tableName);
                Scan scan = new Scan();
                scan.add Column(Bytes.to Bytes(column),Bytes.to Bytes
(qualifier));
                scan.set Filter(new Prefix Filter(RowKey.get Bytes));
                Result Scanner rs=table.get Scanner(scan);
                }
        catch(IOException e)
        {
                e.print Stack Trace();
        }
        Return rs;
}
```

此处使用了 Prefix Filter 过滤器。Prefix Filter 是行关键字的前缀过滤器,这个过滤器的主要功能是命中所有以特定前缀开头的行关键字所在的行。例如,前缀是 video01_object_01,那么行关键字为 video01_object01_01、video01_object01_19 等的行会被命中,而 video01_object02_01、video02_object01_19 等不是以该前缀开头的行会被过滤掉。

Prefix Filter 的构造方法为 Prefix Filter(final byte[ ] prefix)。因此创建一个 Prefix Filter 过滤器时需要传入一个 Byte 数组格式的前缀作为过滤条件。此外,Prefix Filter 还提供了一个 get Prefix( )方法用于获取过滤器中的前缀。

⑤Video_Segment 类。Video_Segment 类也是 Base 类的子类,实现了视频片段的基本操作,由于其基本操作与之前的两种类类似,此处不再赘述。

在各个核心类实现后,运行程序可以创建数据库中的 3 个表,并结合实际需要对各表进行操作,最后实现系统的功能。

3. 规则创建与行为识别

(1)规则创建过程。

①规则的定义。这里所说的规则主要是指行为规则,根据粒度的大小分为 3 类,分别是 pose、action 和 activity。pose 指的是一个姿势,代表这一帧图片中某一对象的某个状态。action指的是动作,代表一种不可再细分的行为,由一组姿势组成,如走、跑、跳。activity 代表的是行为,由一系列的动作组成,如三级跳等。

在海量监控视频检索系统的设计中,pose、action 和 activity 是被作为 3 个类进行设计和实现的,规则的类图如图 7－27 所示。pose 只由一个属性 angle 组成,指的是对该 pose 按照星形骨架方法提取的行为特征值以“｜”分割、拼接组成的字符串,如 angle = θ1｜θ2｜θ3｜θ4｜θ5｜xc｜yc。action 包含 name、num、feature、v 和 a 共 5 个属性。name 代表 action 的名字,如走;num 代表这个 action 规则是由几帧图片组成的;feature 代表行为特征值,类似于将多个 angle 以“｜”分割、拼接起来;v、a 分别表示此规则中行为的速度及加速度。activity 的类定义与 action 相同,只是没有速度和加速度的定义,这里不再详细描述。

②创建规则。创建规则分为 3 类,分别是 pose 规则创建、action 规则创建及 activity 规则创建。下面详细描述 pose 规则、action 规则、activity 规则的创建过程。

a. pose 规则的创建。对于 pose 规则的创建,输入 pose 对应的图片路径,再按照前面所述的星形骨架方法提取行为特征值,然后将行为特征值转化为字符串型并拼接起来形成一个新的字符串变量,赋给 pose 类的 angle 变量即可。pose 规则创建的过程如图 7－28 所示。

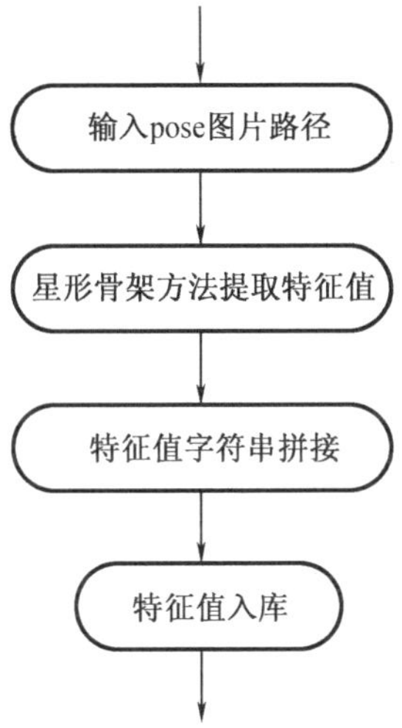

图 7－27　规则的类图

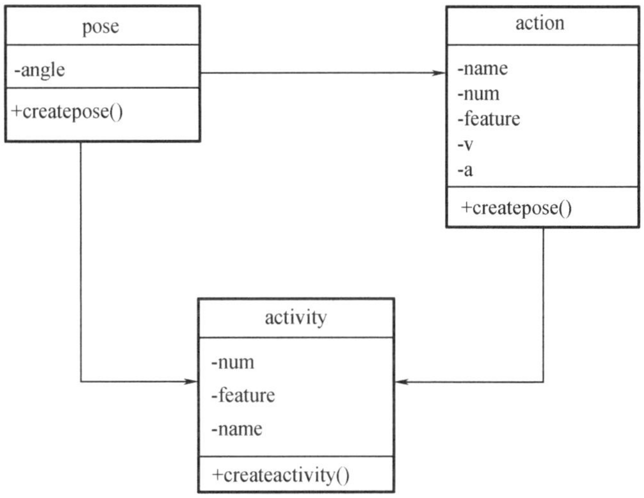

图 7－28　pose 规则创建的过程

pose 规则创建的伪代码如下。

```
begin
输入照片路径s
C[m]←{0}
b[N1][N2] ←{0}
id[K] ← {'0'}
length ← 0
length ← LunKuo (b,s)                          //提取轮廓特征
quize(b,length/2,c)                           //提取角度特征
for i←0 to M
dogcvt(c[i],sig,str)
//gcvt函数将浮点数转化成字符串并返回指向字符指针，sig表示存储的有效数字位数
p.angle ← p.angle+str+"|"                     //p为pose类型，角度特征之间用“|”分开
repeat
itoa(num,id,10)                               //将整型转化为字符型
video_insert("pose",id,s,p.angle)             //将新建的pose存入数据库
return
end
```

b. action 与 activity 规则的创建。对于 action 及 activity 规则的创建,与 pose 类似,即先

输入图片路径,然后按照星形骨架的方法对每帧图片进行处理,获取每帧图片的行为特征值,将所有行为特征值拼接起来作为 action 或 activity 的特征。不同的是,action 与 activity 规则的创建涉及训练的过程,因此输入的图片文件夹里可能包含 2 组该行为过程的图片,可对每组分别进行处理,然后求取平均值并作为这个规则的特征。action 规则创建的过程如图 7 - 29 所示。

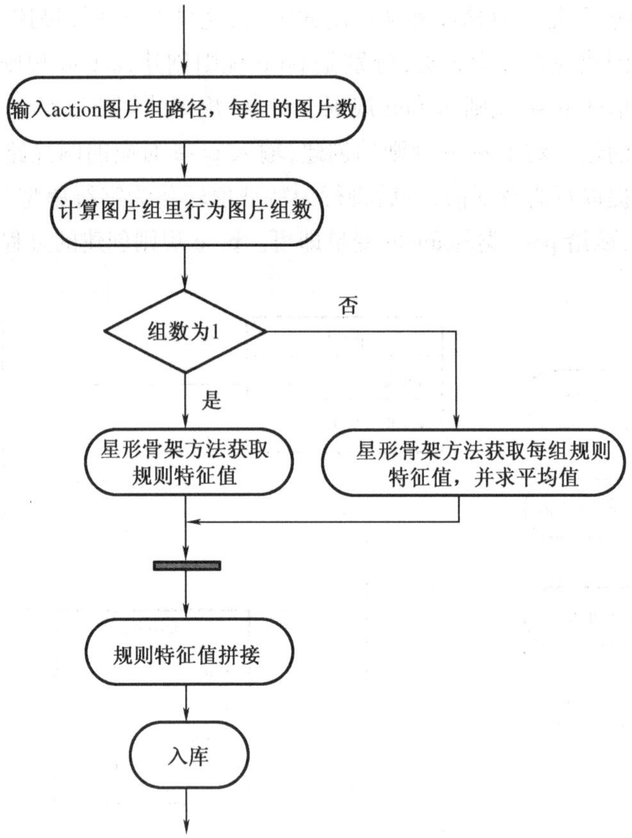

图 7 - 29　action 规则创建的过程

action 规则创建的伪代码如下。

```
begin
输入文件路径s，描述一个action所需的图片数n
Po[Max]                                   //假定一个action最多由Max个pose组成
FileName[M]←{“ ”}                         //存储文件名
j←k←0
Get File Name (s)                           //获取文件夹下的文件名
for i←0 to total                          //total为文件夹下的文件
po[i] ←create_pose (File Name[i])          //创建文件夹下图片的pose
repeat
if num ==n                                //num为一个文件夹中的文件数目
则
for i ←0 to num                           //只输入了一组pose，对pose进行拼接形成action
act.feature←act.feature + po[i].angle          //act为action类的对象
act.n←n
repeat
否则
```

```
m←num/n
for i←0 to num
if k==m
则 k←0
j=j+1
否则                                      //ac[]为一个action对象组成的数组
ac[j].feature←ac[j].feature+po.[i].angle/    //求出m组的action
k←k+1
repeat
for I← 0 to m
split (ac[i].feature, ' | ' , v)         //分割的特征值，并存储到数组v中
vf[it] ←vf[it] +v[it]                 //把每组action对应的特征值相加
repeat
gact (vf[it], 4, str)
//将浮点数转化成字符串，并返回指向字符指针，sig表示存储的有效数字位数
ac1.feature+=s+ " | "                  //把最终的特征值拼接起来
end
```

activity 规则创建的过程与 action 类似,此处不再赘述。

(2)行为识别。

海量监控视频检索系统在行为识别中采用的是预处理的方式,即对于任意一段要搜索的视频,采用预处理的方式对整个视频中发生的行为进行预先识别,在真正搜索的过程中,因为行为用文本表示,所以搜索时只进行文本匹配即可。

在行为识别的过程中,因为 pose 很难代表一种行为,所以行为识别的过程主要是对视频中的 action 及 activity 的识别。因为 action 与 activity 规则是由单对象的一组行为图片组成的,而一张行为图片对应一个 pose,所以对 action 与 activity 的识别是以对 pose 的识别为基础的。在此先介绍一下 pose 匹配。

①pose 匹配。

pose 匹配实际上是指将两个 pose 的行为特征按照相似度匹配公式进行匹配。但是由于是对角度值进行相似度计算,角度的变化范围是(0°,360°),差值太小,因此需要进行一定的处理。经实验验证,对其的更改是减去 0.9,再乘以 10。如若结果值为负值,将结果值变为 0。实际上,系统 pose 的相似度计算公式如式 7-20 所示。经实验验证,当相似度大于 93% 时,认为其相似。

$$Similarity(pose_i,pose_j) = Similarity(\theta_i,\theta_j) = \left(\frac{\sum_{m=1}^{5}\theta_{im}\cdot\theta_{jm}}{\sqrt{\sum_{i=1}^{5}\theta_{im}^2}\cdot\sqrt{\sum_{j=1}^{5}\theta_{jm}^2}} - 0.9\right)\cdot 10 \tag{7-20}$$

②action 及 activity 行为识别。

对于行为匹配的过程,实际上可以将其理解成 action 规则与要搜索的视频的匹配。action是由按顺序排列的 pose 组成的,视频也是由一组 pose 组成的,所以 action 规则与视频的匹配实际上是一组 pose 与另一组 pose 的匹配。匹配按照下面的步骤进行。

第一步:对于 action 规则的第一个 pose,与视频的第一帧按照 pose 匹配规则匹配。若成功,则进行第二步;若不成功,则进行第三步。

第二步:action 规则的当前 pose 与视频的下一帧匹配,若成功,重复第二步。直到 action

的所有组成 pose 匹配完;若不成功,进入第三步。

第三步:在 action 规则的当前帧与视频的前一帧不匹配的情况下,将 action 规则的下一帧与视频当前帧进行匹配,若成功则进行第二步,若不成功则进入第四步。

第四步:action 的当前 pose 与视频下一帧的 pose 进行匹配。若成功,进入第二步。否则,先判断视频当前帧与前一个匹配成功的帧之间间隔的帧数,若间隔的帧数小于4 帧则进行第四步;否则新匹配。action 的第一个 pose 与和 action 第一帧匹配的视频帧的下一帧进行重新匹配。

第五步:如果 action 的 pose 与视频的最后一帧都未匹配上,则匹配失败。

action 匹配的流程如图 7 – 30 所示。

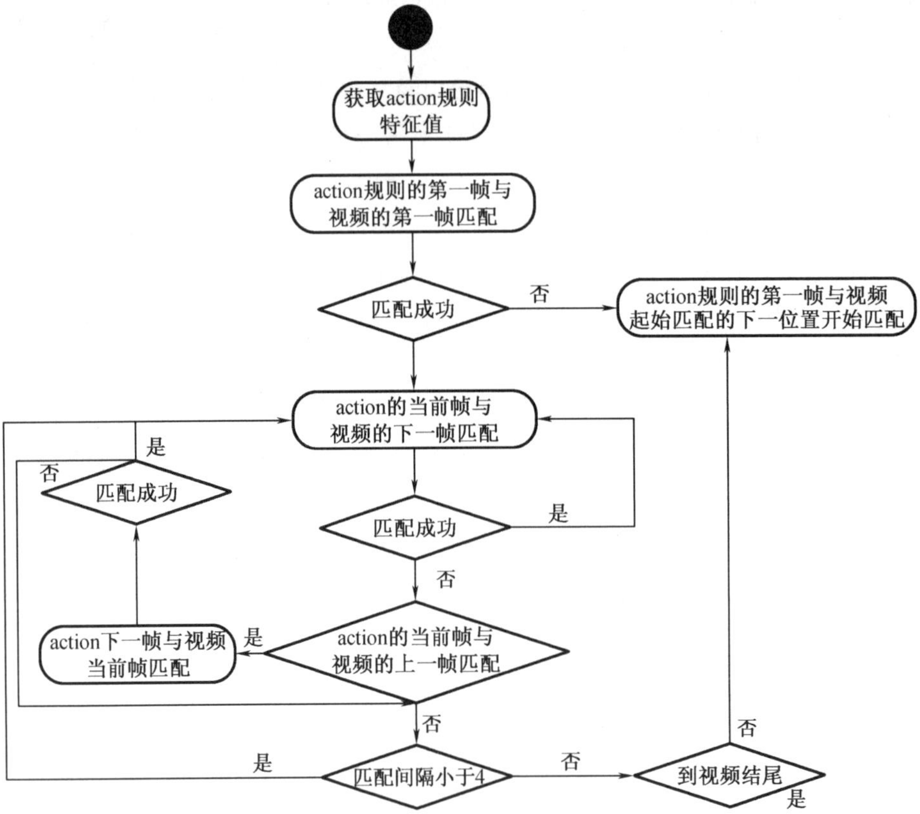

图 7 – 30 action 匹配的流程

activity 匹配的过程与 action 类似,此处不再赘述。

需要先声明的是,在接下来的行为识别过程中,对所有的动作、行为按照质心的变化预先分好类。根据质心的变化情况将整段视频划分成几段,每一段根据质心的变化与对应的一些动作或行为特征进行一一匹配,按照上述匹配的规则进行,找出对应的动作或行为,用文本标记出它所属的动作。如果找不出也要进行反馈,供用户创建新规则。其中,在与对应的动作或行为进行匹配的过程中,如果与动作或行为对应的两帧之间的间隔大于4 帧,则不认为是匹配成功,需重新匹配。

在 action 或 activity 与视频匹配的过程中,由于一段视频中可能包含多个 action 或activity,因此在匹配时标记出视频中与 action 或 activity 的第一个 pose 匹配成功的帧。若匹配成功,则再记录下与 action 或 activity 的最后一个 pose 匹配成功的帧的帧号及匹配结果所属的类别,以便进行搜索;若匹配不成功,则忽略已经记录下的与第一个 pose 匹配成功的帧号。

7.5　系统运行界面展示

海量监控视频检索系统采用 JSP 技术实现系统的前台交互功能,用户可以按照需求输入时间、行为、人物,进行相关视频的检索,图 7 – 31 为系统输入查询条件的主界面。

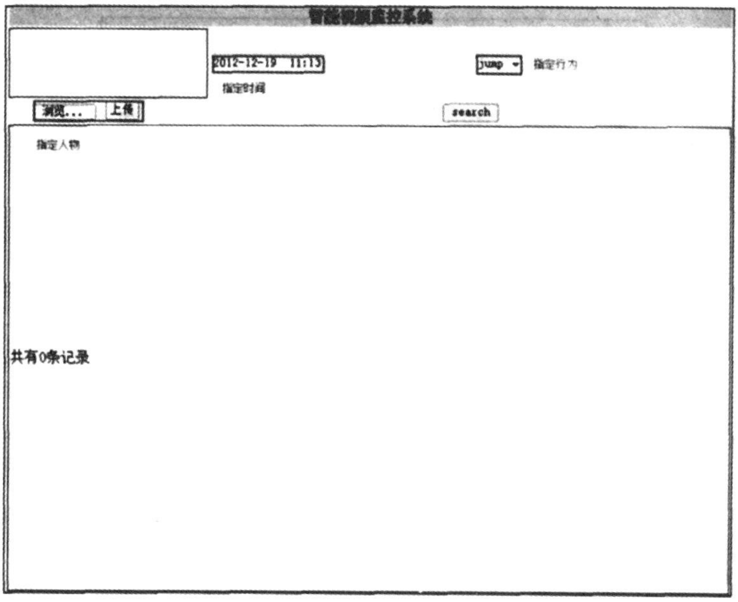

图 7 – 31　系统输入查询条件的主界面

在海量监控视频检索系统中,用户可以通过下拉菜单进行行为的选择,通过“上传”按钮实现对指定人物的查询。为了提高查询的准确率,系统将会输出一组相似性最高的视频片段。用户可以通过双击来播放感兴趣的视频片段,播放控件允许用户对视频进行“快进”“快退”“暂停”等操作。

7.6 本章小结

本章在大数据理论研究的基础上,对大数据分析(BDA)技术与工具的发展趋势及其功能进行了研究。大数据分析以其规模化、全局化、可视化的优势在情报领域中有着非常广泛的应用。本章以 Objectivity 公司的 Objectivity/DB 大数据分析工具为例,重点分析了大数据分析在情报领域中的应用。此外,本章还介绍了 BDA 在关系分析和基于内容的海量监控视频检索系统中的应用。

第 8 章 大数据安全与隐私保护

大数据的发展日新月异，相关新技术更是层出不穷，但是仍然面临着许多问题，其中，安全与隐私问题是人们公认的关键问题之一。当前，人们在互联网上的一言一行都掌握在互联网商家手中，包括购物习惯、好友联络情况、阅读习惯、检索习惯等。众多实际案例说明，即使无害的数据被大量收集后，也会暴露个人隐私。事实上，大数据安全的含义更为广泛，人们面临的威胁并不仅限于个人隐私泄漏。与其他信息一样，大数据在存储、处理、传输等过程中面临诸多安全风险，人们具有数据安全与隐私保护的需求。而实现大数据安全与隐私保护，较以往其他安全问题（如云计算中的数据安全等）更为棘手。这是因为在云计算中，虽然服务提供商控制了数据的存储与运行环境，但是用户仍然有些办法保护自己的数据，如利用密码学的技术手段实现数据安全存储与安全计算，或者通过可信计算方式保障运行环境安全等。而在大数据的背景下，Facebook 等数据制造公司既是数据的生产者，又是数据的存储、管理者和使用者，因此，单纯通过技术手段限制商家对用户信息的使用，实现用户隐私保护是极其困难的事。

当前，很多组织都认识到了大数据安全问题，并积极行动起来关注大数据安全问题。2012 年，云安全联盟（CSA）组建了大数据工作组，旨在寻找针对数据中心安全和隐私问题的解决方案。本章在梳理大数据研究现状的基础上，重点分析了当前大数据带来的安全挑战，详细阐述了大数据安全与隐私保护的关键技术。需要指出的是，大数据在引入新的安全问题和挑战的同时，也为信息安全领域带来了新的发展契机，即基于大数据信息安全的相关技术可以反过来用于大数据安全和隐私保护。

8.1 大数据带来的安全挑战

科学技术是一把双刃剑。大数据引发的安全问题与其带来的价值同样引人注目。曾经人尽皆知的“棱镜计划”事件更加剧了人们对大数据安全的担忧。鉴于大数据的数据特征，与传统的信息安全问题相比，大数据安全面临的挑战性问题主要体现在以下几个方面。

8.1.1 大数据中的用户隐私保护

大量事实表明，很多对用户隐私的侵犯都是大数据未被妥善处理的结果，这也使得大数据的发展受到制约。根据需要保护的内容不同，隐私信息保护又可以进一步细分为位置信息隐私保护、标识符信息匿名保护、连接关系信息匿名保护等[48]。

人们面临的威胁并不仅在于个人隐私泄漏，还在于基于大数据的对人们的状态和行为的预测。一个典型的例子是某零售商通过消费记录分析，比家长更早知道其女儿已经怀孕的事实,并向其发送相关广告信息。而社交网络分析研究也表明,可以通过其中的群组特性发现用户的属性,甚至精准知晓用户的行动轨迹。例如,通过分析用户的 Twitter 信息,可以发现用户的宗教信仰、政治倾向及消费习惯等。

人们认为经过匿名处理的信息不包含用户的标识符,就可以公开发布了。但事实上,仅通过匿名保护并不能很好地达到保护隐私的目的。例如,AOL 公司曾公布匿名处理后的 3 个月内的部分搜索历史,供人们分析使用。虽然个人相关的标识信息被精心处理过,但通过其中的某些记录项还是可以准确地定位到具体的个人。纽约时报随即公布了其识别出的一位用户。编号为 4417749 的用户是一位 62 岁的寡居妇人,患有某种疾病,家里养了 3 条狗,等等。另一个相似的例子是,美国一家会员订阅制的流媒体播放平台奈飞公司(Netflix)曾公布约 50 万用户的 DVD 租赁信息,悬赏 100 万美元征集算法,以期提高电影推荐系统的准确度。虽然这部分数据集经过一些匿名处理,并不存在隐私泄露的情况,但是当上述信息与其他数据源结合时,部分用户还是被识别出来了。

目前,用户数据的收集、存储、管理与使用的各个环节均缺乏规范,更缺乏监管,主要依靠企业的自律。在商业化场景中,用户应有权决定自己的信息如何被利用,实现用户可控的隐私保护。例如,用户有权决定自己的信息何时以何种形式被披露,何时被销毁。包括:

(1)数据采集时的隐私保护,如数据精度处理;

(2)数据共享、发布时的隐私保护,如数据的匿名处理、人工加扰等;

(3)数据分析时的隐私保护;

(4)数据生命周期的隐私保护;

(5)隐私数据可信销毁等。

8.1.2 大数据的可信性

普遍认为大数据因其数据量巨大,自己可以说明一切,数据自身就是事实。但实际情况是,大数据也并不像人们想象的那样可信,甚至具有欺骗性。

大数据可信性的威胁之一是伪造或刻意制造的数据,错误的数据会直接导致产生错误的结论。在某些应用场景中,就可能有人刻意制造数据、某种“假象”,诱导分析者得出对其有利的结论。由于虚假信息是隐藏在大量信息中的,人们无法鉴别真伪,因此可能会做出错误的判断。例如,一些点评网站上刻意营造的虚假评论,混杂在真实评论中,使用户无法分辨,可能误导用户去选择某些劣质的商品或服务。由于当前网络社区中虚假信息的产生和传播变得越来越容易,其所产生的影响不可低估。用信息安全技术手段鉴别所有来源的信息的真实性是不可能的。

大数据可信性的威胁之二是数据在传播中的逐步失真。在数据采集过程中,人工干预可能会引入误差,失误导致数据失真与偏差,最终影响数据分析结果的准确性。此外,数据失真还有数据的版本变更的因素。在传播过程中,现实情况发生了变化,早期采集的数据已经不能反映当下的真实情况。例如,公司地址已经变更,但早期的信息已经被其他搜索引擎或应用收录,所以用户可能看到矛盾的信息,进而影响其判断。

因此,大数据的使用者应该有能力基于数据来源的真实性、数据传播途径、数据加工处理过程等,了解各项数据的可信度,防止基于数据分析出的结果无意义,甚至完全错误。

密码学中的数字签名、消息鉴别码等技术可用于验证数据的完整性,但在应用于大数据的真实性时面临很大困难,主要根源在于数据粒度的差异。例如,数据的发源方可以对整个信息签名,但是当信息被分解成若干组成部分时,无法验证该签名的每个部分的完整性。而数据的发源方无法事先预知哪些部分被利用、如何被利用,难以事先为其生成验证对象。

8.1.3　如何实现大数据访问控制

访问控制是实现数据受控共享的有效手段。由于大数据可能被用于多种不同场景,其访问控制需求十分突出。

大数据访问控制的特点与难点在于:

(1)难以预设角色,实现角色划分。由于大数据应用范围广泛,它通常要被来自不同组织或部门、不同身份与目的的用户访问,实施访问控制是基本需求。然而,在大数据的场景下,有大量的用户需要实施权限管理,并且用户具体的权限要求未知。而对未知的大量数据和用户,预先设置角色十分困难。

(2)难以预知每个角色的实际权限。由于大数据场景中包含海量数据,安全管理员可能缺乏足够的专业知识,无法准确地为用户指定其可以访问的数据范围。而且从效率角度来讲,定义用户所有授权规则也不是理想的方式。以医疗领域应用为例,医生为了完成工作可能需要访问大量信息,但对于数据能否访问应该由医生来决定,不应该由管理员对每位医生做特别的配置。但同时又应该能够提供对医生访问行为的检测与控制,限制医生对病患数据的过度访问。

此外,不同类型的大数据中可能存在多样化的访问控制需求。例如,在 Web 2.0 个人用户数据中,存在基于历史记录的访问控制;在地理地图数据中,存在基于尺度及数据精度的访问控制需求;在流数据处理中,存在数据时间区间的访问控制需求,等等。如何统一地描述与表达访问控制需求也是一个挑战性问题。

8.2　大数据安全与隐私保护关键技术

当前亟须针对前述大数据面临的用户隐私保护、数据内容可信验证、访问控制等安全挑战展开大数据安全关键技术研究。本节选取部分重点相关研究领域予以介绍。

8.2.1　数据发布匿名保护技术

对于大数据中的结构化数据(或称关系数据)而言,数据发布匿名保护是实现其隐私保护的核心关键技术与基本手段,目前仍处于不断发展与完善阶段。

以典型的 k 匿名方案为例。早期的方案及其优化方案通过元组泛化、抑制等数据处理,将准标识符分组。每个分组中的准标识符相同且至少包含 k 个元组,因而每个元组至少与 $k-1$ 个其他元组不可区分。由于 k 匿名模型是针对所有属性集合而言的,对于具体的某个属性则未加定义,容易出现某个属性匿名处理不足的情况。若某等价类中某个敏感属性上取值一致,则攻击者可以有效地确定该属性值。针对该问题,研究者提出 l - 多样化(l - diversity)匿名。其特点是在每一个匿名属性组里,敏感数据的多样性要大于或等于 l。实现方法包括基于裁剪算法的方案及基于数据置换的方案等。此外,还有一些介于 k 匿名与 l - 多样化之间的方案。进一步来说,由于 l - 多样化只是能够尽量使敏感数据出现的频率平均化,当同一等价类中数据范围很小时,攻击者可猜测其值的 t - 贴近性(t - closeness),方案要求等价类中敏感数据的分布与整个数据表中数据的分布保持一致。其他工作包括 (k,e) 匿名模型,(X,Y) 匿名模型等。上述研究是针对静态、一次性发布的情况。而现实中,数据发布常面临连续、多次发布的场景。需要防止攻击者对多次发布的数据联合进行分析,破坏数据原有的匿名特性。

在大数据场景中,数据发布匿名保护问题更为复杂。攻击者可以从多种渠道获得数据,而不仅仅是同一发布源。例如,在前文所提及的 Netflix 应用中,人们发现攻击者可通过将数据与公开可获得的互联网电影资料库 IMDb 相对比,从而识别出目标用户在 Netflix 的账号,并据此获取用户的政治倾向与宗教信仰等(通过用户的观看历史和对某些电影的评论和打分分析获得)。此类问题有待更深入的研究。

8.2.2 社交网络匿名保护技术

社交网络产生的数据是大数据的重要来源之一,同时这些数据中包含大量用户隐私数据。截至 2012 年 10 月,Facebook 的用户成员就已达 10 亿。由于社交网络具有图结构特征,其匿名保护技术与结构化数据有很大不同。

社交网络中的典型匿名保护需求为用户标识匿名与属性匿名(又称点匿名,在数据发布时隐藏了用户的标识与属性信息),以及用户间关系匿名(又称边匿名,在数据发布时隐藏用户间的关系)。而攻击者试图利用节点的各种属性(度数、标签、某些具体连接信息等),重新识别出图中节点的身份信息。

目前的边匿名方案的一个思路是基于边的增删。随机增删交换边的方法可以有效地实现边匿名。其中,有些文献在匿名过程中保持邻接矩阵的特征值和对应的拉普拉斯矩阵第二特征值不变;有些文献根据节点的度数分组,从度数相同的节点中选择符合要求的进行边的交换。这类方法的问题是随机增加的噪音过于分散稀少,存在匿名边保护不足问题。

另一个思路是基于超级节点对图结构进行分割和集聚操作。如基于节点聚集的匿名方案、基于基因算法的实现方案、基于模拟退火算法的实现方案及先填充再分割超级节点的方案。有些文献提出了 k - security 概念,通过 k 个同构子图实现图匿名保护。基于超级节点的匿名方案虽然能够实现边的匿名,但是与原始社交结构图存在较大区别,以牺牲数据的可用性为代价。

社交网络匿名方案面临的重要问题是,攻击者可能通过其他公开的信息推测出匿名用户,尤其是用户之间是否存在连接关系。例如,可以基于弱连接对用户可能存在的连接进行预测,适用于用户关系较为稀疏的网络;根据现有社交结构对人群中的等级关系进行恢复和推测,适用于对微博型的复合社交网络进行分析与关系预测;基于限制性随机游走方法,推测不同连接关系存在的概率;等等。研究表明,社交网络的集聚特性对于关系预测方法的准确性具有重要影响，社交网络局部连接密度增长，集聚系数增大，则连接预测算法的准确性进一步增强。因此，未来的匿名保护技术应可以有效抵抗此类推测攻击。

8.2.3 数据水印技术

数据水印是指将标识信息以难以察觉的方式嵌入在数据载体内部且不影响其使用的方法，多见于多媒体数据版权保护。也有部分针对数据库和文本文件的水印方案。

由数据的无序性、动态性等特点决定，在数据库、文档中添加水印的方法与在多媒体载体上有很大不同，其基本前提是上述数据中存在冗余信息或可容忍一定精度误差。例如，Agrawal 等人基于数据库中数值型数据存在误差容忍范围，将少量水印信息嵌入到这些数据中随机选取的最不重要的位上。Sion 等人提出一种基于数据集合统计特征的方案，将 1 bit 水印信息嵌入在一组属性数据中，防止攻击者破坏水印。此外，通过将数据库指纹信息嵌入水印中，可以识别出信息的所有者及被分发的对象，有利于在分布式环境下追踪泄密者；通过采用独立分量分析技术（ILA），可以实现无须密钥的水印公开验证。若在数据库表中嵌入脆弱性水印，可以帮助及时发现数据项的变化。

文本水印[49]的生成方法种类很多，可大致分为基于文档结构微调的水印，依赖字符间距与行间距等格式上的微小差异；基于文本内容的水印，依赖于修改文档内容，如增加空格、修改标点等；基于自然语言的水印，通过理解语义实现变化，如同义词替换或句式变化等。

上述水印方案中，有些可用于部分数据的验证。例如，在某些文献中，残余元组数量达到阈值就可以成功验证出水印。该特性在大数据应用场景下具有广阔的发展前景，例如，强健水印类（robust watermark）可用于大数据的起源证明，而脆弱水印类（fragile watermark）可用于大数据的真实性证明。存在问题之一是，当前的方案多基于静态数据集，针对大数据的高速产生与更新的特性考虑不足，这是未来亟待提高的方向。

8.2.4 数据溯源技术

如前所述，数据集成是大数据前期处理的步骤之一，由于数据的来源多样，因此有必要记录数据的来源及其传播、计算过程，为后期的挖掘与决策提供辅助支持。

早在大数据概念出现之前，数据溯源（data provenance）技术就在数据库领域得到广泛研究，其基本出发点是帮助人们确定数据仓库中各项数据的来源，如了解它们是由哪些表中的哪些数据项运算而成的，据此可以方便地验算结果的正确性，或者以极小的代价进行数据更新。数据溯源的基本方法是标记法，如通过对数据进行标记来记录数据在数据仓库中的查询与传播历史。后来数据溯源的概念进一步细化为 why - 和 where - 两类，分别侧重于数据的计算方法及数据的出处。除数据库以外，它还包括 XML 数据、流数据与不确定数据的溯源技术。数据溯源技术也可用于文件的溯源与恢复。例如，某些文献通过扩展 Linux 内核与文件系统，创建了一个数据起源存储系统原型系统，可以自动搜集起源数据。此外，数据溯源技术在云存储场景中也有应用。

未来，数据溯源技术将在信息安全领域发挥重要作用。美国在 2009 年呈报美国国土安全部的关于国家网络空间安全的报告中，将其列为未来确保美国关键基础设施安全的 3 项关键技术之一。然而，将数据溯源技术应用于大数据安全与隐私保护中还面临如下挑战：

(1)数据溯源与隐私保护之间的平衡。一方面,基于数据溯源对大数据进行安全保护要先通过分析技术获得大数据的来源,然后才能更好地支持安全策略和安全机制的工作;另一方面,数据来源往往本身就是隐私敏感数据,用户不希望这方面的数据被分析者获得。因此,如何平衡这两者之间的关系是值得研究的问题之一。

(2)数据溯源技术自身的安全性保护。当前,数据溯源技术并没有充分考虑安全问题,例如,标记自身是否正确、标记信息与数据内容之间是否安全绑定等。而在大数据环境下,大数据的大规模、高速性、多样性等特点使数据溯源技术的安全问题更加突出。

8.2.5 角色挖掘

基于角色的访问控制(RBAC)是当前广泛使用的一种访问控制模型。通过为用户指派角色、将角色关联至权限集合,实现用户授权、简化权限管理。早期的 RBAC 权限管理多采用“自顶向下”的模式,即根据企业的职位设立角色分工。当其应用于大数据场景时,面临需大量人工参与角色划分、授权的问题(又称为角色工程)。

后来研究者开始关注“自底向上”模式,即根据现有“用户 - 对象”授权情况,设计算法以自动实现角色的提取与优化,称为角色挖掘。简单来说,就是如何设置合理的角色。典型的工作包括以可视化的形式,通过用户权限二维图的排序归并的方式实现角色提取;通过子集枚举及聚类的方法提取角色等非形式化方法;基于形式化语义分析,通过层次化挖掘来更准确地提取角色的方法。总体来说,挖掘生成最小角色集合的最优算法时间复杂度高,多属于 NP - 完全问题(即非确定性多项式时间复杂性类完全问题)。因而也有研究者关注在多项式时间内完成的启发式算法。在大数据场景下,采用角色挖掘技术可根据用户的访问记录自动生成角色,高效地为海量用户提供个性化数据服务。同时该技术也可用于及时发现用户偏离日常行为所隐藏的潜在危险[50]。但当前角色挖掘技术大都基于精确、封闭的数据集,在应用于大数据场景时还需要解决数据集动态变更及质量不高等特殊问题。

8.2.6 风险自适应的访问控制

在大数据场景中,安全管理员可能缺乏足够的专业知识,无法准确地为用户指定其可以访问的数据。风险自适应的访问控制是针对这种场景被讨论得较多的一种访问控制方法。Jason 的报告描述了风险量化和访问配额的概念。随后,Cheng 等人提出了一个基于多级别安全模型的风险自适应访问控制解决方案。Ni 等人提出了另一个基于模糊推理的解决方案,将信息的数目、用户及信息的安全等级作为进行风险量化的主要参考参数。当用户访问的资源的风险数值高于某个预定的阈值时,则限制用户继续访问。一些文献提出了一种针对医疗数据提供用户隐私保护的可量化风险自适应访问控制,利用统计学和信息论的方法,定义了量化算法,从而实现基于风险的访问控制。但同时,在大数据应用环境中,风险的定义和量化较以往都更加困难。

8.3　大数据服务与信息安全

8.3.1　基于大数据的威胁发现技术

由于大数据分析技术的出现，企业可以超越以往的“保护—检测—响应—恢复”(PDRR)模式，更主动地发现潜在的安全威胁。例如，IBM推出了名为“IBM大数据安全智能”的新型安全工具，可以利用大数据侦测来自企业内部和外部的安全威胁，包括扫描电子邮件和社交网络。

“棱镜计划”也可以被理解为应用大数据方法进行安全分析的典型案例。通过收集各个国家的各种类型的数据，利用安全威胁数据和安全分析形成系统方法，发现潜在危险局势，在攻击发生之前识别威胁。

相比于传统技术方案，基于大数据的威胁发现技术具有以下优点。

(1)分析内容的范围更大。传统的威胁分析内容主要为各类安全事件。而一个企业的信息资产包括数据资产、软件资产、实物资产、人员资产、服务资产和其他为业务提供支持的无形资产。由于传统威胁检测技术具有局限性，并不能覆盖这六类信息资产，因此所能发现的威胁也是有限的。通过在威胁检测方面引入大数据分析技术，可以更全面地发现针对这些信息资产的攻击。例如，通过分析企业员工的即时通信数据、E－mail数据等可以及时发现人员资产是否面临其他企业“挖墙脚”的攻击威胁。再如，通过对企业的客户部订单数据进行分析，也能够发现一些异常的操作行为，进而判断这些操作行为是否危害公司利益。可以看出，分析内容范围的扩大使得基于大数据的威胁检测更加全面。

(2)分析内容的时间跨度更长。现有的许多威胁分析技术都是内存关联性的，也就是实时收集数据，采用分析技术发现攻击。分析窗口通常受限于内存大小，无法应对持续性和潜伏性的攻击。而引入大数据分析技术后，威胁分析窗口可以横跨若干年的数据，因此发现威胁的能力更强，可以有效应对高级长期威胁(APT)类攻击。

(3)攻击威胁的预测性。传统的安全防护技术或工具大多是在攻击发生后对攻击行为进行分析和归类，并做出响应。而基于大数据的威胁分析，可进行超前的预判。它能够寻找潜在的安全威胁，对未发生的攻击行为进行预防。

(4)对未知威胁的检测。传统的威胁分析通常是由经验丰富的专业人员根据企业需求和实际情况开展的，然而这种威胁分析的结果很大程度上依赖于个人经验。同时，分析所发现的威胁也是已知的。而大数据分析的特点是侧重于普通的关联分析，而不侧重因果分析，因此通过采用恰当的分析模型可发现未知威胁。

虽然基于大数据的威胁发现技术具有上述的优点，但是该技术目前也存在一些问题和挑战，主要集中在分析结果的准确程度上。一方面，大数据的收集很难做到全面，而数据又是分析的基础，它的片面性往往会导致分析结果出现偏差。为了分析企业信息资产面临的威胁，不但要全面收集企业内部的数据，还要对一些企业外部的数据进行收集，这些在某种程度上是一个大问题。另一方面，大数据分析能力的不足影响威胁分析的准确性。例如，纽约投资银行每秒会有5 000次网络事件,每天会从中捕捉25 TB数据。如果没有足够的分析能力,要从如此庞大的数据中准确地发现极少数预示潜在攻击的事件,进而分析出威胁是几乎不可能完成的任务。

8.3.2 基于大数据的认证技术

身份认证是信息系统或网络中确认操作者身份的过程。传统的认证技术主要通过用户所知的秘密如口令,或者持有的凭证如数字证书,来鉴别用户。这些技术面临着如下两个问题。

第一,攻击者总是能够找到方法来骗取用户所知的秘密,或窃取用户持有的凭证,从而通过认证机制的认证。例如,攻击者利用钓鱼网站窃取用户口令,或者通过社会工程学方式接近用户,直接骗取用户所知秘密或持有的凭证。

第二,传统认证技术中,认证方式越安全往往意味着用户负担越重。例如,为了加强认证安全而采用的多因素认证。用户往往需要同时记忆复杂的口令,还要随身携带硬件如USBKey,一旦忘记口令或忘记携带USBKey,就无法完成身份认证。为了减轻用户负担,一些生物认证方式出现,利用用户具有的生物特征如指纹等来确认其身份。然而,这些认证技术要求设备必须具有生物特征识别功能如指纹识别,这在很大程度上限制了其被广泛应用。

而在认证技术中引入大数据分析则能够有效地解决这两个问题。基于大数据的认证技术指的是收集用户行为和设备行为数据,并对这些数据进行分析,获得用户行为和设备行为的特征,进而通过鉴别操作者行为及其设备行为来确定其身份[51]。这与传统认证技术利用用户所知的秘密和所持有的凭证,或利用用户具有的生物特征来确认其身份有很大不同。具体来说,这种新的认证技术具有如下优点。

(1)攻击者很难通过模拟用户的行为特征来通过认证,因此用户信息更加安全。利用大数据技术收集的用户行为和设备行为数据是多样的,可以包括用户使用系统的时间、经常使用的设备、设备所处物理位置,甚至是用户的操作习惯数据。通过对这些数据的分析能够为用户勾画一个行为特征的轮廓。而攻击者很难在方方面面都模仿用户行为,因此其与真正用户的行为特征轮廓必然存在较大偏差,无法通过认证。

(2)减轻了用户负担。用户行为和设备行为特征数据的采集、存储和分析都由认证系统完成。相比于传统认证技术,基于大数据的认证技术极大地减轻了用户负担。

(3)可以更好地支持各系统认证机制的统一。基于大数据的认证技术可以让用户在整个网络空间中都采用相同的行为特征进行身份认证,进而可避免因在不同的系统中采用不同的认证方式,并且用户所知的秘密或所持有的凭证也各不相同而带来的种种不便。

虽然基于大数据的认证技术具有上述优点,但同时也存在一些问题和挑战亟待解决。

一是初始阶段的认证问题。基于大数据的认证技术是建立在大量用户行为和设备行为数据分析的基础上的,而初始阶段不具备大量数据。因此,该认证技术在初始阶段无法分析出用户的行为特征,或者分析的结果不够准确。

二是用户隐私问题。基于大数据的认证技术为了能够获得用户的行为习惯,必然要长期、持续地收集大量的用户数据。那么如何在收集和分析这些数据的同时,确保用户隐私也是亟待解决的问题。它是这种新的认证技术能否推广的主要因素。

8.3.3　基于大数据的数据真实性分析

目前,基于大数据的数据真实性分析被广泛认为是最为有效的方法。许多企业已经开始这方面的研究工作,如 Yahoo 等利用大数据分析技术过滤垃圾邮件;Yelp 等社交点评网站利用大数据分析识别虚假评论;新浪微博等社交媒体利用大数据分析鉴别各类垃圾信息等。

基于大数据的数据真实性分析技术能够提高人们对垃圾信息的鉴别能力。一方面,引入大数据分析可以获得更高的识别准确率。例如,对于虚假评论,点评网站可以通过收集评论者的大量位置信息、评论内容、评论时间等进行分析,鉴别其评论的可靠性。如果某评论者对某品牌多个同类产品都发表了恶意评论,则其评论的真实性就值得怀疑。另一方面,在进行大数据分析时,人们通过机器学习技术,可以发现更多具有新特征的垃圾信息。然而该技术仍然面临一些困难,主要是虚假信息的定义、分析模型的构建等。

8.3.4　大数据与“安全即服务”(Security as a Service)

前面列举了部分当前基于大数据的信息安全技术,未来必将涌现出数量更多、种类更丰富的安全应用和安全服务。由于此类技术以大数据分析为基础,因此如何收集、存储和管理大数据就是相关企业或组织所面临的核心问题。除了极少数企业有能力做到之外,对于绝大多数信息安全企业来说,更为现实的方式是通过某种方式获得大数据服务,结合自己的技术特色领域,对外提供安全服务。一种未来的发展前景是,以底层大数据服务为基础,各个企业之间组成相互依赖、相互支撑的信息安全服务体系,总体上形成信息安全产业的良好生态环境。

8.4　本章小结

大数据带来了新的安全问题,但它自身也是解决问题的重要手段。本章从大数据的隐私保护、信任、访问控制等角度出发,梳理了当前大数据安全与隐私保护的相关关键技术。但总体上来说,当前国内外针对大数据安全与隐私保护的相关研究还不充分。只有将技术手段与相关政策法规等相结合,才能更好地解决大数据安全与隐私保护问题。

参 考 文 献

[1] 郭清溥,张功富. 大数据基础[M]. 北京:电子工业出版社,2020.

[2] 周苏,冯婵璟,王硕苹,等. 大数据技术与应用[M]. 北京:机械工业出版社,2016.

[3] 赵玺,冯耕中,刘园园,等. 大数据技术基础[M]. 北京:机械工业出版社,2020.

[4] 赵玺,冯耕中,刘园园. 大数据时代背景下计算机信息处理技术[J]. 电子技术与软件工程,2019(24):38-40.

[5] 尚硅谷 IT 教育. 大数据分析[M]. 北京:电子工业出版社,2020.

[6] 刘鹏. 大数据[M]. 北京:电子工业出版社,2017.

[7] 黄敏. 大数据分析方法及应用初探[J]. 科技资讯,2017(18):53-55.

[8] 耿立超. 大数据平台架构与原型实现[M]. 北京:电子工业出版社,2020.

[9] 阿卡拉卡,萨加. 大数据分析与算法[M]. 毕冉,译. 北京:机械工业出版社,2018.

[10] 林挺钊,宋杨林. 基于 RFID 的高校实验室管理系统设计[J]. 中国科技信息,2020(21):78-81,14.

[11] 栗锲. 大数据技术在金融行业的应用及未来展望[J]. 财富时代,2020(11):18-19.

[12] 孙兰. 医院信息管理与大数据技术结合的探讨[J]. 无线互联科技,2020(22):31-32.

[13] 王艳,蒋义然,刘永立. 基于 Hadoop 的大数据处理技术及发展[J]. 信息记录材料,2020(11):146-147.

[14] 张良钧,樊哲,位文超,等. Hadoop 与大数据挖掘[M]. 北京:机械工业出版社,2017.

[15] 董西成. Hadoop 技术内幕:深入解析 MapReduce 架构设计与实现原理[M]. 北京:机械工业出版社,2013.

[16] 王敏,徐悦,彭骞,等. 基于 MapReduce 的大规模数据挖掘技术[J]. 中国新通信,2020(15):61.

[17] 唐四薪,赵辉煌,唐琼. 大数据分析实用教程:大数据分析实用教程[M]. 北京:机械工业出版社,2021.

[18] 何玉洁. 数据库原理与应用教程[M]. 4 版. 北京:机械工业出版社,2016.

[19] 侯宾. NoSQL 数据库原理[M]. 北京:人民邮电出版社,2018.

[20] 赖春廷. 决策树分类算法研究[J]. 信息与电脑(理论版),2020(14):59-62.

[21] 樊艳清,梁宏宇,纪佳琪. 协同过滤算法中相似度计算问题研究[J]. 计算机技术与发展,2020(8):91-96.

[22] 张良均,樊哲,赵云龙,等. Hadoop 大数据分析与挖掘实战[M]. 北京:机械工业出版社,2015.

[23] 于戈,申德荣. 分布式数据库系统[M]. 北京:机械工业出版社,2016.

[24] 唐科. 一种混合推荐算法的 Mahout 实现[J]. 软件工程,2020,23(6):23 -26.
[25] 张延松,徐新哲. 数据分析与数据可视化实战[M]. 北京:电子工业出版社,2020.
[26] 陈为,沈则潜,陶煜波. 数据可视化[M]. 2 版. 北京:电子工业出版社,2019.
[27] 黄源,蒋文豪,徐受蓉. 大数据可视化技术与应用[M]. 北京:清华大学出版社,2020.
[28] 吴天昊. 数据挖掘中可视化的探究与应用[D]. 北京:北京邮电大学,2018.
[29] 贺宁,季丹. 数据可视化技术及应用[M]. 北京:机械工业出版社,2021.
[30] 刘鹏,张燕,何光威. 大数据可视化[M]. 北京:电子工业出版社,2018.
[31] 杨丽娜,马照亭,朱立宁,等. 时空数据可视化研究[J]. 测绘与空间地理信息,2020,43(5):140 -142,146.
[32] 李伯虎. 云计算导论[M]. 北京:机械工业出版社,2018.
[33] 安俊秀,靳宇倡. 云计算与大数据技术应用[M]. 北京:机械工业出版社,2020.
[34] 郎登何. 云计算基础与应用[M]. 北京:机械工业出版社,2021.
[35] 张良均,杨海宏,何子健,等. Python 与数据挖掘[M]. 北京:机械工业出版社,2016.
[36] 赵西法,朱涛. 计算机大数据分析与云计算网络技术[J]. 电子技术与软件工程,2020(17):152 -153.
[37] 荣垂田. 大数据分析技术基础[M]. 北京:机械工业出版社,2021.
[38] 魏苗,陈述,吴禀雅. 大数据分析导论[M]. 北京:电子工业出版社,2019.
[39] 苏志贤. 智能视频监控技术[M]. 北京:电子工业出版社,2018.
[40] 杨浩,魏巍. 基于大数据的网络安全与情报分析[J]. 网络安全技术与应用,2021(8):67 -69.
[41] 许鑫. 大数据环境下竞争情报分析的变化与方法创新[J]. 科技情报研究,2020,2(2):20 -38.
[42] 张春磊,杨小牛. 大数据分析(BDA)及其在情报领域的应用[J]. 中国电子科学研究院学报,2013,8(1):18 -22.
[43] 黄玺,王秉,吴超. 大数据环境下安全情报融合体系构建[J]. 情报理论与实践,2020,43(10):39 -44.
[44] 波因顿. 数字视频和高清:算法和接口[M]. 刘开华,褚晶辉,马永涛,等译. 2 版. 北京:机械工业出版社,2017.
[45] 陈秀新,邢素霞. 图像/视频检索与图像融合[M]. 北京:机械工业出版社,2012.
[46] 冯伟国. 视频监控中运动对象提取与海量对象快速检索[D]. 合肥:中国科学技术大学,2015.
[47] 周登浩,武斌. 基于景深和 LK 光流法的视频测速算法[J]. 传感器与微系统,2021,40(8):116 -120
[48] 单雷光. 大数据安全与隐私保护分析[J]. 中国新通信,2018,20(22):169.
[49] 赵卫娟,关虎,黄樱,等. 文本水印技术研究综述[J]. 中国传媒大学学报(自然科学版),2020,27(6):55 -62.

[50] 郑袁平,贺嘉,陈珍文,等. 关于大数据安全与隐私保护的研究[J]. 数字通信世界,2019(3):166,241.

[51] ZHAO Y Q, YU Y, LI Y N, et al. Machine learning based privacy - preserving fair data trading in big data market[J]. Information Sciences,2019,478:449 - 460.